BOAVENTURA DE SOUSA SANTOS

DEMOCRACIA Y PARTICIPACIÓN

BOAVENTURA DE SOUSA SANTOS

DEMOCRACIA Y PARTICIPACIÓN

EL EJEMPLO DEL PRESUPUESTO PARTICIPATIVO DE PORTO ALEGRE

Traducción de María del Mar Portillo

EL VIEJO TOPO

Título original: *Democracia e Participação. O caso do orçamento participativo de Porto Alegre*

Edición propiedad de Ediciones de Intervención Cultural/El Viejo Topo
Diseño: M. R. Cabot
ISBN: 84-95776-53-7
Depósito legal: B-24.481-2003
Imprime Novagràfik, SA
Impreso en España
Printed in Spain

PREFACIO A LA EDICIÓN PORTUGUESA

El último cuarto del siglo XX fue testigo de una transformación profunda en la teoría y en la práctica democráticas. La democracia representativa, consolidada durante casi dos siglos en tan sólo algunos países de Europa y de América del Norte, ha experimentado en este periodo una expansión extraordinaria. A mediados de la década de 1970, se produjeron las transiciones democráticas del Sur de Europa, Portugal y España, y, en la década siguiente, las de América Latina, como fue el caso de Brasil, Chile y Argentina. A finales de la década de 1980 fue el turno de Sudáfrica y de los países de Europa del Este.

Transformada en uno de los pilares del denominado "Consenso de Washington", la democracia representativa empezó a ser recomendada universalmente e incluso impuesta como parte integrante de los programas de ajuste estructural del Fondo Monetario Internacional o como condición para acceder a préstamos de los países centrales, del Banco Mundial y de otras agencias multilaterales.

La adopción generalizada de la democracia representativa tuvo un impacto significativo en la teoría democrática que no es menester analizar aquí. Sin embargo, es importante subrayar que, en muchos países, las expectativas puestas en los nuevos regímenes democráticos se vieron frustradas en buena parte, sobre todo las relativas a la redistribución de la riqueza, a la protección social y a la transparencia del poder político. Si en algunos casos la frustración desembocó en una inestabilidad política, en otros provocó que las expectativas democráticas se canalizasen, principalmente en el ámbito local, hacia otra forma de democracia, la democracia participativa, la cual entró en vigor según diferentes sistemas de complementariedad junto con la democracia representativa. Esto es lo que ocurrió en la ciudad brasileña de Porto Alegre, en donde, desde 1989, se ha introducido una forma de democracia participativa, denominada presupuesto participativo, cuyo éxito se reconoce ampliamente en la actualidad; según la ONU, por ejemplo, es una de las cuarenta mejores prácticas de gestión urbana del mundo. Es de casi todos sabido que el éxito del presupuesto participativo fue uno de los elementos que prevaleció en el momento de elegir Porto Alegre como sede del Foro Social Mundial.

El presupuesto participativo es una emanación de la teoría de la democracia participativa. A diferencia de lo que pretende la teoría "clásica" de la democracia, sobre todo después de la muy influyente obra de Joseph Schumpeter, *Capitalism, Socialism and Democracy* (1943), la democracia participativa está tan anclada en la tradición política moderna (Rousseau, John Stuart Mill y G. D. H. Cole), como la democracia representativa. La pregunta fundadora de esta tradición —¿cómo es posible el orden en una sociedad de hombres libres?— tuvo muchas respuestas, pero en todas ellas estuvo presente la tensión entre participación y representación, entre deliberación y delegación, entre decisión democrática y elección democrática de decisores. La democracia participativa se basa en la idea de que los ciudadanos deben participar directamente en las decisiones políticas y no sólo, como pretende la democracia representativa, en la elección de los decisores políticos.

De forma sucinta, diremos que el presupuesto participativo es un proceso regularizado de intervención permanente de los ciudadanos en la gestión municipal. Según un modo de funcionamiento formalizado de manera muy minuciosa, los ciudadanos, reunidos en 16 asambleas de distrito y 6 asambleas temáticas e innumerables reuniones preparatorias, plantean exigencias y establecen prioridades temáticas para la distribución de las inversiones municipales, de acuerdo con criterios objetivos que permiten establecer jerarquías cuantificadas. En las asambleas se eligen los consejeros del presupuesto participativo, a quienes compete valorar y votar la propuesta presupuestaria construida por el Ejecutivo municipal, a partir de las prioridades definidas en las diferentes asambleas. Asimismo, en las asambleas son elegidos los delegados, en un número proporcional a la participación, a quienes compete jerarquizar las inversiones concretas dentro de cada prioridad y supervisar la ejecución de las decisiones tomadas. La participación ciudadana se desarrolla en una íntima articulación con los autarcas* (alcalde y vice-alcalde) elegidos a partir de una elección directa. Por tanto, se trata de un sistema de co-gobierno en el que la sociedad civil, lejos de ser un refugio de supervivencia ante un Estado ausente u hostil, interviene en un proceso regular y organizado para ejercer el control público del Estado a través de formas de cooperación y de conflicto institucionalizadas.

En este libro presento los resultados de una investigación empírica sobre el presupuesto participativo de Porto Alegre, realizada a partir de 1995. Entre 1995 y 1997 se realizó el trabajo de campo más intenso, aunque hice un seguimiento del presupuesto participativo hasta enero de 2002, actualizando los datos estadísticos siempre que fue posible. A partir de 1999, este estudio empezó a formar parte de otro proyecto de investigación más vasto sobre alternativas a la globalización hegemónica, la globalización neoliberal. Este proyecto, titulado "La reinvención de la emancipación social", pretendía identificar en seis países (Sudáfrica, Brasil, Colombia, India, Mozambique y Portugal) iniciativas locales en diferentes áreas de intervención social, las cuales tenían en común el objetivo de luchar contra la exclusión y contra desigualdades injustas entre grupos sociales, entre prácticas, entre saberes o entre identidades, desigualdades que en las dos últimas décadas se vieron agravadas por la globalización neoliberal. Una de las áreas de

* La voz autarca, inexistente en español, designa al alcalde y al vicealcalde de una ciudad. Aparecerá en distintos capítulos, pues he optado por mantenerla (N. de la T.).

intervención social estudiadas fue la democracia participativa, y una de las iniciativas seleccionadas fue el presupuesto participativo de Porto Alegre.

El primer libro de este proyecto, sobre democracia participativa, ya está publicado en Brasil (Boaventura de Sousa Santos [coord.], *Democratizar a Democracia: os caminhos da democracia participativa*, Colecção Reinventar a Emancipação Social, Río de Janeiro, Record, 2002), en donde está incluido el presente estudio. Como autarcas, activistas de movimientos cívicos y cientificistas sociales interesados en el tema me han solicitado mucha información sobre la forma en que funciona el presupuesto participativo de Porto Alegre, he decidido publicar este estudio por separado, adjuntando alguna documentación útil que no consta en el estudio original.

En esta investigación, el lector no sólo encontrará una descripción del funcionamiento del presupuesto participativo, sino también un análisis de su evolución a lo largo de los últimos trece años y una evaluación crítica de sus resultados. La perspectiva analítica que se ha privilegiado ha sido el proceso de aprendizaje democrático en el seno del presupuesto participativo. De ahí la atención especial otorgada a la evolución de las instituciones y de las prácticas de la participación. En el momento de concluir el trabajo de campo, estaba en proceso la formulación más reciente del presupuesto participativo de la que daré cuenta al final del libro.

Aunque sin lugar a dudas es una experiencia notable, el presupuesto participativo de Porto Alegre no está exento de problemas y, probablemente, su aspecto más notable es el modo en que ha afrontado esos problemas, transformándolos en desafíos generadores de nuevas energías y exigencias democráticas. Profundamente enraizado en la historia y en el contexto político del Estado de Rio Grande do Sul, el presupuesto participativo de Porto Alegre no es una receta de ingeniería democrática susceptible de poderse aplicar de forma mecánica en otros lugares. Por tanto, muchas ciudades brasileñas, latinoamericanas y europeas que se han inspirado en la experiencia de Porto Alegre lo han hecho no para adoptar su organigrama, sino para buscar en él las señales institucionales y políticas de una democracia de elevada intensidad, que, como es obvio, puede y debe asumir varias formas.

En Portugal, el poder local y los movimientos cívicos urbanos han llegado a demostrar un creciente interés en la gestión municipal participativa, y en varias ciudades están emergiendo embriones de democracia, ya sea por iniciativa de los movimientos (el Consejo de la Ciudad de Coimbra), ya sea por iniciativa de las autarquías (Palmela, Santarém, Setubal y posiblemente Lisboa, por iniciativa de la Asamblea Municipal). Los pasos futuros en este ámbito testimoniarán ciertamente la imposibilidad de adoptar mecánicamente modelos de participación vigentes en otros lugares y contextos. Así, por ejemplo, en cualquiera de las formas que llegue a asumir, el presupuesto participativo municipal deberá tener en cuenta que, a diferencia de lo que ocurre en Porto Alegre, existe una unidad político-administrativa sub-municipal, la *freguesia* (la división administrativa más pequeña en Portugal). El compromiso activo de las *freguesias* en la democracia participativa municipal puede ser la forma a partir de la cual éstas asuman, finalmente, el papel de espacios de democracia de proximidad, un papel que hasta ahora se les había escapado. Lejos de debilitar el poder municipal, este papel lo fortalecerá al ser una instancia participativa donde los intereses de cada distrito y temáticos particulares negocian y contextualizan prioridades y compatibilidades y la ciudad vuelve a considerarse como un todo.

Quiero agradecer a todos cuantos me ayudaron a realizar el trabajo de campo, a los líderes políticos, ya sea del gobierno, ya de la oposición, a los dirigentes de los movimientos sociales, a los participantes en las instituciones del presupuesto participativo y a los consejeros y delegados del presupuesto participativo, que me permitieron amablemente asistir a sus reuniones. Los alcaldes Tarso Genro y Raul Pont me abrieron generosamente las puertas de la Alcaldía. Mantuve conversaciones esclarecedoras con colegas en la Universidad Federal de Rio Grande do Sul, en particular con José Vicente Tavares dos Santos, Sónia Laranjeira, Luciano Fedozzi y Zander Navarro, a quienes estoy muy agradecido. De forma muy especial quiero darle las gracias a Sérgio Gregório Baierle, a Regina Maria Pozzobon y a Vera Regina Amaro, del CIDADE (Centro de Asesoría y Estudios Urbanos), por su ayuda en la investigación. Un agradecimiento especial a Maria Paula Meneses por la preparación y actualización del manuscrito. Luciano Brunet me proporcionó informaciones preciosas y detalladas sobre los últimos progresos del presupuesto participativo por lo que le doy las gracias. Asimismo, agradezco a mis asistentes de investigación del Centro de Estudios Sociales Lassalete Simões, Nuno Serra, Ana Cristina Santos y Sílvia Ferrerira su ayuda prestada. En inglés se publicó una versión diferente y bastante más resumida de este texto bajo el título "Participatory Budgeting in Porto Alegre: Toward a Redistributive Democracy", *Politics and Society*, 26(4), 1998, 461-510. Maria Irene Ramalho tuvo un papel fundamental en la preparación de la versión inglesa, por lo que le estoy agradecido.

INTRODUCCIÓN

Los procesos hegemónicos de globalización han provocado, en todo el mundo, la intensificación de la exclusión social y de la marginación de grandes sectores de la población. Estos procesos están encontrando resistencias, iniciativas de base, innovaciones comunitarias y movimientos populares que intentan reaccionar contra la exclusión social, abriendo espacios para la participación democrática, para la construcción de la comunidad, para alternativas a las formas dominantes de desarrollo y de conocimiento, en resumen, para la inclusión social. En general, estas iniciativas son bastante desconocidas, dado que no hablan el lenguaje de la globalización hegemónica y se presentan, con frecuencia, como defensoras de la causa contra la globalización.

Tomadas en su conjunto, estas son, de hecho, una forma de globalización contra-hegemónica. Su diversidad se hizo más visible tras el colapso de los modelos de transformación social a gran escala tan bien retratados por el viejo *Manifiesto comunista* (revolución, socialismo, comunismo). Las formas actuales de globalización contra-hegemónica se verifican tanto en contextos urbanos como en los rurales, implican a ciudadanos y a grupos sociales expuestos a diferentes vulnerabilidades, abordan cuestiones tan diferentes como el derecho a la tierra, las infraestructuras urbanas, el agua potable, los derechos laborales, la igualdad de los sexos, la autodeterminación, la biodiversidad, el medio ambiente, la justicia comunitaria, etc. Y mantiene, sobre todo, relaciones muy diferentes con el Estado: distancia total, complementariedad, confrontación, resistencia activa o pasiva, etc.

En este libro analizo una iniciativa urbana orientada hacia la redistribución de los recursos de la ciudad a favor de los grupos sociales más vulnerables, a partir de los medios de la democracia participativa: el presupuesto participativo, adoptado en la ciudad de Porto Alegre —capital del Estado de Rio Grande do Sul, en Brasil— desde 1989. En la actualidad, el presupuesto participativo está vigente, bajo varias formas, en 144 ciudades brasileñas, en algunas otras ciudades de América Latina (como, por ejemplo, Rosario en Argentina y Montevideo en Uruguay), en algunas ciudades de España (principalmente en algunas ciudades vecinas de Barcelona), en Francia (Saint-Denis) y en Canadá (Toronto), y en los estados de Kerala y Bengala Occidental en la India. Así pues, podemos afirmar que la aspiración a la democracia participativa que subyace a las diferentes formas de presupuesto y planteamiento participativos es hoy en día una forma de globalización contra-hegemónica.[1]

En la primera parte, describo brevemente la historia reciente de Porto Alegre y de su gobierno en el contexto del sistema político brasileño y proporciono algunas informaciones básicas sobre la ciudad. En la segunda parte, describo los principales aspectos de las instituciones y de los procesos relacionados con el presupuesto participativo: instituciones y procesos de participación, criterios y metodología para la retribución de recursos. En la tercera parte analizo la evolución de esta innovación institucional, desde su nacimiento hasta hoy. En la cuarta parte analizo el proceso del presupuesto participativo en los siguientes vectores: eficacia redistributiva; responsabilidad y calidad de participación en una democracia participativa; autonomía del presupuesto participativo frente al gobierno ejecutivo de la ciudad; el trayecto que va de la tecnoburocracia a la tecno-

1. Este tema se analiza más profundamente en un libro, del que he sido el coordinador, titulado *Democratizar a democrácia: os Caminhos da Democrácia Participativa*, Río de Janeiro, Record, 2002.

democracia; el poder dual, las tensiones entre democracia participativa y democracia representativa y las legitimidades en competencia: las relaciones entre el presupuesto participativo y el órgano legislativo que pone la prerrogativa, formal y legal, de aprobación del presupuesto. Finalmente, en la quinta parte, concluyo analizando el proceso más reciente de revisión y reformulación del presupuesto participativo, presentando en *post-scriptum* las modificaciones efectivamente decididas el 11 de enero de 2002. Mi objetivo analítico general es definir la contribución del presupuesto participativo, en tanto que mediación institucional, a la reinvención de la teoría de la democracia, examinando sus potencialidades y los límites de su universalización como principio organizativo de una forma de gobierno municipal democrática y redistributiva.

I

POLÍTICA URBANA: EL CASO DE PORTO ALEGRE

Brasil es una sociedad con una larga tradición de política autoritaria. La predominancia de un modelo de dominación oligárquico, patrimonialista y burocrático dio lugar a una forma de Estado, un sistema político y una cultura caracterizadas por los siguientes aspectos: marginación política y social de las clases populares, o su integración a través del populismo y el clientelismo; restricción de la esfera pública y su privatización por las elites patrimonialistas; "artificialidad" del juego democrático y de la ideología liberal, originando una inmensa discrepancia entre el "país legal" y el "país real". La sociedad y la política brasileñas están caracterizadas por el predominio total del Estado sobre la sociedad civil y por los enormes obstáculos contra la construcción de la ciudadanía, el ejercicio civil de los derechos y la participación popular autónoma. Asimismo, Brasil es una sociedad marcada por desigualdades sociales escandalosas, que, en realidad, han aumentado bastante en los últimos quince años, a causa de la crisis del Estado desarrollista, de la desregulación de la economía y del desmantelamiento de un Estado del Bienestar que ya era, por otra parte, totalmente deficiente. Según el Banco Mundial, Brasil es una de las sociedades más injustas del mundo:

> El nivel de pobreza de Brasil se encuentra muy por encima de lo corriente para un país de rendimiento medio. Por otro lado, sería posible erradicar la pobreza en Brasil (con-

cediendo a cada pobre el dinero suficiente para situarlo por encima del umbral de pobreza) con un coste inferior al 1% del producto interior bruto del país. [...] Las deficientes políticas públicas han sido la razón por la cual el reciente nivel de pobreza ha sido tan sombrío (1995:1).

La crisis del Estado desarrollista coincidió con la transición democrática a finales de la década de 1970. Por aquel entonces, el debate político situó la democratización de la vida política y la construcción efectiva de la ciudadanía justo en el centro de la agenda política nacional. A este respecto, las preocupaciones surgidas en los debates que condujeron a la Constitución de 1988 pusieron el acento en los derechos de la ciudadanía, en la descentralización política y en el refuerzo del poder local. Este nuevo contexto político creó las condiciones para que las fuerzas políticas de izquierda —las que habían salido de la clandestinidad o las que, mientras tanto, se habían organizado— iniciasen experiencias innovadoras de participación popular en gobiernos municipales. Esta oportunidad política se debió a que las fuerzas políticas en cuestión estaban relacionadas íntimamente con los movimientos populares que, en las décadas de 1960 y 1970, habían luchado localmente, tanto en las ciudades como en el campo —en un contexto, doblemente hostil, de dictadura militar tecnoburocrática y de patrimonialismo clientelista—, a favor del establecimiento y reconocimiento de sujetos colectivos entre las clases subalternas.

Entre esas fuerzas políticas hay que destacar al Partido dos Trabalhadores (PT). Este partido fue fundado, a principios de la década de 1980, a partir del movimiento obrero, movimiento que era particularmente fuerte en el Estado de São Paulo y una de las fuerzas más importantes en la lucha contra la dictadura militar. Los éxitos electorales del PT han sido sorprendentes y su líder, el carismático Lula, es hoy en día el principal líder de la oposición* y uno de los más destacados candidatos en las elecciones presidenciales de 2002. A finales de la década de 1980, el PT, en coalición con otras

* Obviamente estas líneas están redactadas con anterioridad a la victoria electoral de Lula a finales del 2002 (N. de la T.).

fuerzas políticas de izquierda, ganó las elecciones locales en varias localidades brasileñas importantes —São Paulo, Porto Alegre, Santos, Belo Horizonte, Campinas, Vitória, Goiâna—, e introdujo en todas ellas innovaciones institucionales que animaron la participación popular en el gobierno municipal.[2] De todas esas experiencias e innovaciones, las que se introdujeron en Porto Alegre han sido, de largo, las de mayor éxito y las más reconocidas, dentro y fuera de Brasil.[3]

La experimentación democrática de Porto Alegre es una de las más conocidas en todo el mundo, elogiada por haber hecho posible una gestión eficaz y muy democrática de los recursos urbanos.[4] La ONU eligió la "administración popular" de Porto Alegre como una de las cuarenta innovaciones urbanas en todo el mundo para ser presentada en la Conferencia Mundial de las Naciones Unidas sobre Asentamientos Humanos —Hábitat II—, que tuvo lugar en Estambul, en junio de 1996. Durante la década de 1990, Porto Alegre organizó diversas conferencias internacionales sobre gestión democrática y, junto con Montevideo, capital de Uruguay, donde está desarrollándose una innovación de gobierno local semejante, lidera un movimiento a favor de la introducción de instituciones de presupuesto participativo en las "Mercociudades", las ciudades que

2. Véase, por ejemplo, Villas-Bôas, 1999, Carvalho e Felgueiras, 2000, Avritzer, 2002, Carvalho y otros, 2002.

3. Para compararlas con la aplicación del presupuesto participativo en ciudades de Barcelona, véase el trabajo de Moura (1997). Echevarría (1999) presenta un estudio comparativo entre Porto Alegre y Córdoba (Argentina). La obra organizada por Becker (2000) incluye varios ejemplos de aplicación de los principios de la democracia participativa, tanto en el continente americano como en Europa.

4. Ya en 1993, el Banco Mundial, más preocupado por la eficacia técnica que por el carácter democrático del presupuesto participativo, subrayaba el "éxito inicial" de Porto Alegre, a la luz de los tres criterios establecidos por el Programa de Gestión Urbana promovido por el Banco: la movilización de los recursos para financiar los servicios urbanos; el perfeccionamiento de la gestión financiera de esos recursos; la organización de las instituciones municipales con el objetivo de promover una mayor eficacia y capacidad de respuesta por parte de los servicios urbanos (Davey, 1993). Desde entonces, el Banco Mundial, en varias ocasiones, ha hecho publicidad y ha promovido el modelo de gestión de Porto Alegre (véase, por ejemplo, Conger, 1999), y ha recompensado al municipio concediéndole préstamos.

integran el acuerdo económico regional conocido como Mercosur (Brasil, Argentina, Uruguay y Paraguay).

En Brasil, el éxito de Porto Alegre se ha manifestado de varias formas;[5] la más significativa ha podido verse en las ventajas electorales del PT a lo largo de la década de 1990 y en la aceptación pública de su gobierno municipal. En la primera elección, que ganó en 1988 con una coalición de partidos de izquierda —el Frente Popular—, el PT sumó el 34,3% de los votos. En las elecciones de 1992, el PT y el Frente Popular recibieron el 40,8%; en las de 1996 lograron el 56% y en las de 2000, el 59,6%. Otra manifestación del éxito del gobierno PT de Porto Alegre es el hecho de que *Exame*, un influyente periódico de negocios, nombró en varias ocasiones a Porto Alegre como la ciudad brasileña con mejor calidad de vida, en función de los siguientes indicadores: alfabetización, uso y comprensión de la lengua, número de personas matriculadas en la enseñanza elemental y secundaria, calidad de la enseñanza superior y de postgrado, consumo *per cápita*, empleo, mortalidad infantil, esperanza de vida, número de camas por hospital, vivienda, alcantarillado, aeropuertos, autopistas, tasa de criminalidad, restaurantes y clima. En algunos sondeos realizados al final del segundo mandato (1996), el 65% de los encuestados calificó al gobierno municipal como excelente y el 70% como bueno. Si consideramos positiva una calificación de "más del 50%", el gobierno habría ganado realmente la aprobación del 85%.

¿Cuál es el secreto de este enorme éxito? Cuando en enero de 1989 el PT asumió la administración de Porto Alegre, se estableció una nueva modalidad de gobierno municipal, conocida como "administración popular". Se fundamentaba en una innovación institucional que pretendía garantizar la participación popular en la pre-

5. Con frecuencia, Porto Alegre es un lugar visitado por autarcas, dirigentes políticos y líderes de movimientos de base de otras ciudades brasileñas interesados en analizar *in loco* el funcionamiento del presupuesto participativo. Tras las elecciones locales de 1996, las ciudades en donde los candidatos de la "administración popular" ganaron las elecciones pidieron apoyo técnico a la alcaldía de Porto Alegre. En algunos casos, el Ayuntamiento envió personal para ayudar a introducir el presupuesto participativo en otras ciudades.

paración y en la ejecución del presupuesto participativo municipal y, por lo tanto, en la distribución de los recursos y en la definición de las prioridades de inversión. Esta nueva medida, que llegó a conocerse como "presupuesto participativo", es la clave del éxito del gobierno municipal del PT.

La ciudad de Porto Alegre[6]

Con una población de 1,3 millones de habitantes y 495,53 km^2,[7] Porto Alegre reviste una importancia central en Rio Grande do Sul; en 1994 alcanzó un Producto Interior Bruto estimado en 6,7 mil millones de dólares. Es la principal ciudad industrial, ya que produce el 12,4% del producto industrial bruto del Estado y es responsable de casi un tercio de los ingresos realizados en el sector de los servicios. Su población total corresponde a aproximadamente el 13% de Rio Grande do Sul.[8] En términos nacionales, la influencia de Porto Alegre es principalmente política, pues muchos políticos locales de prestigio formaron parte de los gobiernos nacionales a lo largo del siglo XX. El más significativo fue Getúlio Vargas, dictador entre 1930 y 1945, primero con la Revolución de 1930 y, después, al frente del Estado Nuevo, y presidente electo entre 1951 y 1954.

En las últimas décadas, tal como otras capitales brasileñas, Porto Alegre experimentó un proceso acelerado de urbanización. En veinte años, de 1960 a 1980, su población se duplicó debido al hecho de que algunos nuevos centros industriales en el Estado atrajeron inmigrantes de la capital. Entre 1970 y 1980, la participación de la industria de Porto Alegre en la producción industrial del Esta-

6. Sección basada en Navarro, 1996 y Oliveira, Pinto e Torres, 1995.

7. Datos del IBGE —Instituto Brasileño de Geografía y Estadística— relativos al Censo Demográfico de 2000 (dirección de la página: http://www. ibge.gov.br/ibge/-estatistica/populacao/censo2000/default.shtm).

8. Según los datos presentados en el informe de presentación de cuentas del OP en 2000, Porto Alegre es responsable del 14,6% del PIB de Rio Grande do Sul, y del 35,6% del PIB del distrito metropolitano.

do de Rio Grande do Sul descendió del 26% al 18% (Oliveira, Pinto e Torres, 1995: 22). Es una ciudad que tradicionalmente se ha organizado alrededor del sector terciario y de los servicios públicos del gobierno estatal. En 1949, el 73% del rendimiento de la ciudad procedió del sector de los servicios, y en 1980, el 78%. La desindustrialización de la década de 1980 no afectó a la centralidad y a la hegemonía de Porto Alegre como metrópolis de distritos.

El estado de Rio Grande do Sul puede hacer gala de uno de los mejores indicadores sociales del país. Según Navarro, que menciona estadísticas oficiales (1996:3), de entre las cincuenta mejores ciudades brasileñas en actuación educativa, 32 pertenecen a este Estado. Otros indicadores sociales muestran cómo la esperanza de vida en el Estado es de 68 años para los hombres y de 76 para las mujeres,[9] la más elevada de todas si se compara con otros Estados brasileños; asimismo, en las dos últimas décadas la tasa de mortalidad ha descendido del 52,6% al 18,4% por cada mil niños menores de un año de edad.[10] En la ciudad de Porto Alegre se pasó del 37,2% de mortalidad, en 1980, al 12,2%,[11] lo que demostró la mejor condición entre *todas* las capitales brasileñas. A pesar de esto, existen también indicadores negativos, indicadores que revelan las profundas desigualdades sociales (como ocurre, por otro lado, en el resto de Brasil), el problema de la vivienda y el desempleo. Un tercio de la población de Porto Alegre vive en barriadas y en barrios populares precarios. En contrapartida, y según el alcalde del municipio, Tarso Genro,[12] a principios de la década de 1990 sólo aproximadamente cincuenta familias eran propietarias de todos los suelos urbanos disponibles para el desarrollo de la ciudad (Harnecker, 1993:9).

9. Datos del IBGE y de la Secretaría de Salud de Rio Grande do Sul, relativos a 1997.

10. *Ibídem.*

11. Según los datos del IBGE (Censo Demográfico de 2000), la tasa actual en la Gran Porto Alegre es 13,3 por cada mil nacidos vivos.

12. El 4 de abril de 2002, Tarso Genro —que ejercía desde 2000 su segundo mandato— renunció al cargo de alcalde de Porto Alegre para presentarse como candidato, por el PT, al cargo de gobernador del Estado de Rio Grande do Sul. El vice-alcalde, João Verle, lo sustituyó en el cargo.

Porto Alegre es una ciudad de vastas tradiciones democráticas, una sociedad civil fuerte y organizada. La dictadura militar se encontró con una resistencia política feroz en Rio Grande do Sul, sobre todo en Porto Alegre. He aquí un ejemplo: a causa de la presión ejercida por la oposición democrática contra las instituciones represivas de la dictadura, los prisioneros políticos no podían ser "encarcelados con seguridad" en la ciudad y, en muchas ocasiones, eran alejados de Porto Alegre, habitualmente a São Paulo. La oposición fue dirigida por intelectuales, por los sindicatos y por el único partido de oposición legalizado, el Movimento Democrático Brasileiro (MDB), en cuyo seno se encontraban organizaciones clandestinas —ya socialistas y comunistas, ya revolucionarias-cristianas— que se oponían a la dictadura militar. Como la situación política hacía inviable casi toda la lucha política en el ámbito nacional, las organizaciones anteriormente mencionadas centraron su actividad en el fortalecimiento de los sindicatos y de los movimientos comunitarios, tales como las asociaciones de calle y de vecinos, los clubes de fútbol, las cooperativas, los clubes de madres, los grupos culturales, etc. Estos movimientos y organizaciones poseían, por un lado, una naturaleza general y, por otro, se ocupaban de exigencias específicas, principalmente la lucha por las líneas de los autobuses, la lucha por las cloacas o por la pavimentación de las calles, la lucha por la vivienda o por los ambulatorios médicos, etc. De este modo, emergió un movimiento popular, poderoso y diversificado, que, a principios de la década de 1980, se comprometió profundamente en el gobierno local.[13]

En la primera mitad de la década, los movimientos populares de base, todavía muy heterogéneos en términos políticos y organizativos, lograron una influencia en la política local. En 1983 se fundó la UAMPA (Unión de las Asociaciones de Vecinos de Porto Alegre) y, en 1985, tuvo lugar su primer congreso. Más allá de las "exigencias específicas", relativas a la vivienda, a la ense-

13. Según Tarso Genro, cuando el PT ganó por primera vez la alcaldía de Porto Alegre, a finales de 1988, se identificaron casi mil organizaciones comunitarias en la ciudad.

ñanza, a la salud, a la alimentación, a los derechos humanos y al empleo, el congreso apeló a la "efectiva democratización de las estructuras políticas en el ámbito federal, estatal y urbano" (Oliveira, Pinto e Torres, 1995:31).[14] En 1985, en las primeras elecciones municipales democráticas, el PDT (Partido Democrático Trabalhista), que ya tenía una larga experiencia en el Estado, ganó fácilmente las elecciones con el 42,7% de los votos. El PT, que por aquel entonces estaba empezando a influir entre los movimientos populares y laborales, obtuvo el 11,3% de los votos.[15] Heredero de una tradición populista "a favor de los trabajadores", el nuevo alcalde elegido decretó el establecimiento de "consejos populares" en la ciudad, pero, en términos reales, siguió ejerciendo el poder municipal a la vieja manera paternalista y clientelista, frustrando las expectativas democráticas e incumpliendo la mayor parte de las promesas electorales.

En 1988, el PT consiguió un increíble éxito político. Sin ningún precedente en la ciudad, el partido en el gobierno logró la elección de sus representantes para los siguientes mandatos, primero en 1992 y, después, en 1996 —Tarso Genro, vice-alcalde durante el primer mandato del PT, se convirtió en el alcalde en el segundo, y Raul Pont, vice-alcalde en el segundo mandato, llegó a convertirse en alcalde en el tercero— y, por fin, en 2000, con una nueva victoria de Tarso Genro y João Verle como vice-alcalde.[16]

14. Con una orientación política diferente y una existencia que se remonta a 1959, hallamos también la FRACAB (Federación de Asociaciones Comunitarias de Rio Grande), que en 1979 contaba con 65 asociaciones afiliadas en Porto Alegre (Navarro, 1996:7).

15. En las elecciones de 1982 para elegir al gobierno estatal, ganadas por el partido conservador, el PDT obtuvo el 31,7% de los votos en la ciudad de Porto Alegre y el PT sólo el 3,9%. En 1998, el PT ganó las elecciones estatales obteniendo el 50,88% de los votos.

16. Véase la nota 12.

II

EL PRESUPUESTO PARTICIPATIVO EN PORTO ALEGRE

En el período actual del sistema político brasileño, la Nueva República, el poder municipal reside en dos instancias elegidas por separado: el alcalde, que es la instancia ejecutiva, y la Câmara de Vereadores (Pleno Municipal o Asamblea de Concejales), que es la instancia legislativa. Según la Constitución de 1988, la Câmara de Vereadores tiene la competencia para aprobar el presupuesto. Desde 1989, el PT y el Frente Popular controlan la alcaldía, pero no detentan la mayoría en la Câmara de Vereadores.

No es menester subrayar la importancia del presupuesto para las relaciones políticas y administrativas entre el Estado y los ciudadanos. El presupuesto es el instrumento básico del contrato público subyacente a esas relaciones, así como de las interacciones entre los diferentes organismos estatales encargados de ejecutar dicho contrato. Al definir los fondos públicos mediante la fijación de impuestos o a través de otros medios, el presupuesto se transforma en el mecanismo central de control público sobre el Estado. Así pues, las decisiones presupuestarias son decisiones políticas fundamentales. No obstante, en una sociedad controlada por una fuerte tradición autoritaria y patrimonialista, como es el caso de Brasil, el presupuesto público ha sido menos la expresión del contrato político que la expresión de su ausencia. Los criterios tecnoburocráticos prevalecen en la definición del presupuesto, criterios suficientemente vagos como para permitir la privatización clientelista de las decisiones públicas relativas a la distribución de los recursos. Desde el momento en que el juego político clientelista, y sus mecanismos de intercambio de favores, controlen la implementación del presupuesto, éste se revelará una ficción, una prueba chocante de la discrepancia entre el marco institucional formal y las prácticas reales del Estado (Fedozzi, 1997:109). Un buen ejemplo de esto fue el escándalo del "presupuesto mafioso", hecho público en 1993, que implicó a la comisión de la Asamblea Nacional que verifica el Presupuesto de la Unión. En ese año, la propuesta presupuestaria de la Unión fue sometida a más de 72.000 "enmiendas" por parte de representantes y senadores, y una gran parte de los recursos se destinó a entidades fantasma. Según la Comisión Parlamentaria de Investigación, la distribución incorrecta de gastos sociales se elevó al 64% del total (Fedozzi, 1997: 110, 223).

En Brasil, el presupuesto público incluye tres niveles: el federal, el estatal y el municipal. Los municipios tienen una autonomía relativa en la determinación de los ingresos y de los gastos. Los ingresos tienen, por un lado, una procedencia local (impuestos y tasas de diferentes tipos) y, por otro, son el resultado de las transferencias federales o estatales.[17] Los gastos se pueden clasificar en tres grandes grupos: *a)* gastos relativos al funcionariado; *b)* servicios públicos; *c)* inversiones en obras y equipos. La autonomía relativa de los municipios se ejerce, sobre todo, en el tercer grupo de gastos. En aquellas ciudades en donde el presupuesto no debe identificar las obras y los servicios que han de realizarse —sólo debe definirse un máximo de gastos—, el Ejecutivo dispone de un amplio margen de maniobra para la implementación presupuestaria. No obstante, es el órgano legislativo el que debe aprobar el presupuesto.

El presupuesto participativo, promovido por la alcaldía de Porto Alegre, es una forma de gobierno público que intenta romper con la tradición autoritaria y patrimonialista de las políticas públicas,

17. En el presupuesto de 1997 del municipio de Porto Alegre, los ingresos de procedencia local se elevaron al 55,87%, mientras que las transferencias sólo alcanzaron el 44,13% de los ingresos totales (Silva, 2001: 72).

recurriendo a la participación de la población en diferentes fases de la preparación e implementación presupuestaria, con un énfasis especial en la definición de prioridades para la distribución de los recursos de inversión. El presupuesto participativo y su marco institucional no se reconocen formalmente desde un punto de vista jurídico.[18] Ese reconocimiento sólo puede proceder de la Câmara de Vereadores, aunque dentro de los límites de la legislación federal y estatal. Como veremos más adelante, a lo largo de la década la cuestión de la legalización del presupuesto participativo fue uno de los temas más relevantes en el conflicto permanente entre el cuerpo Ejecutivo y el Legislativo. En la actualidad, dado que la definición y aprobación del presupuesto es una prerrogativa legal de la Câmara de Vereadores, la alcaldía se limita, en términos estrictamente jurídicos, a someter a la Câmara la propuesta presupuestaria, la cual puede ser aprobada, modificada o rechazada libremente por la Câmara. Sin embargo, ya que la propuesta del Ejecutivo es sancionada por las instituciones del presupuesto participativo y, por tanto, por los ciudadanos y por las organizaciones y asociaciones de ciudadanos y de las comunidades que en éstas participan, la propuesta presupuestaria del ejecutivo se convierte, para la Cámara Legislativa, en un hecho consumado, teniendo en cuenta los riesgos políticos que los diputados correrían si votasen contra la "voluntad de los ciudadanos y de las comunidades". Por consiguiente, la mayoría de la Câmara afirma que, al institucionalizar el presupuesto participativo sin implicar al órgano legislativo, el Ejecutivo eliminó, de hecho, la jurisdicción que ese último podría tener sobre cuestiones presupuestarias, de ahí el conflicto político que, más adelante, trataré con más detalle.

18. La Ley Orgánica de Porto Alegre prevé que el Presupuesto debe discutirse con la población. Recientemente, la alcaldía salió ganadora en una acción de inconstitucionalidad interpuesta contra el OP. Debo agradecer esta información a Sérgio Baierle.

Instituciones de participación[19]

El presupuesto participativo (que en adelante denominaré OP)* es una estructura y un proceso de participación comunitarios basado en tres grandes principios y en un conjunto de instituciones que funcionan como mecanismos o canales de participación popular regular y permanente, sustentada en el proceso de toma de decisiones del gobierno municipal. Los tres principios son los siguientes:

a) todos los ciudadanos tienen derecho a participar, pues las organizaciones comunitarias no detentan a este respecto, formalmente por lo menos, un estatuto o prerrogativa especiales;

b) la participación está dirigida por una combinación de reglas de democracia directa y de democracia representativa, y se realiza a través de instituciones de funcionamiento regular cuyo estatuto interno está determinado por los participantes;

c) los recursos de inversión se distribuyen de acuerdo con un método basado en una combinación de "criterios generales" —criterios sustantivos, establecidos por las instituciones participativas con el objetivo de definir prioridades— y de "criterios técnicos"— criterios de viabilidad técnica o económica, definidos por el Ejecutivo, y normas jurídicas federales, estatales o de la propia ciudad, cuya implementación corresponde al Ejecutivo.

19. Fedozzi (1997) presenta la mejor descripción del modo en que funciona el OP. Asimismo, la alcaldía de Porto Alegre posee una página de Internet que describe el funcionamiento del OP (dirección de la página: http://www.portoalegre.rs.gov.br/Op/-default.htm). A partir de 2001, los vecinos del municipio empezaron a tener la posibilidad de enviar y plantear las sugerencias realizadas a través de Internet, mediante un registro previo.

* Iniciales de las palabras portuguesas "Orçamento Participativo". En el presente texto he optado por mantener las iniciales en lengua portuguesa, dada su ya relativa popularidad (N. de la T.).

La estructura institucional básica del OP consiste en tres tipos de instituciones (Figura 1).

El primer tipo de instituciones abarca las unidades administrativas del Ejecutivo Municipal encargadas de dirigir el debate presupuestario con los ciudadanos: Gabinete de Planeamiento (GAPLAN), Coordinadora de las Relaciones con las Comunidades (CRC), Foro de las Asesorías de Planeamiento (ASSEPLAS), Foro de las Asesorías Comunitarias (FASCOM), Coordinadores de Distrito del Presupuesto Participativo (CROP) y Coordinadores temáticos (CT). De este conjunto de instituciones, las dos más importantes son la CRC y el GAPLAN. La CRC, ya directamente, ya a través de sus coordinadores de distritos y temáticos (CROP y CT), es un organismo mediador que establece el vínculo del gobierno municipal con los dirigentes comunitarios y sus asociaciones. Asimismo, tiene un papel central en la coordinación de las asambleas y de las reuniones del Consejo del Presupuesto Participativo (COP). El GAPLAN, que comparte con la CRC las funciones de coordinación, se encarga de traducir las exigencias de los ciudadanos en acciones municipales, técnica y económicamente viables, sometiendo esas exigencias a criterios generales y técnicos. La figura 2 presenta una descripción detallada de la composición y de la función de cada una de estas unidades.

El segundo tipo de instituciones consiste en las organizaciones comunitarias, dotadas de autonomía frente al gobierno municipal y compuestas principalmente por organizaciones de distritos, que llevan a cabo la mediación entre la participación de los ciudadanos y la elección de las prioridades para los diferentes distritos de la ciudad. Al ser estructuras autónomas, y dependientes, por tanto, del potencial organizativo de cada distrito, estas organizaciones populares no existen necesariamente en todos los distritos abarcados por el OP. Asumen diferentes tipos de organización y de participación, según las tradiciones locales de los distritos. Estamos hablando de los Consejos Populares, de las Uniones de Barriadas y de las Articulaciones de Distrito.

Figura 1. Estructura del Presupuesto Participativo de Porto Alegre

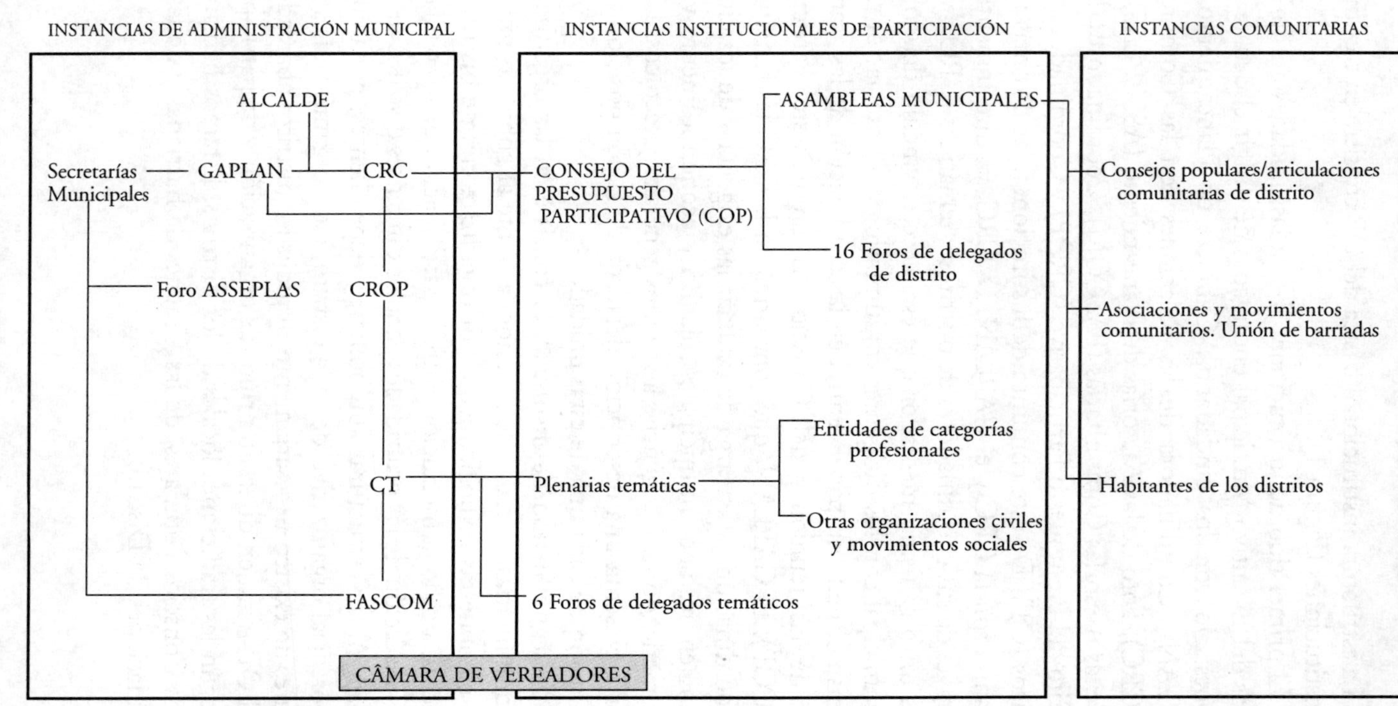

Figura 2

ENTIDADES DE LA ADMINISTRACIÓN MUNICIPAL RESPONSABLES DEL PRESUPUESTO PARTICIPATIVO (1996)

	GAPLAN Oficina de Planeamiento	Foro de las ASSEPLAS Asesorías de Planeamiento	CRC Coordinadora de las Relaciones con la Comunidad	FASCOM Foro de las Asesorías Comunitarias	CROP Coordinadores de Distrito del Presupuesto Participativo	CT Coordinadores Temáticos
Fecha de Creación	1990 (informal) 1994 (formalización)	1990 (informal)	1998 Vinculado, desde 1989, a la Oficina del Alcalde	1990	1992	1994
Participantes	Asesores y funcionarios de la Alcaldía Municipal	Coordinadores Planeamiento de secretarías y órganos	Asesores y funcionarios de la Alcaldía Municipal	Asesores comunitarios de secretarías y órganos	Asesores comunitarios de la CRC y secretarías	Asesores temáticos de la CRC y/o secretarías
Atribuciones	•Coordina el planeamiento estratégico •Dirige la ejecución del Plan de Inversiones (PI) •Coordina la elaboración de la propuesta presupuestaria del ejercicio siguiente	•Discute los procedimientos técnico-administrativos para la preparación presupuesto y del procedimiento de peticiones comunitarias en cada órgano	•Articula la relación con la comunidad a través de coordinadores de distrito •Coordina la primera y la segunda rondas del Presupuesto Participativo •Coordina las reuniones Consejo del Presupuesto Participativo	•Discute y propone políticas de participación popular, articulando lo máximo posible el trabajo de las diferentes secretarías	•Subordinados al CRC •Cada uno de los 16 distritos dispone de un CRC responsable supervisor de todo el proceso del Presupuesto Participativo	•Cada una de las 5 (en la actualidad 6) temáticas tiene un CT que supervisa el proceso de discusión en las plenarias
Periodicidad	Permanente	Irregular	Permanente	Semanal	Permanente	Permanente
Coordinación	Indicación del alcalde	Indicación de las secretarías municipales	Indicación del alcalde	Indicación de las secretarías municipales	Indicación de la CRC	Indicación de la CRC

Fuente: GAPLAN, CRC/PMPA y Fedozzi (1997: 114)

El tercer tipo de instituciones fue concebido para establecer una mediación e interacción permanentes entre los dos primeros tipos, y está formado por instituciones de participación comunitaria con un funcionamiento regular: Consejo del Plan del Gobierno y Presupuesto, conocido también como Consejo del Presupuesto Participativo (COP), Asambleas Plenarias de Distrito, Foro de Distritos del Presupuesto, Asambleas Plenarias Temáticas y el Foro Temático de Presupuesto.

El proceso participativo

El principal objetivo del OP es animar una dinámica y establecer un mecanismo sólido de gestión conjunta de los recursos públicos, a partir de decisiones compartidas sobre la distribución de los fondos presupuestarios y de responsabilización gubernativa en relación con la introducción efectiva de esas decisiones.

El OP está ausente en la articulación entre Asambleas Plenarias de Distrito y Temáticas, Foros de delegados y Consejo del OP. Hay dos ciclos (denominados "rondas") de Asambleas Plenarias en cada uno de los dieciséis distritos y en cada una de las seis áreas temáticas.[20] Entre las dos rondas, se realizan reuniones preparatorias en los microdistritos y de las áreas temáticas. Las asambleas y las reuniones tienen una triple finalidad: definir y escalonar las exigencias y las prioridades de cada distrito o temáticas; elegir a los delegados para los foros de delegados y a los consejeros del COP; evaluar la actuación del ejecutivo. Los delegados actúan como intermediarios entre el COP y los ciudadanos y supervisan, asimismo, la introducción del presupuesto. Los consejeros definen los criterios generales que anteceden al escalonamiento de las exigencias y a la distribución de los fondos y votan la

20. A lo largo de los años se han producido muchos cambios en el funcionamiento del OP, algo que, en mi opinión, refleja el dinamismo del proceso de aprendizaje democrático en el OP. Al final del libro explicaré las transformaciones más recientes. La más significativa fue la sustitución de las dos rondas de asambleas por una única ronda.

propuesta del Plan de Inversión presentada por el Ejecutivo.

Ahora me detendré a describir, con mayor detalle, el funcionamiento del OP. La ciudad se divide en dieciséis distritos y en seis áreas para la discusión temática del presupuesto.[21] La división en distritos del OP se llevó a cabo según los criterios socio-espaciales y la tradición de organización comunitaria de la ciudad (véase el Mapa 1 y el Cuadro 1).

MAPA 1. LA CIUDAD DE PORTO ALEGRE Y LOS MUNICIPIOS CIRCUNDANTES

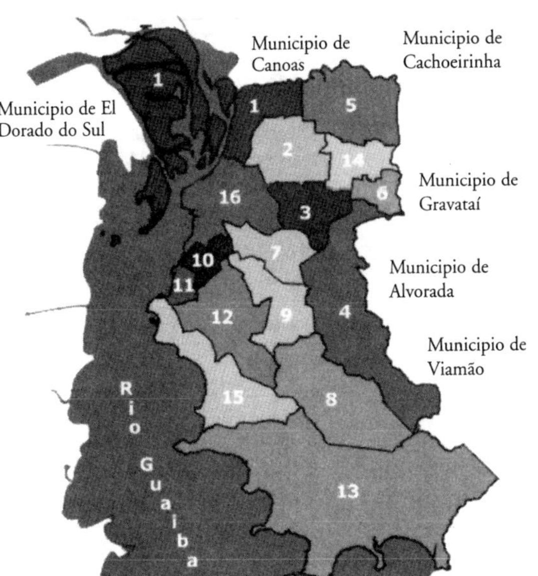

DISTRITOS DEL PRESUPUESTO PARTICIPATIVO DE PORTO ALEGRE

1. Humaitá-Navegantes/Ilhas
2. Noroeste
3. Leste
4. Lomba do Pinheiro
5. Norte
6. Nordeste
7. Partenon
8. Restinga
9. Glória
10. Cruzeiro
11. Cristal
12. Centro Sur
13. Extremo Sur
14. Eixo da Baltazar
15. Sul
16. Centro ("baixa" de Porto Alegre, en la zona oriental de la ciudad)

21. En 1989, el primer Ejecutivo del PT empezó a dividir la ciudad en cinco distritos. Los dirigentes de las organizaciones comunitarias consideraron que esos distritos eran demasiado grandes, planteaban problemas de transporte para las reuniones y no correspondían a ninguna tradición política. Entonces, en colaboración con esos dirigentes, se decidió la división en dieciséis distritos. Con algunas pequeñas alteraciones (véase más adelante), esta es todavía la actual división en distritos. No obstante, el distrito Centro, el más grande en población y el más rico, ha empezado a cuestionarse en los últimos tiempos. En la reunión del Consejo del OP del 2 de febrero de 1997, uno de los consejeros planteó la división del distrito Centro porque, a la luz de los criterios generales en vigor en la actualidad —el valor dado a la población del distrito—, "el Centro siempre estará por delante".

Las áreas (o temas) existentes para la discusión del presupuesto municipal son más recientes, pues empezaron a establecerse a partir de 1994. En la actualidad son: 1) circulación y transporte ; 2) educación y ocio; 3) cultura; 4) salud y asistencia social; 5) desarrollo económico e impuestos; 6) organización de la ciudad, desarrollo urbano y ambiental.

CUADRO 1. DISTRITOS DEL PRESUPUESTO PARTICIPATIVO DE PORTO ALEGRE Y DISTRIBUCIÓN DE LA POBLACIÓN

DISTRITOS	NOMBRE	1991		1996	
		Población	%	Población	%
(1)	Humaitá-Navegantes/Ilhas	52 260	4,2	48 100	3,8
(2)	Noroeste	110 618	8,8	127 574	9,9
(3)	Leste	102 293	8,2	110 451	8,6
(4)	Lomba do Pinheiro	36 488	2,9	48 368	3,8
(5)	Norte	93 001	7,4	88 614	6,9
(6)	Nordeste	19 001	1,6	24 261	1,9
(7)	Partenon	127 096	10,2	114 127	8,9
(8)	Restinga	38 961	3,1	45 999	3,6
(9)	Glória	41 633	3,3	37 439	2,9
(10)	Cruzeiro	59 231	4,7	64 952	5,1
(11)	Cristal	25 166	2,0	30 054	2,3
(12)	Centro Sur	102 560	8,2	101 397	7,9
(13)	Extremo Sur	19 387	1,6	23 905	1,9
(14)	Eixo da Baltazar	95 387	7,6	86 057	6,7
(15)	Sul	53 202	4,2	62 837	4,9
(16)	Centro	275 300	22,0	271 294	21,1
	TOTAL	1 251 902	100,0	1 285 528	100,0

Fuente: IBGE y Gabinete del Alcalde de Porto Alegre.

Las dos rondas de las Asambleas de Distritos y Temáticas tienen lugar en el ciclo anual del OP. Están abiertas a la participación individual de cualquier habitante de la ciudad y a los representantes de organizaciones cívicas y de asociaciones, aunque en las asambleas sólo votan los habitantes del distrito. Asimismo, están presentes los delegados del Ejecutivo (el alcalde y los presidentes de las Secretarías Municipales). Los miembros del Gobierno municipal (CRC,

CROP y GAPLAN), así como los delegados y consejeros del OP son los encargados de coordinar las asambleas.

Antes de que se realicen las asambleas anuales se celebran reuniones preparatorias, que se realizan habitualmente en el mes de marzo, de forma autónoma y sin la interferencia del Ayuntamiento. El objetivo de estas reuniones preparatorias es la recopilación de las peticiones y de las reivindicaciones de los ciudadanos, de movimientos populares de base y de instituciones comunitarias relativas a cuestiones relacionadas con los distritos o temáticas; asimismo representan el inicio de la movilización de la comunidad para la elección de los delegados de distrito. Estas reuniones son cruciales para discutir las exigencias de la comunidad y sus prioridades relativas. Al ser convocadas y presididas por los consejos populares o por los líderes de la comunidad, a veces llegan a ser muy conflictivas, ya que las diferentes orientaciones políticas de las organizaciones comunitarias se manifiestan en la identificación y en la formulación de las peticiones y tienden a marcar todo el debate. Más adelante abordaré la cuestión de la autonomía de esas reuniones, así como de las reuniones intermedias mencionadas a continuación.

En la primera ronda de asambleas —llamadas desde 1997 Asambleas Generales Populares, de Distrito o Temáticas— que se celebra en marzo y abril, se plantean los siguientes objetivos: la presentación, por parte del ejecutivo, del informe de ejecución del Plan de Inversión del año anterior, y la presentación del Plan aprobado para el presupuesto en vigor; evaluación, por parte de los ciudadanos (por distritos o temas) y por el ejecutivo, del Plan de Inversión del año anterior; la primera elección parcial de los delegados para los Foros de Delegados (de distrito y temáticos). Los restantes delegados de distrito o temáticos se elegirán durante el pasaje al siguiente proceso.

La evolución del criterio para determinar el número de delegados en los foros de distrito y temáticos testimonia el creciente compromiso de los ciudadanos en el OP. En principio, el criterio era un delegado por cada cinco personas que participasen en la asamblea; a principios de la década de 1990 se decidió que sería un delegado por cada diez personas; después, un delegado por cada veinte y, más tarde, se estableció un criterio aún más complejo. Según este criterio, hasta un máximo de 100 participantes se elige un delegado por cada diez personas; de 101 a 250 participantes, uno por cada veinte; de 251 a 400, uno por cada treinta; de 401 a 550, 1 por cada cuarenta; de 551 a 700, uno por cada cincuenta; de 701 a 850, uno por cada sesenta; de 851 a 1.000, uno por cada setenta; más de 1.000, uno por cada ochenta. A partir de una propuesta de la CRC, este criterio, considerado excesivamente riguroso, fue abolido en 1997 y en el ciclo 1998/1999 entró en vigor otro: hasta 100, un delegado por cada diez participantes; de 101 a 250, uno por cada veinte; de 251 a 400, uno por cada treinta; a partir de 401, uno por cada cuarenta. En la revisión de 1999, los consejeros argumentaron que el criterio "fluctuante" todavía era muy complejo e impedía un adecuado planteamiento, ya que el número de delegados de cada delegación variaría según el quórum total de la asamblea. Por otro lado, este criterio acababa excluyendo delegaciones pequeñas presentes en asambleas grandes, creando frustración entre las comunidades, cuya participación se deseaba precisamente movilizar. Entonces se adoptó un número fijo (un delegado por cada diez participantes), que empezó a entrar en vigor en el ciclo 2000-2001,[22] una opción que responde, asimismo, a la preocupación del alcalde por aumentar el número de participantes y comprometer a más personas en el OP.

Por lo general, los delegados elegidos en la primera ronda de Asambleas Plenarias y en las reuniones intermediarias son designa-

22. Un delegado al que entrevisté afirmó que era más simple utilizar un número fijo, pues eso otorga seguridad en el momento de organizar a las personas para participar: "Si dispongo de diez personas, con seguridad conseguiré un delegado para representar mis peticiones". Según Luciano Brunet, Coordinador de las relaciones de la comunidad en la Alcaldía de Porto Alegre, el criterio para establecer el número de delegados en el OP de Porto Alegre debía conciliarse con el criterio adoptado en el OP del Estado de Rio Grande do Sul (donde se introdujo el OP con la victoria del PT en las elecciones estatales de 1998): uno cada veinte. Más allá de simplificar, es posible que esta armonización permita potenciar mutuamente dos procesos de democracia participativa que, en este momento, muestran algunos aspectos que entran en competencia. Más adelante profundizaré en esta cuestión.

dos por los dirigentes de las asociaciones presentes en las reuniones y, por tanto, es muy difícil que un ciudadano no integrado en una estructura colectiva pueda ser elegido delegado (más adelante, retomaré este tema).

Entre la primera y segunda ronda de las asambleas, de marzo a junio, se celebran las llamadas reuniones intermedias. Las organizaciones y asociaciones comunitarias o temáticas son las encargadas de organizarlas, aunque están "integradas" por los CROP, de distrito o temáticos, y por otros representantes del Ejecutivo. En esas reuniones, los participantes se encargan de escalonar las peticiones aprobadas por cada asociación u organización (como las asociaciones de vecinos, los Clubes de Madres, los Centros Deportivos o recreativos, las Cooperativas de Vivienda, los Sindicatos, las Organizaciones No-Gubernamentales, etc.), según las prioridades y criterios generales. Los distritos mejor organizados se dividen internamente a su vez en micro-distritos, a partir de los cuales se seleccionan las prioridades. Con posterioridad, en las plenarias de distrito y temáticas, se luchará por las listas de prioridades resultantes de esa selección. En las reuniones intermedias se discute y se vota mucho, pero, a veces, las negociaciones reales, aquellas que desembocan en las propuestas que se votarán, se llevan a cabo entre bastidores en reuniones informales de los líderes comunitarios. Los niveles de conflictividad dependen del nivel de organización de la comunidad y del nivel de polarización política entre líderes.

En esas reuniones intermedias cada distrito o tema jerarquiza las prioridades sectoriales. Hasta 1997, los distritos jerarquizaban cuatro prioridades entre los siguientes sectores o temas: Saneamiento Básico, Vivienda, Pavimentación de las calles, Educación, Asistencia Social, Salud, Transporte y Circulación, Planificación Urbana. A este respecto, en 1997, el COP introdujo algunos cambios. A partir de 1998, los distritos empezaron a jerarquizar cuatro prioridades entre doce temas y, a partir de 2001, entre trece: Saneamiento Básico, Política de Viviendas, Pavimentación, Transporte y Circulación, Salud, Asistencia social, Educación, Áreas de Ocio, Deporte y Ocio, Iluminación Pública, Desarrollo Económico, Cultura y Medioambiente. Como veremos, estos cambios reflejan las discusiones en años recientes en el seno del COP, en donde la mayoría de los consejeros exigió la expansión de los temas abarcados por el OP. Cada sector o tema se divide en sub-temas. Por ejemplo, el levantamiento topográfico y catastral, la urbanización de las barriadas y la construcción de viviendas.

A las prioridades elegidas se les atribuyen notas de acuerdo con su posición en el escalonamiento: a la primera prioridad le corresponde la nota 4, a la cuarta prioridad la nota 1. De la misma forma, se jerarquizan asimismo las obras específicas propuestas por los ciudadanos en cada tema o sector (en el caso de la pavimentación: primera prioridad, calle A; segunda prioridad, calle B, etc.). Las prioridades sectoriales y la jerarquía de las obras, en cada sector, se remiten al Ejecutivo.[23] En la base de estas prioridades y jerarquías, y al sumar las notas de las diferentes prioridades en todos los distritos, el Ejecutivo establece las tres primeras prioridades del presupuesto en preparación. Por ejemplo, para el presupuesto de 1997, las tres prioridades fueron: vivienda (44 puntos), pavimentación (42 puntos), saneamiento básico (30 puntos). Para el presupuesto de 2001, las tres prioridades fueron la pavimentación (34 puntos), la vivienda (32 puntos) y el saneamiento básico (27 puntos) (véase Cuadro 2).

Por primera vez, en el presupuesto de 2002 se presenta la educación como gran prioridad: vivienda (40 puntos), educación (30 puntos) y pavimentación (30 puntos), algo que quizás da cuenta de la satisfacción de las carencias en infraestructuras físicas a lo largo de la década anterior.[24]

23. Para más detalles sobre la distribución de los recursos, véase la siguiente sección.

24. Sin embargo, no deja de ser significativo que la educación fuese la segunda prioridad en 1992 y que, con posterioridad, fuese sustituida por algunas carencias de infraestructuras físicas; ha reaparecido sólo al cabo de diez años (véase Cuadro 3).

CUADRO 2. PRIORIDADES PARA LOS DISTRITOS DEL PRESUPUESTO PARTICIPATIVO DE PORTO ALEGRE (2001)

Distritos	Saneamiento básico	Vivienda	Pavimentación	Educación	Asistencia Social	Salud	Transporte	Áreas de ocio	Deporte y ocio	Organización de la ciudad	Desarrollo económico	Cultura	Saneamiento ambiental
Humaità/Naveg./Ilhas	3		1	2		4							
Noroeste	4				1	3					1		
Leste	4	3	2		1								
Lomba do Pinheiro	1	2	4		3								
Norte	3		2	4		1							
Nordeste	1	4	3		2								
Partenon		2	4	1	3								
Restinga			3	4	1	2							
Glória	2		4	3		1							
Cruzeiro		4		2	3	1					3		
Cristal		4		1	2								
Centro Sul	2	4	3	1									
Extremo Sul	3	2	4			1							
Eixo da Baltazar	1			2		4							
Sul	3	3	4	1	2								
Centro		4		1		2						3	
TOTAL	27	32	34	22	18	19	0	0	0	0	4	3	0

Fuente: PMPA.

En esta fase del proceso se eligen los restantes delegados de cada distrito o tema para formar el Foro de Delegados. Hasta 1997, la selección de estos delegados se realizaba a partir del criterio de un delegado por cada diez participantes, en la principal reunión que

Cuadro 3. Evolución de las tres primeras prioridades entre 1992 y 2002

OP	1.ª prioridad	2.ª prioridad	3.ª prioridad
2002	Vivienda	Educación	Pavimentación
2001	Pavimentación	Vivienda	Saneamiento básico
2000	Política de viviendas	Pavimentación	Salud
1999	Saneamiento básico	Pavimentación	Política de viviendas
1998	Pavimentación	Política de viviendas	Saneamiento básico
1997	Política de viviendas	Pavimentación	Saneamiento básico
1996	Pavimentación	Saneamiento básico	Regularización agraria
1995	Pavimentación	Regularización agraria	Saneamiento básico
1994	Regularización agraria	Pavimentación	Saneamiento básico
1993	Saneamiento básico	Pavimentación	Regularización agraria
1992	Saneamiento básico	Educación	Pavimentación

Nota: 1992 fue el primer año en que estas prioridades fueron incluidas en los criterios general espara la distribución de recursos.
Fuente: PMPA

se hubiese celebrado en relación con el distrito o tema. A partir de 1998 el número de delegados elegidos en las reuniones intermedias "pudo empezar a determinarse" según el mismo criterio adoptado para la elección en la primera ronda de Asambleas Plenarias. Esta regla se mantiene hasta el día de hoy. En la práctica, cada distrito y temática están desarrollando un método propio para la elección de nuevos delegados. Algunos siguen la regla de forma rigurosa, mientras que otros simplemente no llevan a cabo la ronda intermedia con elección de nuevos delegados y otros aprovechan los micro-distritos para ese fin (lo que significa una reunión más para ese efecto). Por ejemplo, la temática del Desarrollo Económico dividió las reuniones intermedias en áreas (economía popular; tecnología; abastecimiento y área rural; apoyo a micro y pequeñas empresas y turismo). Cada una de esas áreas, durante el período intermedio, celebra una asamblea, prioriza sus peticiones específicas e indica nuevos delegados. Esta diferenciación fue posible gracias al hecho de que cada distrito empezó a crear sus propias reglas (prácticamente todas ellas tienen su estatuto interno) que se ajustan de una manera o de otra en las reglas generales del Estatuto Interno del OP.

La segunda ronda de las Asambleas de Distrito y Temáticas, que se lleva a cabo en junio y en julio, es coordinada y presidida por representantes del Ejecutivo junto con las organizaciones populares (consejo popular, asociaciones, etc.) del Distrito o Tema. Se organiza de la siguiente manera:

- El Ejecutivo presenta los principios más importantes de la política fiscal y de la política de ingresos y gastos que influirán en la preparación del presupuesto para el año siguiente: el Ejecutivo también presenta criterios generales para la distribución de los recursos de inversión.
- Los delegados de las comunidades presentan a los ciudadanos y al Ejecutivo las peticiones jerarquizadas que se aprobaron en las reuniones intermedias (de distrito o temáticas):
- Se eligen dos consejeros efectivos y dos sustitutos por cada distrito y tema para el COP. La elección es directa y se utiliza el método de la "chapa". La "chapa" es una lista de dos efectivos y dos sustitutos que puede presentar cualquier grupo de ciudadanos. En realidad, sólo las comunidades y las organizaciones de barrio o barriada y las asociaciones temáticas se movilizan para presentar las mencionadas listas. Éstas reflejan las orientaciones políticas de dichas organizaciones, así como los intereses sectoriales o específicos de las comunidades y, por lo general, los consejeros que consiguen el apoyo pertenecen a las organizaciones o trabajan en íntima asociación con ellas. En el supuesto de que haya más de una "chapa" se aplica el cuadro de proporcionalidad indicado más adelante, según el artículo 5° del Estatuto (véase Cuadro 4). Los consejeros se eligen para un mandato de un año y únicamente pueden ser reelegidos una sola vez. Sus mandatos pueden ser revocados por el Foro de Delegados de Distrito o Temático, en una reunión convocada especialmente para ese propósito y anunciada con una antelación de dos semanas. Cuando se alcanza el quórum (50% + uno de los delegados), el mandato puede ser revocado por una mayoría de dos tercios de los votos.

Así pues, los órganos institucionales de la participación comunitaria están formados por los Foros de los Delegados (dieciséis de distrito y seis temáticos) y el COP. Los primeros son órganos colegiales con funciones de consulta, de control y de movilización. Su objetivo es ampliar el compromiso de los movimientos populares de base de la comunidad en las actividades del OP, en especial por lo que respecta a la preparación del Plan de Inversión y a la preparación de las obras aprobadas por el COP y llevadas a cabo por el gobierno municipal. Los Foros se reúnen una vez al mes. Las tareas más importantes de los delegados son supervisar las obras y actuar como intermediarios entre el COP y los distritos o áreas temáticas. Como veremos más adelante, los flujos de información plantean algunos problemas.

Cuadro 4. Reglas para elegir a los consejeros en la segunda ronda: número de consejeros según la regla de la proporcionalidad (en el supuesto de que exista más de una chapa)

Porcentaje de los votos	Titular	Suplente
24,9% o menos	No elige	Ninguno
De 25,0% a 37,5%	Ninguno	1
De 37,6% a 44,9%	Ninguno	2
De 45,0% a 55,0%	1	1
De 55,1% a 62,5%	2	Ninguno
De 62,6% a 75,0%	2	1
Más de 75,0%	2	2

Fuente: PMPA

El COP es la principal institución participativa. En él, los ciudadanos elegidos reciben información sobre las finanzas municipales, discuten y establecen los criterios generales para la distribución de los recursos, y defienden las prioridades de los distritos o de los temas. En las sesiones del Consejo, la mediación institucional entre los ciudadanos y las organizaciones de la comunidad, por un lado, y el gobierno municipal, por otro, con respecto a las decisiones presupuestarias, se encamina hacia el nivel más concreto e intenso (para más detalles sobre las funciones del COP, véase la Figura 3).

El Consejo, que inaugura sus tareas en julio-agosto, se reúne una vez por semana en un día fijo, por lo general entre las 6 y las 8 de la tarde. Estas reuniones regulares se celebran en el segundo semestre. No obstante, en 1997, en parte porque el nuevo Ejecutivo, a diferencia del anterior, sometió al OP no sólo el Plan Anual de Inversión, sino también el Plan Plurianual de Inversión (que debía ir introduciéndose a lo largo del mandato de cuatro años), el COP se reunió en enero y febrero dos veces por semana, lo que creó algunos problemas de organización e incluso tensiones entre el Ejecutivo y el COP (más adelante retomaré este tema).

FIGURA 3. ALCALDÍA DE PORTO ALEGRE: FUNCIONES DEL COP, CONSEJO DEL PRESUPUESTO PARTICIPATIVO (2001)

Funciones	Proponer, supervisar y decidir con respecto a los ingresos y gastos del Gobierno Municipal
Composición	• 2 consejeros permanentes y 2 suplentes por cada uno de los 16 Distritos Administrativos • 2 consejeros permanentes y 2 suplentes por cada una de las 6 Plenarias Temáticas • 1 delegado y un suplente del Sindicato dos Trabalhadores Municipais de Porto Alegre (SIMPA) • 1 delegado y un sustituto de la Unión de las Asociaciones de Vecinos de Porto Alegre (UAMPA) • 1 delegado del CRC (sin derecho a voto) • 1 delegado del GAPLAN (sin derecho a voto)
Mandato	Un año y sólo es posible una reelección consecutiva
Competencias (artículo 12 del Estatuto Interno del COP 2001)	• Evaluar, emitir opinión, decidir a favor o en contra y modificar total o parcialmente la propuesta de Plan Plurianual del Gobierno que debe enviarse a la Câmara de Vereadores el primer año de cada mandato del Gobierno Municipal • Evaluar, emitir opinión, decidir a favor o en contra y modificar total o parcialmente la propuesta del Gobierno para la Ley de Directrices Presupuestarias que debe enviarse anualmente a la Câmara de Vereadores

Competencias (artículo 12 del Estatuto Interno del COP 2001)	• Para poder valorar, emitir opinión, decidir a favor o en contra y modificar total o parcialmente la propuesta de Presupuesto anual, que es presentada por el Ejecutivo, deberá plantearse la primera semana del mes de septiembre, antes de enviarla a la Câmara de Vereadores • Evaluar, emitir opinión, decidir a favor o en contra y modificar total o parcialmente la propuesta del Plan de Inversiones • Valorar y divulgar la situación de las peticiones del Plan de Inversiones del año anterior (ejecutadas, en marcha, en vías de conclusión, subastadas, y no realizadas) a partir de las informaciones suministradas por el Ayuntamiento, en el momento de la presentación de la Plantilla Presupuestaria del año siguiente • Evaluar, emitir opinión y modificar total o parcialmente y proponer aspectos totales o parciales de la política tributaria y de recaudación del poder público municipal • Evaluar, emitir opinión y modificar total o parcialmente el conjunto de obras y actividades constantes del Gobierno y del presupuesto anual presentados por el Ejecutivo, en conformidad con el proceso de discusión del OP • Supervisar la ejecución presupuestaria anual y examinar el cumplimiento del Plan de Inversiones, opinando sobre los posibles incrementos, cortes de gastos/inversiones o alteraciones en el planeamiento • Evaluar, emitir opinión, decidir a favor o en contra y modificar total o parcialmente la aplicación de recursos extra-presupuestarios tales como Fondos Municipales, Fondo PIMES y otras fuentes • Opinar y decidir de común acuerdo con el Ejecutivo la metodología adecuada para el proceso de discusión y definición de la voz presupuestaria y del Plan de Inversiones • Evaluar, emitir opinión y modificar total o parcialmente las inversiones que, según el Ejecutivo, sean necesarias para la ciudad • Solicitar a las Secretarías y a los Órganos de Gobierno algunos documentos imprescindibles para que los Consejeros/as puedan tener una opinión formada por lo que respecta, sobre todo, a las cuestiones complejas y técnicas • Elegir 8 consejeros (4 titulares y 3 suplentes) como representantes del COP para componer la Comisión Tripartita. Los consejeros(as) deberán consultar al Consejo sobre las posiciones que deben plantearse a la Comisión Tripartita • Analizar y aprobar o no la revisión de Cuentas del Gobierno, al final de cada ejercicio, a partir del informe informatizado (GOR), reflejando, al lado de cada petición, el detalle de lo que fue presupuestado del compromiso fijado y de lo que realmente se llevó a cabo • Designar a consejeros/as del Consejo del Presupuesto Participativo como representantes en otros Consejos y/o comisiones municipales, estatales o federales. Los consejeros/as deberán consultar al consejo sobre las posiciones que deberán plantearse en los consejos y/o comisiones • Se podrá considerar el recurso de recurrir a la votación, siempre y cuando se comunique en la propia reunión de la votación con la presencia de las partes implicadas y cuando se presente por escrito en la Coordinación del COP • Discutir, al final de cada ejercicio anual, el estatuto interno y proponer cambios o enmiendas que afecten al conjunto o a una parte del mismo • Creación de una Comisión Tripartita III, en donde se discutirían las

	políticas de Asistencia Social. Composición de esta comisión: CMAS, FASC, CMDCA, Temática de Salud y Asistencia Social
Votación	• Aprobación por mayoría simple. Las decisiones se envían al ejecutivo. En caso de veto (parcial o total), regresan al COP para ser evaluadas y votadas nuevamente • El veto puede ser rechazado por 2/3 de los consejeros; entonces, el alcalde evaluará y tomará la decisión final
Organización interna	Coordinadora, secretaría ejecutiva, consejeros/as, Comisión de Comunicación, Foro de Delegados(as) (los distritos y temáticas son autónomos, el COP no tiene poder de intervención)
Reuniones	Cuatro veces al mes, y con carácter extraordinario, cuando sea necesario
Reuniones de consejeros(as) con delegados(as)	Una al mes, como mínimo
Competencias de los(as) delegados(as) (artículo 32 del Estatuto Interno del COP 2001)	• Conocer, cumplir y hacer cumplir el Estatuto Interno • Participar, como mínimo una vez al mes, en las reuniones organizadas por los consejeros(as) en los distritos y temáticas • Apoyar a los consejeros(as) en la tarea de informar y divulgar entre la población los asuntos tratados en el COP • Supervisar el Plan de Inversiones, desde su elaboración hasta la conclusión de las obras • Componer las comisiones temáticas (ejemplo: saneamiento, vivienda y regularización agraria) con el objetivo de debatir la construcción de Directrices Políticas. Estas comisiones podrán ampliarse con personas de la comunidad (cabe la posibilidad de que las comisiones temáticas se desdoblen en comisiones de supervisión de obras) • En colaboración con los consejeros(as), deliberar sobre cualquier dificultad o duda que eventualmente pueda surgir en el proceso de elaboración del Presupuesto • Proponer y discutir los criterios para la selección de peticiones en las micro-distritos y en los distritos de la ciudad y temáticas, teniendo como orientación general los criterios aprobados por el Consejo • Discutir, proponer sobre la Ley de Directrices Presupuestarias y, en el primer año de cada mandato de la Administración municipal, sobre el Plan Plurianual, presentados por el Ejecutivo • Deliberar, en colaboración con los Consejeros(as), sobre posibles cambios en el Estatuto Interno del COP y modificaciones en el proceso del OP • Formar las Comisiones de Examen y Supervisión de obras, desde la elaboración del planeamiento, de la licitación, hasta su conclusión • Organizar un Seminario de Capacitación de los delegados sobre Presupuesto Público, Estatuto Interior, Criterios Generales y Técnicos, con la producción de material específico para mejorar la calidad de la información • Tramitar peticiones de sus comunidades en un plazo determinado por el Foro de Delegados(as), de distrito o temático • Votar y defender intereses comunes en nombre del resto de delega-

Competencias de los(as) delegados(as) (artículo 32 del Estatuto Interno del COP 2001)	dos(as) de su comunidad • Votar las propuestas de pauta y las peticiones del OP • En el mismo mandato, sólo se podrá ejercer el papel de delegado(a) en un distrito y en una temática

Fuente: Reglamento Interno del COP, CRC y PMPA – 2001

Durante el mes de agosto tiene inicio la fase de preparación detallada del presupuesto. Mientras el Ejecutivo concilia las exigencias de los ciudadanos con las llamadas "exigencias institucionales" (las propuestas de las Secretarías Municipales) y prepara la propuesta presupuestaria sobre los ingresos y los gastos, el COP lleva a cabo el proceso interno de formación de los consejeros recién elegidos, durante el cual éstos se familiarizan con el Estatuto Interno y con los criterios de distribución de los recursos.[25]

Las tareas del COP se realizan en dos fases. En agosto y septiembre, el COP discute la llamada Plantilla Presupuestaria, donde, a partir de la previsión de ingresos y gastos hecha por el Ejecutivo durante la segunda ronda, se dividen las principales cuestiones de acuerdo con las prioridades temáticas locales surgidas en el seno del debate de los distritos. En esta fase, a partir de la propuesta inicial del Gobierno los consejeros votan, por ejemplo, cuántas calles se asfaltarán, qué cantidad de recursos se destinará a la salud, a la vivienda, etc. Asimismo, discuten obras de dimensiones considerables o estructurales, propuestas por las temáticas o por el propio Gobierno. Esta Matriz, cuando ha sido aprobada por el COP, se transforma en una propuesta de Ley de Presupuesto que se entrega a la Câmara de Vereadores el día 30 de septiembre (por exigencia legal). De septiembre a diciembre, el COP prepara el Plan de Inversión, en donde se incluye una lista pormenorizada de las obras y de las actividades que el Consejo considera prioritarias y, por tanto, la distribución específica de los recursos programada para cada distri-

25. La discusión, la revisión y la aprobación del Estatuto Interno que entrará en vigor en el siguiente ciclo se llevarán a cabo entre los meses de diciembre y enero. Hoy en día, la revisión de las reglas está incluida en el calendario de actividades del OP.

to y para cada área temática. El debate relativo a las inversiones queda limitado a partir del cálculo de los ingresos y de los gastos generales relativos al personal y otros gastos calculados por el Ejecutivo, incluyendo los gastos fijos obligatorios según la legislación federal, tales como los porcentajes atribuidos constitucionalmente a la educación y a la salud. De forma simplificada, puede decirse que el ciclo del OP está formado por cuatro etapas (véase la Figura 4).

FIGURA 4. PRINCIPALES ETAPAS DEL CICLO DEL OP

Marzo-julio	Asambleas de base y construcción de los indicadores de proyecto (aquí se incluye la 1.ª ronda, las rondas intermedias, la 2.ª ronda, hasta la elección y toma de posesión del nuevo Consejo)
Julio-septiembre	Capacitación y construcción de la Matriz Presupuestaria (se incluyen los seminarios de capacitación, que se llevan a cabo en el ámbito de consejos y de foros de delegados, y la votación de la Matriz Presupuestaria). Esta fase se clausura el 30 de septiembre
Octubre-noviembre	Detalle del Plan de Inversiones y Servicios (cada órgano pasa por el COP y consigue la aprobación de su propuesta de inversiones y de servicios)
Diciembre-enero	Revisión del Estatuto Interior y de los Criterios Generales y Técnicos (se señala un plazo para plantear enmiendas al antiguo estatuto; los foros de delegados son los encargados de realizar estas enmiendas obligatoriamente; no se aceptan propuestas individuales de consejeros. Dichas propuestas se sistematizan y aprueban en el COP)

La Figura 5, preparada por el Centro de Assessoria e Estudos Urbanos (CIDADE), representa de forma interesante el ciclo del OP.[26]

El 30 de septiembre, el Ejecutivo municipal entrega a la Câmara de Vereadores la propuesta de presupuesto aprobado por el COP. El COP sigue los debates sobre la propuesta de presupuesto en la Câmara de Vereadores y ejerce presión sobre los legisladores

26. Este ciclo estuvo vigente hasta 2001. En la advertencia final presento el nuevo ciclo, tras las modificaciones en el funcionamiento del OP aprobadas el 16 de enero de 2002, que entra ya en vigor en el ciclo de 2002. Véase la Figura 13.

de diferentes formas: reuniéndose con miembros individuales de la Câmara, movilizando a las comunidades y las áreas temáticas para que asistan a los debates o para que organicen manifestaciones en el exterior del edificio.

Durante todo el proceso, el Ejecutivo participa en la definición de las inversiones a través de su Oficina de Planeamiento (GAPLAM), y también a través de las Secretarías Municipales que asisten a las reuniones del Consejo, proponiendo obras y proyectos de interés general y que implican a muchos distritos, o incluso obras que, según criterios técnicos, son consideradas necesarias para una determinada zona de la ciudad. De esta forma, el Plan de Inversiones agrupa obras y actividades sugeridas por los distritos y áreas temáticas, así como obras y actividades que afectan a varios distritos o incluso a toda la ciudad. En la última fase del proceso, el Plan de Inversiones aprobado se publica bajo la forma de un folleto y, entonces, se convierte en el documento básico que sirve de referencia para los delegados de las comunidades, cuando ejercen su competencia de supervisión, y para el Ejecutivo, cuando rinde cuentas ante los órganos del presupuesto participativo.

A lo largo del proceso del presupuesto participativo, el Ejecutivo desempeña un papel decisivo, algo que queda bien patente en las reuniones del COP. Mediante la CRC y el GAPLAN, el Ejecutivo coordina las reuniones y establece la agenda. Las reuniones empiezan con las informaciones proporcionadas por los representantes del Ejecutivo y por los consejeros. Entonces, los representantes permanentes del Gobierno o los representantes de las diferentes Secretarías Municipales encargadas del tema a debatir introducen los temas de la agenda. De forma disciplinada, los consejeros, que disponen de intervenciones de tres minutos, plantean problemas y preguntas. Tras un cierto número de intervenciones, los representantes del Ejecutivo responden a las cuestiones y suministran las informaciones solicitadas. Después de un segundo grupo de intervenciones de los consejeros, se proporcionan las respuestas de los representantes, y así en adelante. Asimismo, tanto los delegados de distrito como los temáticos

CICLO D
PAR
EN P

■ DICIEMBRE
ENERO

El Consejo se reúne para discusiones extraordinarias y específicas. Revisión de los criterios generales, regionales y técnicos del OP, del régimen interno del consejo del OP y del Ciclo del Presupuesto

■ FEBRERO

El Consejo inicia un receso

■ MARZO

Población (regiones) + Sectores (temáticas)

- Organizan evaluaciones del año anterior
- Discusiones y análisis sobre las elecciones de delegados
- Se inician discusiones de demandas y directrices que han de ser priorizadas
- Discusión de los criterios
- Preparación de la Ronda
- Los Consejeros votan para las regiones y sectores

■ MARZO/ABRIL

1ª Ronda (Plenarias Regionales y temáticas) Presentación de cuentas

- El Gobierno presenta cuentas del Plan de Inversiones del año anterior y presenta el del año actual
- Las comunidades y sectores avalan el
- Plan de Inversiones del año anterior
- El Gobierno presenta los criterios y métodos para el presupuesto del año anterior
- Elecciones de Delegados

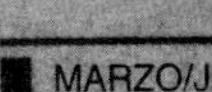

■ MARZO/J

Reunione (Re

- Elección de la para ser prese Éstos son disc después unifica una reunión de Presupuesto P
- Órganos de g para alimentar también prese
- Elección del r al número de p quórum realiza
- Constitución d acompañamien
- Realización d Secretarías sor sobre las cuest
- El COP discut de Directrices F presentarla a la Vereadores has

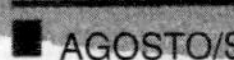

■ AGOSTO/S

El Conse

- Definición del Secretarías de
- GAPLAN elab final, para que Vereadores con en el Consejo

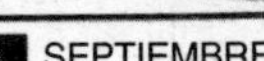

■ SEPTIEMBRE

Presentación de la propuesta presupuestaria al Alcalde

■ SEPTIEMBRE

Presentación de la propuesta presupuestaria a la Câmara de Vereadores. Fecha límite: 30 de septiembre

■ OCTUBRE DICIEMBRE

El Consejo se reúne con las secretarías para discutir sus planes de inversiones

- COP elabora y aprueba el Plan de Inversiones y los consejeros firman el documento referente al Plan deInversiones para sus regiones y temáticas y para toda la ciudad

■ NOVIEMBRE

La Câmara vota la propuesta presupuestaria, el Consejo y las comunidades realizan el acompañamiento. Fecha límite: 30 de noviembre

ıtermedias
icas)

ıas priorizados
por región
ones para
por región en
resentantes del

informaciones
comunidad y

, proporcional
nión de mayor

le obras
io, donde las
ar declaración
specíficas
sta de la Ley
DO) para
al de

■ MAYO/JUNIO

Las Secretarías preparan demandas institucionales

■ JUNIO/JULIO

2ª Ronda (Plenarias Regionales y Temáticas) Priorización y presentación de demandas

- Presentación de las demandas priorizadas por la comunidad
- Elección de los consejeros del Presupuesto Participativo (2 titulares y 2 suplentes, por región y temática)
- Presentación por el Gobierno del Gasto y Estimaciones previstas para el año siguiente
- Entrega y presentación de informes sobre el presupuesto del municipio (vídeos, panfletos)

■ JULIO/AGOSTO

Toma de posesión del nuevo COP-Consejo del presupuesto participativo e inicio de las reuniones

- Inicio de las reuniones del COP para la definición del calendario de discusiones: régimen interno, elección de Coordinadores del COP y representantes para otros consejos de la ciudad

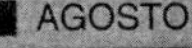

■ AGOSTO

GAPLAN concilia las demandas de las comunidades con las demandas institucionales

PRESUPUESTO IPATIVO O ALEGRE

■ AGOSTO

GAPLAN elabora propuesta de gobierno para el presupuesto

■ AGOSTO

La propuesta es analizada por la Junta Financiera de alcaldía, por la coordinación del gobierno y por el secretariado

■ JULIO/ AGOSTO

–Presentación en el Consejo del Presupuesto Participativo de los criterios, método y distribución de los recursos
–Cursos para el COP sobre Presupuesto Participativo y seminarios en las regiones sobre el mismo tema

- Cálculo de distribución de recursos hecho por GAPLAN
- La distribución de recursos se programa por región y/o temáticas
- Conciliación de las demandas presupuestadas y de los recursos disponibles

propuesta
ria

euniones con las
OP
a presupuestaria
la a la Câmara de
ones discutidas

pueden intervenir, aunque no tienen derecho a voto.[27]

Con el tiempo, los debates han ido haciéndose más directos e intensos. Durante los primeros años, los debates más conflictivos e incluso tumultuosos se producían en las escasas reuniones "especiales" del COP que no eran coordinadas por el Ejecutivo, sino por los propios consejeros. Hoy en día, la intensidad de los debates es general. Las divisiones políticas, e incluso las personales, salen a la superficie de forma más abierta. En tiempos recientes, la coordinación de las reuniones por parte del Ejecutivo ha sido puesta en tela de juicio por algunos consejeros en nombre de la autonomía del COP (un asunto que retomaré más adelante). Según el estatuto, la coordinación debe estar en manos de la Comisión Paritaria, designada así por estar formada por un número igual de consejeros y de representantes del Gobierno, cuatro de cada. En realidad, sin embargo, los representantes del Gobierno tienen un papel más activo en la coordinación porque, además, pueden acceder de forma privilegiada a las informaciones relevantes. De cualquier forma, y quizás para mitigar preocupaciones crecientes expresadas por los consejeros en relación con la autonomía limitada del COP, los representantes del Gobierno y los consejeros de la Comisión Paritaria se turnan en la presidencia de las reuniones.

La distribución de los recursos de inversión: metodología y criterios para la toma de decisiones

La distribución de los recursos de inversión sigue un método de planeamiento participativo que empieza cuando se indican las prioridades en la plenaria de distrito y temática y en las reuniones intermedias, y alcanza su clímax cuando el Consejo del Presupuesto Participativo aprueba el Plan de Inversiones con las obras y actividades

27. En una de las reuniones a las que asistí, los consejeros manifestaron su oposición al exceso de intervenciones de los delegados, ya que éstas reducían el tiempo de intervención de los consejeros y también porque, en definitiva, "el lugar de los delegados se encuentra en los foros de distritos o temáticos".

discriminadas en cada sector de inversión.

Como pudimos comprobar anteriormente, los distritos y las áreas temáticas empiezan definiendo las tres prioridades sectoriales que sobresaldrán en la preparación de la propuesta de presupuesto relativa a la distribución global de los recursos de inversión. Los Cuadros 5 y 6 muestran las prioridades elegidas por los distritos en 1992 y en 1998, respectivamente.

La comparación entre los dos cuadros revela cómo han ido evolucionando las prioridades de los distritos y cómo se ha ido refinando el criterio de la necesidad (falta de servicios y/o de infraestructuras).

Los distritos definen y jerarquizan las exigencias específicas dentro de cada prioridad. Cuando ya han sido establecidas las prioridades de los diferentes distritos, la distribución de las inversiones se concreta a partir de los criterios generales definidos por el COP y de los criterios técnicos definidos por el Ejecutivo. Los criterios generales son: carencia de servicio o de infraestructura en el distrito, según los datos suministrados por el Ejecutivo y la valoración llevada a cabo en colaboración con los delegados de las comunidades; número total de habitantes del distrito; prioridad temática del distrito frente a las elegidas por la ciudad como un todo.[28] A cada criterio se le atribuye una nota, tal como queda reflejado en la Figura 6 (relativa a 1992), en la Figura 7 (1997 y 1998) y en la Figura 8 (2001).

28. Hasta 1996, hubo un cuarto criterio: población en áreas de carencia extrema, según un número calculado de habitantes de la ciudad sin los niveles mínimos de infraestructuras urbanas y de servicios. De acuerdo con el Consejo del Presupuesto, más allá de la dificultad de calcular el número de habitantes de áreas con carencias en cada distrito, ese criterio acababa duplicando el que se refiere a la "falta de infraestructuras y de servicios". Según Fedozzi (1997: 223), sin embargo, la exclusión del primer criterio puede muy fácilmente acabar perjudicando la lógica de la "justicia distributiva" exigida por el proceso del presupuesto participativo. En mi opinión, a lo largo de los años, el OP ha ido estableciendo un equilibrio dinámico entre criterios de carencias –que, sólo por sí mismos, podrían desembocar precisamente en aquellas relaciones de dependencia clientelista que el OP quería erradicar– y criterios de participación (priorización de inversiones tanto de distritos como temáticas) que aseguran la movilización de las comunidades, pero que, por sí mismos, podrían acabar desviando la distribución de los recursos a favor de comunidades más organizadas, en detrimento de las más necesitadas. Véanse asimismo los trabajos de Abers, 2000; Pozzobon, 2000; Baierle, 2001; Baiocchi, 2001ª; Baiocchi, b; Gret, 2001; Fedozzi, 2001; Marquetti, 2001; de Toni, 2001; Silva, 2001.

Cuadro 5. Prioridades indicadas por los distritos en el año fiscal de 1992

Distrito	Población necesitada	Nota	Población total	Nota	Prioridad
1) Humaitá/Navegantes Ilhas	11.856	2	15.255	1	1) Pavimentación 2) Saneamiento 3) Pilar de puente
2) Noroeste	10.508	2	68.637	2	1) Saneamiento 2) Regularización agraria 3) Salud
3) Leste	46.016	4	110.553	3	1) Pavimentación 2) Regularización agraria 3) Calles nuevas
4) Lomba do Pinheiro	32.176	4	40.220	1	1) Saneamiento 2) Educación 3) Regularización agraria
5) Norte	84.176	4	124.383	3	1) Saneamiento 2) Pavimentación 3) Regularización agraria
6) Nordeste	27.028	3	26.618	1	1) Saneamiento 2) Pavimentación 3) Educación
7) Partenon	60.106	4	62.200	2	1) Pavimentación 2) Saneamiento 3) Regularización agraria
8) Restinga	18.386	3	41.218	1	1) Pavimentación 2) Regularización agraria 3) Saneamiento
9) Glória	33.434	4	61.497	2	1) Pavimentación 2) Regularización agraria 3) Saneamiento
10) Cruzeiro	61.734	4	86.866	2	1) Regularización agraria 2) Saneamiento 3) Pavimentación
11) Cristal	2.180	1	17.673	1	1) Pavimentación 2) Saneamiento 3) Regularización agraria
12) Centro Sul	31.364	4	81.758	2	1) Saneamiento 2) Pavimentación 3) Regularización agraria
13) Extremó Sul	18.688	3	30.720	1	1) Saneamiento 2) Regularización agraria 3) Pavimentación
14) Eixo da Baltazar	11.637	2	109.902	3	1) Saneamiento 2) Pavimentación 3) Regularización agraria
15) Sul	2.484	1	41.590	1	1) Saneamiento 2) Regularización agraria 3) Pavimentación
16) Centro	4.141	1	339.424	1	1) Regularización agraria 2) Saneamiento 3) Descentralización cultural

Fuente: GAPLAN, PMPA y Fedozzi (1997: 127)

Cuadro 6: Criterios generales para la distribución de recursos en el Presupuesto de 1998

	Población con necesidad de infraestructuras					Prioridades temáticas de los distritos				
Distrito	Habitantes	Nota	Vivienda Nota	Pavimenta-ción Nota	Drenajes Nota	1ª prioridad Nota 5	2ª prioridad Nota 4	3ª prioridad Nota 3	4ª prioridad Nota 2	5ª prioridad Nota 1
1) Humaitá/Navegantes Ilhas	55.657	2	3	1	1	Política de vivienda	Saneamiento básico	Pavimentación	Salud	Educación
2) Noroeste	136.806	4	3	1	2	Política de vivienda	Salud	Saneamiento básico	Áreas de ocio	Deporte/Ocio
3) Leste	108.941	3	3	1	2	Política de vivienda	Pavimentación	Saneamiento básico	Salud	Educación
4) Lomba do Pinheiro	35.859	2	3	3	4	Pavimentación	Saneamiento básico	Salud	Política de vivienda	Educación
5) Norte	99.052	3	3	1	2	Saneamiento básico	Salud	Pavimentación	Educación	Política de vivienda
6) Nordeste	28.844	1	2	2	3	Política de vivienda	Pavimentación	Asistencia social	Saneamiento básico	Áreas de ocio
7) Partenon	135.361	4	3	1	2	Pavimentación	Saneamiento básico	Educación	Salud	Política de vivienda
8) Restinga	41.493	2	2	1	2	Pavimentación	Política de vivienda	Saneamiento	Salud	Educación
9) Glória	44.342	2	3	2	3	Pavimentación	Política de vivienda	Saneamiento básico	Salud	Áreas de ocio
10) Cruzeiro	63.081	3	3	1	3	Política de vivienda	Pavimentación	Saneamiento básico	Salud	Asistencia social
11) Cristal	26.802	1	3	1	1	Política de vivienda	Pavimentación	Iluminación	Áreas de ocio	Saneamiento básico
12) Centro Sul	109.225	3	2	2	2	Pavimentación	Educación	Política de vivienda	Saneamiento básico	Desarrollo Económico
13) Extremo Sul	20.647	1	3	4	5	Pavimentación	Saneamiento básico	Salud	Áreas de ocio	Asistencia social
14) Eixo da Baltazar	82.313	3	2	1	3	Política de vivienda	Pavimentación	Salud	Educación	Saneamiento básico
15) Sul	56.652	2	2	1	3	Pavimentación	Saneamiento básico	Salud	Transportes	Áreas de ocio
16) Centro	293.193	4	2	1	1	Política de vivienda	Educación	Desarrollo económico	Cultura	Deporte/Ocios

Fuente: GAPLAN

Figura 6. Criterios, valores y notas para la distribución de las inversiones (presupuesto de 1992)

Carencia de servicios o de infraestructuras	Valor 3
Hasta el 25%	Nota 1
Del 26 al 50%	Nota 2
Del 51 al 75%	Nota 3
Del 76 al 100%	Nota 4
Población en áreas de extrema carencia de servicios e infraestructuras	**Valor 2**
Hasta 4.999 habitantes	Nota 1
De 5.000 a 14.999 habitantes	Nota 2
De 15.000 a 29.999 habitantes	Nota 3
Más de 30.000 habitantes	Nota 4
Población total del distrito	**Valor 1**
Hasta 49.999 habitantes	Nota 1
De 50.000 a 99.999 habitantes	Nota 2
De 100.000 a 199.999 habitantes	Nota 3
Más de 200.000 habitantes	Nota 4
Prioridades del distrito	**Valor 2**
Cuarta prioridad	Nota 1
Tercera prioridad	Nota 2
Segunda prioridad	Nota 3
Primera prioridad	Nota 4

Fuente: GAPLAN

FIGURA 7. CRITERIOS, VALOR Y NOTAS PARA LA DISTRIBUCIÓN DE LAS INVERSIONES (PRESUPUESTOS DE 1997 Y 1998)

1997

Carencia de servicios o de infraestructuras	Valor 3
Hasta el 25%	Nota 1
Del 26 al 50%	Nota 2
Del 51 al 75%	Nota 3
Del 76 al 100%	Nota 4
Población total del distrito	**Valor 2**
Hasta 49.999 habitantes	Nota 1
De 50.000 a 99.999 habitantes	Nota 2
De 100.000 a 199.999 habitantes	Nota 3
Más de 200.000 habitantes	Nota 4
Prioridad del distrito en relación con las Prioridades de la Ciudad*	**Valor 2**
Cuarta prioridad	Nota 1
Tercera prioridad	Nota 2
Segunda prioridad	Nota 3
Primera prioridad	Nota 4

1998

Carencia de servicios o de infraestructuras	Valor 4
Del 0,01 al 20,99%	Nota 1
Del 21,00 al 40,99%	Nota 2
Del 41,00 al 60,99%	Nota 3
Del 61,00 al 79,99%	Nota 4
80% y más	Nota 5
Población total del distrito	**Valor 2**
Menos de 30.999 habitantes	Nota 1
De 31.000 a 60.999 habitantes	Nota 2
De 61.000 a 119.000 habitantes	Nota 3
120.000 habitantes y más	Nota 4
Prioridades temáticas del distrito	**Valor 4**
Quinta prioridad	Nota 1
Cuarta prioridad	Nota 2
Tercera prioridad	Nota 3
Segunda prioridad	Nota 4
Primera prioridad	Nota 5

Figura 8. Criterios, valores y notas para la distribución de las inversiones en el presupuesto de 2001

Carencia de servicio o de infraestructura	Valor 4
Del 0,01 al 14,99%	Nota 1
Del 15 al 50,99%	Nota 2
Del 51 al 75,99%	Nota 3
Del 76% en adelante	Nota 4
Población total del distrito	**Valor 2**
Hasta 25 000 habitantes	Nota 1
De 25 001 a 45 000 habitantes	Nota 2
De 45 001 a 90 000	Nota 3
Por encima de los 90 001 habitantes	Nota 4
Prioridades temáticas de la población	**Valor 5**
Cuarta prioridad	Nota 1
Tercera prioridad	Nota 2
Segunda prioridad	Nota 3
Primera prioridad	Nota 4

Fuente: GAPLAN y PMPA

Las notas, que van del 1 al 4, pasaron, en 1998, del 1 al 5 por lo que respecta a los criterios de la escasez de servicios y de las prioridades de los distritos. En el criterio de la población total, las notas mantuvieron la variación de 1 a 4, pero se vio alterada la clasificación de los umbrales de población. En 2001, las notas cambian de nuevo de 1 a 4 en todos los criterios y los umbrales de la población también son diferentes. Con la decisión de reducir de forma general los umbrales de la población se intentó que el tamaño de la población fuese menos discriminatorio entre los distritos, reduciendo de esta forma el valor de este criterio, ya por sí solo el más bajo.

He aquí las notas, definidas ahora en la proporción directa:

a) de la población total del distrito, según los datos estadísticos oficiales suministrados por el Ejecutivo.[29] De esta forma, cuánto mayor sea la población total del distrito, mayor será la nota atribuida;
b) del nivel de carencia del distrito en relación con el tema de inversión en cuestión. Por lo que respecta a la pavimentación, por ejemplo, la nota atribuida se basa en porcentajes calculados por el Ejecutivo, tal como queda reflejado en el Cuadro 7 (para 1992). Una escasez o necesidad del 25% indica que, del número total de calles en un distrito determinado, el 25% necesita ser pavimentado. Tal como ocurre con el criterio anterior, cuánta mayor sea la carencia relativa al tema de inversión en cuestión, mayor será la nota atribuida;
c) del nivel de prioridad atribuido a los temas de inversión elegidos por el distrito (véase Cuadro 5). Los distritos tienen varias carencias y, para su satisfacción, atribuyen prioridades diferentes. Cuánto mayor sea la prioridad de la exigencia sectorial presentada por el distrito, mayor será su nota en el sector de inversión en concreto.

Finalmente, la nota recibida por cada distrito en cada criterio se multiplica por el valor del criterio. La suma de los puntos parciales (nota x valor) proporciona el valor total del distrito en una exigencia sectorial específica. Este valor total determina el porcentaje de los recursos de inversión que se destinarán al distrito en ese sector. El Cuadro 8 muestra cómo se aplicó en 1995 el método, por distrito, en el caso particular de las inversiones en pavimentación. A partir de aquí podemos observar cómo se traducen los criterios generales en la distribución cuantificada de los recursos. En 1995, la prioridad relativa concedida por los distritos a la pavimentación de las calles determinó la inclusión, en el Plan de Inversiones, de

29. En algunas ocasiones, todos los delegados, consejeros y dirigentes de las comunidades cuestionan los números afirmando que no están actualizados, y suministran números más correctos.

CUADRO 7. CÁLCULO DE LAS NECESIDADES DE PAVIMENTACIÓN POR DISTRITOS (1992)

RED VIARIA DE PORTO ALEGRE				
Distritos	Total de carreteras	Carreteras pavimentadas	Carreteras no pavimentadas	Necesidades
1) Ilhas/Humaitá-Navegantes	15.310 m	2.730 m	12.580 m	82,17%
2) Noroeste	109.539 m	99.442 m	10.087 m	9,22%
3) Leste	141.550 m	114.290 m	27.260 m	19,26%
4) Lomba do Pinheiro	89.810 m	24.025 m	65.785 m	73,25%
5) Norte	109.950 m	101.750 m	8.200 m	7,46%
6) Nordeste	65.300 m	37.720 m	27.580 m	45,00%
7) Partenon	137.980 m	99.455 m	38.525 m	27,92%
8) Restinga	82.459 m	59.859 m	22.600 m	27,41%
9) Glória	78.225 m	37.285 m	40.940 m	52,34%
10) Cruzeiro	56.950 m	41.130 m	15.820 m	27,78%
11) Cristal	32.310 m	25.690 m	6.620 m	20,49%
12) Centro Sul	82.459 m	59.859 m	22.600 m	27,41%
13) Extremo Sul	183.290 m	27.945 m	155.345 m	84,75%
14) Eixo da Baltazar	219.880 m	209.440 m	10.440 m	4,75%
15) Sul	137.255 m	110.740 m	26.515 m	19,32%
16) Centro	348.675 m	344.885 m	3.790 m	1,09%
TOTAL	1.890.942 m	1.396.245 m	494.697 m	26,16%

Fuente: GAPLAN y PMPA

una partida global de gasto para la pavimentación correspondiente a 23 km de calles. La distribución de esa cantidad entre los diferentes distritos fue el resultado de la aplicación de los criterios, con sus valores, y de la nota obtenida por el distrito en cada uno de ellos.

Un ejemplo concreto, relativo a 1997, puede ayudar a comprender la forma en que los criterios generales se traducen en distribución de recursos. En ese año (véase más adelante el Cuadro 10), el plan de inversión preveía 20.000 metros de pavimentación. La distribución de esta cantidad entre los diferentes distritos fue el resultado de la aplicación de los criterios, de su valor y de la nota del distrito. Analicemos dos situaciones diferentes: el distrito Extremo

Cuadro 8. Metodología para la distribución de la inversión en pavimentaciones (1995) (23 kilómetros para pavimentar)

Distrito	CRITERIOS Y VALORES												Nota (Total)[5]		Distancias[6]
	Carencias[1]			% de Pob. Necesitada[2]			Población total[3]			Prioridad del distrito[4]					(metros)
	Valor	Nota	Subtotal	Valor	Nota	Subtotal	Valor	Nota	Subtotal	Valor	Nota	Subtotal		%	
1) Humaitá-Navegantes/ Ilhas	3	1	3	2	2	4	1	2	2	3	1	3	12	4,4	1.004
2) Noroeste	-	-	-	-	-	-	-	-	-	-	-	-	-	-	-
3) Leste	3	1	3	2	3	6	1	3	3	3	2	6	18	6,5	1.505
4) Lomba do Pinheiro	3	3	9	2	1	2	1	1	1	3	4	12	24	8,7	2.007
5) Norte	3	1	3	2	2	4	1	2	2	3	4	12	21	7,6	1.756
6) Nordeste	3	2	6	2	2	4	1	1	1	3	3	9	20	7,3	1.673
7) Partenon	3	1	3	2	2	4	1	3	3	3	4	12	22	8,0	1.840
8) Restinga	3	1	3	2	1	2	1	1	1	3	2	6	12	4,4	1.004
9) Glória	3	2	6	2	1	2	1	1	1	3	4	12	21	7,6	1.756
10) Cruzeiro	3	1	3	2	2	4	1	2	2	3	2	6	15	5,5	1.255
11) Cristal	3	1	3	2	1	2	1	1	1	3	3	9	15	5,5	1.255
12) Centro Sul	3	2	6	2	1	2	1	3	3	3	4	12	23	8,4	1.924
13) Extremo Sul	3	4	12	2	1	2	1	1	1	3	4	12	27	9,8	2.258
14) Eixo da Baltazar	3	1	3	2	1	2	1	3	3	3	2	6	14	5,1	1.171
15) Sul	3	1	3	2	1	2	1	2	2	3	4	12	19	6,9	1.589
16) Centro	3	1	3	2	1	2	1	4	4	3	1	3	12	4,4	1.004
TOTAL													275	100	23.000

[1] Criterio: "Carencia de servicios públicos y/o infraestructuras" (Valor 3).
[2] Criterio: "Proporción de población en áreas caracterizadas por una extrema carencia de servicios y/o infraestructuras" (Valor 2).
[3] Criterio: "Población total del distrito" (Valor 1).
[4] Criterio: "Prioridades elegidas para el distrito" (Valor 3).
[5] Puntuación total obtenida y su correspondiente proporción con respecto al total.
[6] Distancia total de calles que deben pavimentarse en el distrito, en metros (proporción calculada a partir de [5], con respecto al total de 23 kilómetros).
NOTA: En este año, el distrito 2 –Nordeste– no se contempló con esta prioridad. *Fuente*: GAPLAN, UPG y PMPA

Sul, con el 89,21% de necesidad de pavimentación y el distrito Centro, con el 0,14% de necesidad. Por lo que respecta al criterio de carencia, que ese año presentaba un valor de 3, el Extremo Sul tuvo la nota más elevada (4), y, por ende, obtuvo 12 puntos (3 x 4), mientras que el Centro, con la nota más baja (1), obtuvo sólo 3 puntos (3 x 1). En cuanto a los criterios de la dimensión de la población, con un valor de 2, Extremo Sul, con una población de 20.647 habitantes, tuvo la nota más baja (1) y, por eso, obtuvo sólo 2 puntos (2 x 1), mientras el Centro, con un mayor número de habitantes (293.193), tuvo la nota más elevada (4) y, de esta forma, obtuvo 8 puntos (4 x 2). Finalmente, por lo que respecta a la prioridad atribuida por el distrito, que tenía un valor 3, Extremo Sul dio la máxima prioridad a la pavimentación y, en consecuencia, tuvo la nota máxima (4) y, con ello, obtuvo 12 puntos (3 x 4), mientras el Centro no atribuyó a la pavimentación ninguna prioridad y, por ello, obtuvo la nota más baja (0), con lo que no alcanzó ningún punto en ese criterio (3 x 0). Como resultado de estos cálculos, Extremo Sul obtuvo 26 puntos en el campo de la pavimentación (12 + 2 + 12), mientras el Centro sumó sólo 11 puntos (3 + 8 + 0). Como en 1997 el número total de puntos para todos los distritos era 262 puntos, Extremo Sul recibió el 9,9% de la inversión para pavimentación, es decir, 840 metros.

Cuando en 1989 tomó posesión el primer Ejecutivo del PT, los tres objetivos principales de la administración popular fueron: la inversión de las prioridades, la transparencia administrativa, la participación popular en el gobierno de la ciudad (Genro y Ubiratan, 1997). El presupuesto participativo es la expresión más importante de esos objetivos puestos en acción. Dado que el OP adquirió alguna consistencia tras 1991, el primer objetivo —la inversión de las prioridades— fue concretado en los cuatro (en la actualidad tres) criterios, con sus respectivos valores, propuestos por el Ejecutivo y aceptados por los distritos. Durante muchos años, el criterio de la necesidad (carencia de servicio o de infraestructura) recibió el valor más elevado, mientras que el criterio de la dimensión de la población recibió el valor menor. Esta discrepancia quedó justificada por la necesidad de desviar algunos recursos del distrito con mayor población, el Centro, que además era el más rico, hacia los distritos más pobres y menos dotados de infraestructuras y de servicios. Para hacer honor a la verdad, el Centro siempre ha sido un distrito problemático para el OP. Por un lado, como ya se vio, la cuestión de la subdivisión del distrito se planteó en varias ocasiones. Por otro, el Centro es muy variopinto, en su interior, en términos socioeconómicos. En ciertas áreas de ese distrito viven algunos de los estratos más pobres de Porto Alegre. Cuando el COP decidió eliminar el criterio del porcentaje de población en situación de carencia extrema, se atribuyó el valor 2 al criterio de la dimensión de la población. De esta forma, hasta hace poco, los otros dos criterios —la necesidad y la prioridad del distrito— empezaron a recibir el valor más elevado (3).

A principios de la década de 1990, el criterio de la prioridad atribuida por el distrito tenía el valor 2 (véase la Figura 6). Los debates en el seno del COP desembocaron en el refuerzo de este criterio con la justificación de que "es el que mejor refleja lo que el distrito realmente quiere, cuando los distritos tienen tantas necesidades diferentes y los recursos son tan escasos". En el Cuadro 8 podemos ver cómo dos distritos con el mismo nivel de falta de servicios públicos y/o de infraestructuras (criterio 1), los distritos de Humaitá-Navegantes/Ilhas y el distrito Sul, conceden prioridades diferentes a la pavimentación (nota 1 y 4, respectivamente). Curiosamente, en 1992 (véase Cuadro 5), cuando el distrito de Humaitá-Navegantes/Ilhas estaba dividida en dos distritos "Ilhas", que en la actualidad forman un sub-distrito, daba una prioridad elevada a la pavimentación. La fusión de ambos distritos determinó que el tema de la pavimentación pasase a un segundo plano. En contrapartida, el distrito Sul, que en 1992 consideraba el saneamiento la prioridad más acuciante, situando la pavimentación tan sólo en la tercera prioridad, en 1995 empezó a considerar la pavimentación como la prioridad principal. La causa de ello fue que las obras de saneamiento, al ser uno de los éxitos más importantes de la administración del PT, dejaron de ser objetivamente una prioridad.

Cuando se compara con el resto de criterios, el de la prioridad atribuida por el distrito es menos "objetivo". Debido al valor que se otorga, su impacto puede llegar a ser decisivo para la distribución de recursos. Si seguimos con el mismo ejemplo, este criterio es responsable del 25% de la nota total del distrito de Humaitá-Navegantes/Ilhas (3 puntos de 12) y del 63% de la nota total del distrito Sul (12 puntos de 19). Si simulásemos los cálculos en el Cuadro 8, excluyendo el criterio de la prioridad de distrito, saldría una distribución muy diferente por lo que respecta a los metros de pavimento (ver el escenario 2 en el Cuadro 9).

Dado que los distritos deben escalonar sus prioridades, si un determinado distrito obtiene más pavimento, proporcionalmente obtendrá menos en otro sector de inversión.

El Cuadro 10 muestra la distribución del pavimento en el presupuesto de 1997. En ese año, la inversión total fue de 20 km. En comparación con 1995 (Cuadro 8), las modificaciones de distribución fueron el resultado de la eliminación del criterio del porcentaje de población, muy necesitada en el distrito, así como de los cambios introducidos en las prioridades de los distritos.

En el presupuesto de 1998, el valor de los tres criterios se vio alterado en la secuencia de debates en el seno del COP durante el año 1997. Las preocupaciones, frecuentemente expresadas, de que el distrito Centro siempre se encontraría "en cabeza" debido a su población total, implicaron, por un lado, el aumento del intervalo entre este criterio y los otros dos (de valor 2 en relación con un valor 3, se convirtió en 2 en relación con un valor 4), y, por otro, la modificación de los umbrales de las diferentes notas: el umbral para la nota más alta se situó en 120.000 habitantes, en lugar de los 200.000 barajados anteriormente; de ese modo, otros distritos, aparte del Centro, pudieron recibir la nota más alta en este criterio.

Hoy en día, el umbral de la nota más alta es 90.001 habitantes y la relación entre los tres criterios es la siguiente: población total del distrito, valor 2; carencia de servicio o infraestructura, valor 4; prioridad temática del distrito, valor 5 (véase la Figura 8).

CUADRO 9. ESCENARIOS PARA LA METODOLOGÍA DE LA DISTRIBUCIÓN DE LA INVERSIÓN EN LA PAVIMENTACIÓN DE LAS CALLES (1995) (23 KILÓMETROS DE CALLES PARA ASFALTAR)

Distrito	Escenario 0			Escenario 1			Escenario 2			Escenario 3		
	Nota (Total)	Nota (%)	Distancias (Km)	Nota (Total)	Nota (%)	Distancias (Km)	Nota (Total)	Nota (%)	Distancias (Km)	Nota (Total)	Nota (%)	Distancias (Km)
1) Humaitá-Navegantes/Ilhas	12	4,4	1,004	8	3,5	0,797	9	6,3	1,448	5	5,1	1,162
2) Noroeste	-	-	-	-	-	-	-	-	-	-	-	-
3) Leste	18	6,5	1,505	12	5,2	1,195	12	8,4	1,930	6	6,1	1,394
4) Lomba do Pinheiro	24	8,7	2,007	22	9,5	2,190	12	8,4	1,930	10	10,1	2,323
5) Norte	21	7,6	1,756	17	7,4	1,693	9	6,3	1,448	5	5,1	1,162
6) Nordeste	20	7,3	1,673	16	6,9	1,593	11	7,7	1,769	7	7,1	1,626
7) Partenon	22	8,0	1,840	18	7,8	1,792	10	7,0	1,608	6	6,1	1,394
8) Restinga	12	4,4	1,004	10	4,3	0,996	6	4,2	0,965	4	4,0	0,929
9) Glória	21	7,6	1,756	19	8,2	1,892	9	6,3	1,448	7	7,1	1,626
10) Cruzeiro	15	5,5	1,255	11	4,8	1,095	9	6,3	1,448	5	5,1	1,162
11) Cristal	15	5,5	1,255	13	5,6	1,294	6	4,2	0,965	4	4,0	0,929
12) Centro Sul	23	8,4	1,924	21	9,1	2,091	11	7,7	1,769	9	9,1	2,091
13) Extremo Sul	27	9,8	2,258	25	10,8	2,489	15	10,5	2,413	13	13,1	3,020
14) Eixo da Baltazar	14	5,1	1,171	12	5,2	1,195	8	5,6	1,287	6	6,1	1,394
15) Sul	19	6,9	1,589	17	7,4	1,693	7	4,9	1,126	5	5,1	1,162
16) Centro	12	4,4	1,589	10	4,3	0,996	9	6,3	1,448	7	7,1	1,626
TOTAL	275	100,0	23,000	231	100,00	23,000	143	100,0	23,000	99	100,0	23,000

ESCENARIO 0 – Considerados todos los criterios (1 + 2 + 3 + 4)
ESCENARIO 1 – Criterios 1, 3 y 4 (excluido el 2.° criterio – "Población necesitada")
ESCENARIO 2 – Criterios 1, 2 y 3 (excluido el 4.° criterio – "Prioridad del distrito")
ESCENARIO 3 – Criterios 1 y 3 (excluidos el 2.° y el "Población necesitada" y "Prioridad del distrito")

Cuadro 10. Metodología para la distribución de las inversiones en la pavimentación de calles (1997) (20 kilómetros de calles para asfaltar)

Distrito	Criterios y valores									Nota (Total)[4]		Distancias
	Carencias [1]			Población Total[2]			Prioridad del distrito[3]					
	Valor	Nota	Subtotal	Valor	Nota	Subtotal	Valor	Nota	Subtotal		%	(metros)
1) Humaitá-Navegantes/Ilhas	3	1	3	2	2	4	3	0	0	7	2,7	534
2) Noroeste	3	1	3	2	3	6	3	1	3	12	4,6	916
3) Leste	3	3	9	2	3	6	3	3	9	18	6,9	1.374
4) Lomba do Pinheiro	3	1	3	2	1	2	3	2	6	17	6,5	1.298
5) Norte	3	1	3	2	2	4	3	3	9	16	6,1	1.221
6) Nordeste	3	2	6	2	1	2	3	2	6	14	5,3	1.069
7) Partenon	3	1	3	2	3	6	3	4	12	21	8,0	1.603
8) Restinga	3	2	6	2	1	2	3	4	12	17	6,5	1.298
9) Glória	3	1	3	2	1	2	3	4	12	20	7,6	1.527
10) Cruzeiro	3	1	3	2	2	4	3	0	0	7	2,7	534
11) Cristal	3	2	6	2	1	2	3	3	9	14	5,3	1.069
12) Centro Sul	3	4	12	2	3	6	3	4	12	24	9,2	1.832
13) Extremo Sul	3	1	3	2	1	2	3	4	12	26	9,9	1.985
14) Eixo da Baltazar	3	1	3	2	2	4	3	4	12	19	7,3	1.450
15) Sul	3	1	3	2	2	4	3	4	12	19	7,3	1.450
16) Centro	3	1	3	2	4	8	3	0	0	11	4,2	840
TOTAL										262	100	20.000

[1] Criterio: "Carencia de servicios públicos y/o de infraestructuras" (Valor 3).
[2] Criterio: "Población Total del distrito" (Valor 2).
[3] Criterio: "Prioridades elegidas para el Distrito" (Valor 3).
[4] Puntuación total obtenida y su proporción en relación con el total.
[5] Distancia total de calles que debe asfaltarse en el distrito, en metros (proporción calculada a partir de [4], en relación con el total de 20 kilómetros).

Fuente: GAPLAN, UPG, PMPA

III

LA EVOLUCIÓN DEL PRESUPUESTO PARTICIPATIVO: SOBRE EL APRENDIZAJE DE LA DEMOCRACIA PARTICIPATIVA

La estructura y el desarrollo del OP han sufrido toda una serie de transformaciones importantes desde que arrancó por primera vez en 1989. Esa evolución ilustra la dinámica interna del OP y, por encima de todo, el aprendizaje institucional efectuado tanto por el Estado como por la sociedad civil.

En 1989, cuando el PT asumió el gobierno de Porto Alegre, el liderazgo del partido estaba envuelto en un intenso debate interno, que esencialmente quedaba resumido en la siguiente pregunta: ¿el gobierno del PT es un gobierno para los trabajadores o es un gobierno de izquierda para toda la ciudad, aunque comprometido en especial con las clases populares? En principio, prevaleció la posición de que el PT debería gobernar sólo para los trabajadores. Esa posición estaba profundamente arraigada en la cultura política del PT, relacionada íntimamente con las teorías políticas de los movimientos populares urbanos de la década de 1970, desarrolladas alrededor de los conceptos centrales de poder dual y de los consejos populares derivados de la revolución bolchevique. Bajo esas premisas, y teniendo en cuenta que el Estado siempre es particularista y sólo existe para satisfacer los intereses de la burguesía, la tarea del PT debería ser, de manera idéntica, la de formar un gobierno particularista, pero en este caso favoreciendo los intereses de los trabajadores. Su principal objetivo, teniendo en cuenta que ese gobierno se ejercería en el contexto institucional del Estado burgués, sería provocar el enfrentamiento y suscitar la crisis, para así revelar la naturaleza clasista del Estado (Utzig, 1996: 211).

Esta posición política fue dominante durante los dos primeros años. La finalidad era otorgar poder a los consejos populares emergentes de las organizaciones comunitarias, de forma que ellos pudiesen tomar decisiones sobre la política municipal y, en particular, sobre el presupuesto. Según las palabras de Tarso Genro, por aquel entonces vice-alcalde y, más tarde, en el siguiente mandato, alcalde (1992-1996), ya era obvio, a finales del primer año, que esa estrategia política y administrativa reflejaba una "concepción romántica" de la participación popular y estaba destinada a fracasar debido a tres razones principales. En primer lugar, ni los dirigentes partidarios que encabezaban el Ejecutivo ni los dirigentes de las comunidades tenían experiencia alguna en la promoción de la participación institucionalizada. Tanto unos como otros se habían socializado en la cultura política de la oposición y no estaban preparados para ir más allá de la protesta y el enfrentamiento.[30] Ese contexto no permitía la creación de espacios de negociación capaces de articular y compatibilizar todas las reivindicaciones y exigencias de los diferentes distritos, y aún menos de establecer un con-

30. Véase también Fedozzi (1997: 134) y Utzig (1996: 211-212). En aquel momento, las relaciones entre el partido y el Ejecutivo eran muy tensas. La existencia de tendencias organizadas cuenta con una larga tradición en la organización del PT. Mientras que el alcalde Olívio Dutra (gobernador del Estado en el período 1998-2002) pertenecía a la tendencia de la Articulação y el vice-alcalde a la tendencia de la Nova Esquerda, la organización municipal del PT estaba dominada por una tendencia más izquierdista, la de la Democrácia Socialista. Las tensiones se movían alrededor del papel del partido en la supervisión del Ejecutivo y en el nombramiento de cargos políticos para el gabinete del alcalde, principalmente los secretarios municipales. El alcalde y el vice-alcalde defendían la autonomía del Ejecutivo contra la interferencia del partido, y se basaban en el argumento de que, a diferencia del partido, ellos se enfrentaban no sólo a cuestiones políticas, sino también a cuestiones de índole técnica, para las que se exigía un personal cualificado. Por su parte, las estructuras del partido defendían una intervención decisiva del partido en el gobierno, ya que los fracasos o errores de este último afectarían al partido en las siguientes elecciones. De alguna forma, el alcalde –fundador del PT y líder carismático– y el vice-alcalde –un abogado brillante, perseguido por la dictadura militar y, durante mucho tiempo, militante del movimiento comunista– acabaron prevaleciendo.

trato político y de participar en las mediaciones institucionales necesarias para hacerlo efectivo. En segundo lugar, rápidamente se vio claro que los líderes de las comunidades estaban socializados no sólo en una cultura política del enfrentamiento, sino también en una cultura política del clientelismo, a partir de la cual canalizaban los recursos para las comunidades. De esta forma, el arribismo del poder comunitario reflejaba el arribismo de la política tradicional.[31] Así pues, la participación popular de tipo no-clientelista se convirtió en un elemento perturbador tanto de la política tradicional, como de las estructuras de poder de las comunidades.[32] Al final, el Ayuntamiento se encontró en bancarrota. A lo largo de la década anterior los ingresos municipales habían disminuido y el anterior alcalde, justo antes de abandonar el cargo, aprobó un aumento salarial considerable para los trabajadores municipales. La consecuencia fue que los gastos relativos a los funcionarios, en el presupuesto de 1989, rondaban el 96%, y sólo quedaba el 3,2% de los ingresos para realizar inversiones. Con recursos tan escasos, era imposible satisfacer adecuadamente las exigencias de las comunidades.

En consecuencia, la experiencia del presupuesto participativo durante el primer año fue realmente frustrante.[33] Por lo que se refiere a las obras previstas, fueron muy pocas las que se llevaron a cabo. Por ejemplo, no se completó ni uno de los 42 km de asfaltado proyectados para las comunidades. Durante el siguiente año, la dimensión de la frustración era bastante visible. Tarso Genro recuerda que la asistencia a las reuniones, relativamente grande en 1989, descen-

31. Abers (1998, 2000) analiza este tema en detalle.

32. Según Sérgio Baierle (1992), la situación era más compleja que la simple dicotomía clientelismo-participación democrática. Con la Nueva República (posterior a 1985), el "campo popular" se convirtió en un espacio de contradicción desde el momento en que dejó de tener la unidad de oposición típica de la lucha contra la dictadura. Muchos líderes comunitarios empezaron a ocupar cargos en los gobiernos y la base del movimiento adoptó una postura pragmática y no necesariamente clientelista.

33. Por aquel entonces, la base institucional del OP se encontraba en una fase embrionaria. Consistía en consultas públicas llevada a cabo por el Ejecutivo en cinco distritos durante el mes de agosto. Para estudiar en profundidad ese período, véase Fedozzi (1997: 134).

dió en 1990. En una determinada reunión en uno de los distritos, se contabilizaron más miembros del Ejecutivo (veinticinco) que personas de la comunidad (dieciséis).

Los años 1990 y 1991 se centraron en la recuperación de la capacidad financiera y de inversión del Ayuntamiento. El control de los gastos, combinado con una reforma fiscal municipal y con más transferencias federales y estatales fruto de la Constitución de 1988, lograron que el porcentaje de inversión del presupuesto alcanzase sucesivamente el 10% (1990), el 16,3 (1991) y 17% (1992). Por lo que respecta a la reforma fiscal municipal, el principio de la progresividad se introdujo con dos impuestos —el IPTU (impuesto sobre la propiedad inmobiliaria y territorial y urbana) y el ISSQN (impuesto sobre servicios de cualquier naturaleza)—, varias tasas relativas a los servicios municipales (por ejemplo, la recogida de las basuras) se actualizaron e indexaron en la inflación (lo que provocó su rápida subida), al mismo tiempo que aumentó la eficacia de la vigilancia sobre la recaudación de los impuestos y de las tasas. El cambio más profundo se verificó en relación con el ISSQN y con el IPTU. Este último, que en 1990 alcanzaba el 5,8% de los ingresos municipales, llegó al 13,8% en 1992 y, en 1998, oscilaba entre el 17% y el 18%. Por lo que se refiere al ISSQN, representaba en 1998 casi el 20% de los ingresos municipales.

La reforma fiscal, decisiva para poder relanzar la administración popular, debió ser aprobada por la Câmara de Vereadores. Como el Frente Popular no poseía la mayoría en la Câmara, el PT y el Ejecutivo promovieron una gran movilización de las clases populares para presionar a los legisladores con el objetivo de que éstos aprobasen la ley de la reforma fiscal. Tal como recuerda Tarso Genro, los legisladores de la derecha y del centro, cogidos por sorpresa, no lograban comprender cuál era la razón por la que el pueblo los presionaba para que aumentasen los impuestos (Harnecker, 1993: 10).

La respuesta del Ejecutivo ante el fracaso inicial del presupuesto participativo no se limitó a la superación de la crisis financiera; incluyó asimismo profundas transformaciones político-administrativas en el seno del propio Ejecutivo y un desvío significativo en el debate político-ideológico dentro del liderato del partido. Asimismo se introdujo una concepción de planeamiento estratégico influida por la experiencia de Salvador Allende en Chile (Fedozzi, 1997: 136, 225). La Secretaría del Planeamiento, con un cuerpo técnico anclado en una cultura clientelista y tecnocrática, perdió la coordinación del OP, la cual se centralizó en dos órganos directamente dependientes del Gabinete del Alcalde: el Gabinete de Planeamiento (GAPLAN) y la Coordinadora de las Relaciones con las comunidades (CRC).

Por otro lado, se dio inicio a la mediación institucional entre el Ejecutivo y las organizaciones comunitarias, con el objetivo de combinar la participación efectiva con la preparación de un presupuesto eficiente, coherente y realista. Esta mediación constituye las estructuras y los procesos del OP y, hasta la fecha, no ha dejado de ser perfeccionada. De esta forma, se discutió sobre una nueva división de los distritos con los delegados de las comunidades. Los cinco distritos se convirtieron en dieciséis, número que en la actualidad sigue manteniéndose (véase el Mapa 1 y la Figura 1). En el debate sobre el presupuesto de 1991, se introdujo por primera vez una metodología para la distribución de los recursos de inversión entre los distritos de la ciudad y para la elección de las prioridades presupuestarias. Siempre de forma articulada con los delegados de las comunidades, se decidió concentrar el 70% de los recursos de inversión en cinco distritos considerados prioritarios. La elección de esos distritos se fundamentó en los siguientes criterios: movilización popular del distrito; importancia del distrito para el desarrollo urbano de la ciudad; necesidades del distrito en cuanto a infraestructuras urbanas y servicios, y población viviendo en áreas de necesidad máxima (Fedozzi, 1997: 137).

Paralelamente, se verificó un progreso evidente relativo a la creación de instituciones representativas, de base comunitaria, para la discusión de puntos específicos del presupuesto. La Comisión de los Representantes Comunitarios, que había iniciado la participación popular en la preparación del presupuesto, fue sustituida posteriormente por dos instituciones que empezaron a disfrutar de un lugar central en la Administración Popular: el Consejo del Presupuesto Participativo (COP), formado por consejeros elegidos en las Asambleas de Distrito y, más tarde, en las Asambleas Temáticas, y el Foro de Delegados, compuesto por delegados elegidos según un criterio basado en el número de participantes en cada una de las Asambleas de Distrito (y, más tarde, en cada una de las Asambleas Temáticas). Este modelo de participación y de toma de decisiones institucionalizadas, basado en un fuerte compromiso político entre la administración municipal y las comunidades, desembocó, en la práctica, en la relegación de la tesis del poder dual. Con todo, esto no significó la marginalización de los consejos populares, sino que, en cambio, éstos siguieron reconociéndose como organizaciones de distrito autónomas ante el Estado.

Lo cierto, sin embargo, es que a medida que el OP se fue consolidando, los Consejos Populares fueron perdiendo terreno en los Foros de Distritos. En un estudio realizado en 1998 (CIDADE y CRC, 1999) se da cuenta de una caída de más del 50% en la participación en los Consejos Populares entre 1995 y 1998-2000. Además, como se verá más adelante, la importancia dada por las comunidades, a lo largo de los últimos años, a la participación en el OP acabó afectando a su participación en otras formas de organización comunitaria. Sería el caso de la UAMPA que, aunque siga funcionando, ha perdido algunas de sus estructuras. En un nivel más microscópico, se puede afirmar lo mismo de los Consejos Populares o de las Uniones de Barriadas, tal como ilustra el Cuadro 11. Por otro lado, es significativo el aumento de la participación en grupos religiosos o culturales.[34]

34. La diferencia en la incidencia de participación en organizaciones comunitarias entre 1995 y 2000 puede explicarse en parte por el hecho de que los datos de 1995 se obtuvieron en la segunda ronda –donde la presencia de personas vinculas con entidades comunitarias es mayor–, mientras que en los dos años siguientes se obtuvieron durante la primera ronda.

Cuadro 11. La participación de los ciudadanos en las plenarias del OP (%)

Años	1993	1995	1998	2000
Asociaciones de vecinos	71,3	50,5	40,9	37,2
Consejos populares o uniones de barriadas	s.d.	8,7	4,0	3,7
Grupos religiosos o culturales	s.d.	10,6	9,1	14,8
Partidos políticos	s.d.	4,5	6,0	7,7
Sindicatos	s.d.	4,2	4,9	4,2
Entidades en general (incluye a los anteriores)	s.d.	75,9	66,9	60,9
Primera vez que participa en el OP	s.d.	48,5	38,5	43,5

Nota: la investigación de 1995 se efectuó en la segunda ronda del OP, el resto en la primera.

Fuente: Investigaciones PMPA-1993, FASE/CIDADE/PMPA-1995, CIDADE/PMPA-1998 y CIDADE/PMPA-2000.

A partir de 1992, la participación popular aumentó significativamente como consecuencia de la recuperación de la credibilidad del OP, la cual, a su vez, se debió al aumento de la inversión, sobre todo a partir de 1991, así como al hecho de que la inversión se concreta en estrecha subordinación a las decisiones adoptadas por el COP. Se introdujeron nuevos cambios y mejoras por lo que respecta a la metodología usada para distribuir los recursos. El malestar de los once distritos considerados no prioritarios, a los que sólo se les atribuía el 30% de la inversión, desembocó en el abandono del criterio que imponía la concentración de la inversión en cinco distritos prioritarios y a la adopción de una selección sistemática de prioridades dentro de los diferentes sectores de inversión (pavimentación, saneamiento, regularización agraria, etc.) en todos los distritos de la ciudad.

Además de esto, mientras se preservaba la noción de criterios objetivos para la determinación de las prioridades y la selección de las inversiones, los criterios experimentaron muchas transformaciones. Se abandonaron dos de ellos —la movilización popular en el distrito y la importancia del distrito para el planeamiento de la ciudad—, el primero por ser considerado subjetivo y por ser proclive a la manipulación (por ejemplo, en la promoción artificial de la participación con el objetivo de sugerir niveles elevados de movilización), y el segundo, por ser vago y por representar un riesgo de caída en el tecnicismo, ya que, en ese criterio, el cuerpo técnico de la alcaldía era el encargado de otorgar las notas a cada distrito. El resto de criterios se mantuvo y se añadieron dos más: prioridad de la inversión elegida por el distrito y población total del distrito.

El primero reflejaba la exigencia de los delegados de las comunidades de que las prioridades definidas por los habitantes de cada distrito tuviesen más valor en la distribución de los recursos municipales. El segundo, exigido por los delegados de algunos distritos y por el propio Ejecutivo, intentaba que la distribución de los recursos se convirtiese en un proceso más universal (Fedozzi, 1997: 140).

A partir de 1993, cuando finalizó el segundo mandato del PT, el patrón de participación y de institucionalización del OP entró en una fase de consolidación, expresada por el aumento significativo de la participación en asambleas y reuniones, así como por el reconocimiento del COP, por parte del Ejecutivo y de los movimientos comunitarios, entendido como mediación institucional fundamental para la distribución democrática de los recursos presupuestarios. De todas formas, este patrón de participación y de institucionalización dejó intacta la naturaleza conflictiva de la participación, e incluso ganó fuerza a partir de la tensión permanente entre conflicto y negociación (más adelante, retomaré este tema).

Durante los siguientes años, el aprendizaje y la dinámica institucionales siguieron siendo las principales características del OP. Podemos afirmar incluso que, de 1993 en adelante, la estructura y el funcionamiento del OP adquirieron una creciente complejidad operacional, lo que no impidió, en cambio, que el número de participantes aumentase (véase la Figura 9)[35] y que su composición

35. Según los datos de la alcaldía de Porto Alegre, y tomando como base de cálculo las dos rondas, la participación de los ciudadanos en la preparación del presupuesto participativo evolucionó desde 1.300 participantes en 1989 hasta los 19.025 en el año 2000 (véase la Figura 11). La comparación entre la Figura 9 y la Figura 11 muestra que la primera ronda de las asambleas ha reunido siempre más participantes que la segunda. Por lo que respecta a la evolución de la composición social del público del OP, véase CIDADE y CRC (1999: 15-41) y Baiocchi, 2001[a].

social se diversificase cada vez más.[36]

Una de las críticas planteadas por la oposición y por los medios de comunicación sobre la experiencia del OP venía a decir que, al fin y al cabo, el OP no era más que una nueva versión de la "política del apaño", es decir, una fórmula para resolver algunos de los problemas urgentes que afectan a las clases populares, quizás menos clientelista, aunque no menos oportunista y electoralista. También se subrayó el hecho de que la base de la participación dividida en distritos imposibilitaba cualquier discusión de la ciudad entendida como un todo, y, sobre todo, cualquier definición de un plan estratégico para la ciudad. También se criticó el hecho de centrar la atención en las necesidades básicas de las clases populares, pues su resultado era desatender cuestiones de interés para otros sectores sociales: las clases medias, los empresarios e incluso los sindicatos.

Éste era el motivo por el que, hasta entonces, estos sectores no habían participado en el OP.

FIGURA 9. PARTICIPACIÓN EN LA 1.ª RONDA DEL OP (1990-2001)

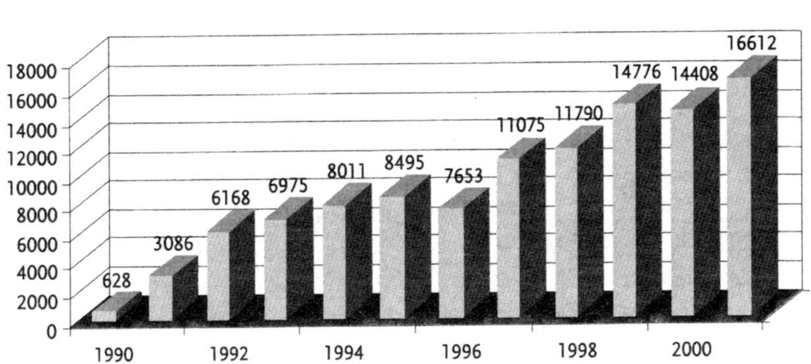

Fuente: CRC-PMPA, 2001, PMPA-CIDADE, 2002.

36. El período 1993-1994 fue una etapa de intensa reformulación del OP. Como veremos más adelante, 2001 marca el inicio de otro período de reformulación del OP.

En parte, dichas críticas coincidieron con la valoración que el propio PT realizó de los primeros años del OP. Para responderlas, se adoptaron dos iniciativas muy importantes inmediatamente después del inicio del segundo mandato (1993): la organización del Congreso de la Ciudad[37] y la creación de las "plenarias temáticas".

El primer Congreso, conocido como el Primer Congreso de la Ciudad Constituyente (haciéndose eco de la gran movilización democrática que se encuentra en la raíz de la Constitución de 1988), tuvo lugar en diciembre de 1993 y su tema principal fue el desarrollo urbano. Participaron todos los delegados y consejeros del OP, organizaciones de la sociedad civil de todo tipo (organizaciones comunitarias, sindicatos, asociaciones culturales y comerciales, etc.), la Universidad y algunos órganos del Estado de Rio Grande do Sul y del Gobierno Federal. Las conclusiones del Congreso definieron las líneas maestras del desarrollo económico y urbano que, de ahí en adelante, empezaron a ser los principios orientadores del gobierno municipal y del OP. Dos años más tarde se llevó a cabo el Segundo Congreso, dedicado al plan estratégico de la ciudad conocido como "Plan Director".

Las asambleas, conocidas como "plenarias temáticas" que, a partir de 1994, entraron a formar parte del ciclo del OP, se convirtieron en el medio hallado para vincular el OP a los principios aprobados por el Congreso de la Ciudad. Tal como anoté anteriormente, y con el objetivo de promover las directivas del primer Congreso, inicialmente se adoptaron cinco temas;[38] en la actualidad, las plenarias temáticas son seis. Las plenarias temáticas se organizan de una forma muy similar a las Asambleas de Distrito: incluyen dos rondas de asambleas generales y eligen delegados, según el número de partici-

37. El Congreso de la Ciudad empezó a organizarse con regularidad. El último se celebró en mayo de 2000; el IV Congreso de la Ciudad se planificó para 2002.

38. Para algunas de las tendencias más izquierdistas del PT, la creación de las plenarias temáticas quedaba justificada, sobre todo, por la necesidad de integrar al movimiento obrero en el OP. Se suponía que la elección de los temas correspondería de alguna forma a los diferentes sindicatos definidos por profesión. En realidad, el interés de los sindicatos por las áreas temáticas ha sido bastante moderado (véase el cuadro 11).

pantes en las asambleas, así como dos representantes para el COP. No obstante, a diferencia de lo que ocurre en las asambleas de distrito, cualquier ciudadano, independientemente de la ciudad en donde vive, puede participar y votar en las plenarias temáticas. Entre las decisiones más importantes de las primeras plenarias temáticas destacó la de descontaminar el río y las playas fluviales de Porto Alegre —un tema de interés general para toda la ciudad y no sólo para el distrito en donde se encuentran las playas— y la decisión de restaurar el mercado, un espacio público de gran valor arquitectónico y de enorme valor simbólico en el imaginario social y cultural de la ciudad.

Las plenarias temáticas se convirtieron en el medio para ampliar tanto los temas de discusión y de decisión participativa, como la composición social de los participantes, perfeccionando, de esta forma, la calidad y la complejidad de la participación. Según los datos municipales, de un total de 1.011 personas que asistieron, en 1994, a la segunda ronda de plenarias temáticas, el 11,5% pertenecían al movimiento sindical, el 14,3% representaban los intereses del sector empresarial, el 20% pertenecían a movimientos comunitarios, el 35% a otras instituciones de la sociedad civil y del Estado, el 14,4% no tenían filiación organizativa y el 0,7% representaban a partidos políticos. Con todo, el hecho de que la participación de asociaciones de base comunitaria sea aún predominante puede haber originado una cierta superposición de los espacios de participación y de representación en las plenarias de distrito y temáticas. Fedozzi (1997: 144) hace referencia a una consulta[39] a los participantes en las plenarias temáticas realizadas en 1995, según la cual, una vez interrogados sobre aquello que distingue las plenarias de distrito de las temáticas, el 60% de los encuestados o no sabían o no respondían. Los datos de la consulta realizada en 2000 siguen indicando un valor bastante alto de participantes (44,2%) que no

39. Esta consulta la llevaron a cabo investigadores de la FASE (una ONG de apoyo a los movimientos sociales), del CIDADE y de la Alcaldía de Porto Alegre; asimismo, contó con el apoyo de Rebecca Abers.

distingue entre Asambleas de Distrito y Temáticas (PMPA-CIDADE, 2002: 44).

La relación entre la participación de distrito y la participación temática no es una simple cuestión de superposición de espacios de participación. Por encima de todo, es una cuestión de política urbana y se ha convertido, con el paso del tiempo, en objeto de una controversia cada vez de mayores dimensiones. A principio de la década de 1990, los distritos estaban preocupados principalmente por la falta de infraestructuras físicas, lo que explica las causas por las que ni el ocio ni la cultura se consideraban siquiera temas posibles para el escalonamiento de prioridades. Lo cierto es que los distritos siempre tuvieron una tradición de actividades culturales y de ocio bastante viva. Muchos de estos distritos contaban con clubes culturales y deportivos, grupos de teatro, etc. A medida que las necesidades de infraestructuras físicas iban disminuyendo como resultado del éxito del OP, fueron aumentando las exigencias de mejoras "pos-materialistas", y a partir de ahí las correspondientes superposiciones de participación de los distritos con la de las plenarias temáticas. A este respecto, no obstante, el conflicto se verifica sobre todo entre los distritos y el propio Ejecutivo. El COP, dominado por los distritos, ha luchado, cada vez con mayor agresividad, por la expansión de los temas de interés local, para que puedan incluirse en el proceso decisorio del OP. Entre estos temas, siempre está presente la cultura. A través de la CRC y del GAPLAN, el Ejecutivo se ha resistido, en varias ocasiones, a esta expansión, arguyendo que esos temas están relacionados con toda la ciudad y no son de interés local. Este argumento no convenció a los consejeros; en 1997 fueron muy críticos con respecto a las propuestas culturales presentadas por el Ejecutivo, pues, según su opinión, se habían dirigido a favor de las actividades de "alta cultura". Lo cierto es que muchos distritos poseen sus propias tradiciones culturales, programas y equipamientos, y quieren, sobre todo, mejorarlos. En la reunión del COP del 1 de marzo de 1997, un consejero temático, representando el tema de la educación, de la cultura y del ocio, desafió a los representantes del Ejecutivo:

> Nuestra preocupación en la temática es que las actividades en el área de la cultura acaban por elegirse en la secretaría de la Alcaldía y el pueblo queda excluido. A pesar de muchos intentos, la temática aún no ha recibido ninguna respuesta de la secretaría. Nuestro interés es que la voluntad popular sea respetada en los programas populares de Porto Alegre, puesto que la temática cree que la cultura es el modo en que vivimos.

Para responder a una exigencia de los consejeros del OP, esto es, que el dominio del Presupuesto Participativo se ampliase a otras áreas del gasto municipal, se estableció una Comisión Tripartita durante el segundo mandato, formada por seis consejeros del OP (tres titulares y tres suplentes), representantes del SIMPA y miembros del Ejecutivo. Su objetivo es el de participar en las decisiones relativas a políticas relacionadas con la administración del Ayuntamiento y de sus funcionarios.[40]

Cabe mencionar asimismo otras dos modificaciones institucionales introducidas después de 1993. El Foro del Presupuesto era, desde principios de la década, el medio de reunir a todos los delegados de todos los distritos. Aunque su existencia se justificase debido a la necesidad de una mediación entre distritos, en el ámbito de toda la ciudad, el Foro no tenía muy definidas sus funciones y su dinámica se reveló deficiente. Entonces se adoptó la decisión de eliminar el Foro del Presupuesto y crear, en su lugar, foros de delegados en cada distrito y en cada una de las plenarias temáticas.[41] Por otro lado, con el objetivo de perfeccionar la metodología de participación y de representación, la elección de delegados dejó de

40. Como se podrá ver más adelante, en los últimos años, los conflictos de competencias entre diferentes estructuras participativas han ido en aumento, de ahí que sea un tema de la agenda de debate sobre la revisión del OP.

41. De cualquier forma, el Foro del Presupuesto respondía a la necesidad de aumentar la interacción y el contacto entre los diferentes distritos, en lugar de limitarlos a los más destacados. Con ocasión de la revisión de las reglas del OP en 1997, se planteó de nuevo la posibilidad (re)instituir el Foro del Presupuesto.

celebrarse sólo en la segunda ronda de las asambleas temáticas o de distrito, y empezó a llevarse a cabo en dos momentos: una parte de los delegados se elige en la primera ronda de las asambleas plenarias y la otra en las reuniones intermedias que se llevan a cabo entre la primera y la segunda ronda de las asambleas de distritos o temáticas.

La otra innovación institucional fue la aprobación, en 1994, del Estatuto Interno del Consejo del OP, que sintetiza el enfoque normativo que subyace a las operaciones y a los procedimientos del OP. En cuanto a los criterios para la distribución de los recursos de inversión, en 1996, como ya mencionamos, se eliminó el criterio conocido como "proporción de la población en áreas de carencia extrema de servicios y/o de infraestructuras muy deficientes en el distrito", puesto que se consideraba que éste quedaba englobado en el criterio formulado como "carencia de servicios públicos y/o de infraestructuras en el distrito". Por último, también se introdujeron algunas alteraciones por lo que se refiere a las divisiones de distritos: el distrito de Ilhas quedó incorporado en Humaitá/Navegantes y el distrito del Eixo da Baltazar quedó dividido en dos, uno manteniendo el nombre original y el otro bautizado como "Noroeste" (véase el Mapa 1).

En el transcurso de los últimos diez años, el proceso de aprendizaje del OP no se manifiesta tanto en las innovaciones institucionales formales, sino en el funcionamiento interno de las instituciones existentes. Como vimos anteriormente, se han introducido algunas transformaciones sustanciales en los criterios para la distribución de recursos. Asimismo, los conflictos de intereses y las divisiones políticas han emergido de una forma más abierta. En los últimos años, el COP se ha hecho más afirmativo, desafiando lo que se considera, a veces, actuación de tutela o incluso manipulación por parte del Ejecutivo. En resumen, el OP ha ido adquiriendo una mayor transparencia por lo que respecta a su carácter central: una lucha política democrática, centrada en diferentes concepciones para la distribución justa de los recursos públicos, escasos en una sociedad extremadamente desigual.

Con la reelección de Tarso Genro a finales de 2000 para asumir un nuevo mandato como Alcalde, se inició una nueva fase del proceso de auto-aprendizaje del OP, para la cual se puso en marcha una reflexión más vasta sobre el pasado y el futuro del OP. Una expresión de esto fue la constitución, a principios de 2001, de un Grupo de Trabajo de Modernización del Presupuesto Participativo. A ésta me referiré en el capítulo conclusivo del libro.

IV

PRESUPUESTO PARTICIPATIVO: PARA UNA DEMOCRACIA REDISTRIBUTIVA

En este apartado analizaré los aspectos políticos más sobresalientes del OP. Asimismo, identificaré los principales desafíos a los que se enfrenta el OP, así como los problemas y los dilemas que le esperan en el futuro. La Figura 10 podría ser útil para estructurar la discusión.

FIGURA 10. CONSTELACIÓN POLÍTICA DEL PRESUPUESTO PARTICIPATIVO

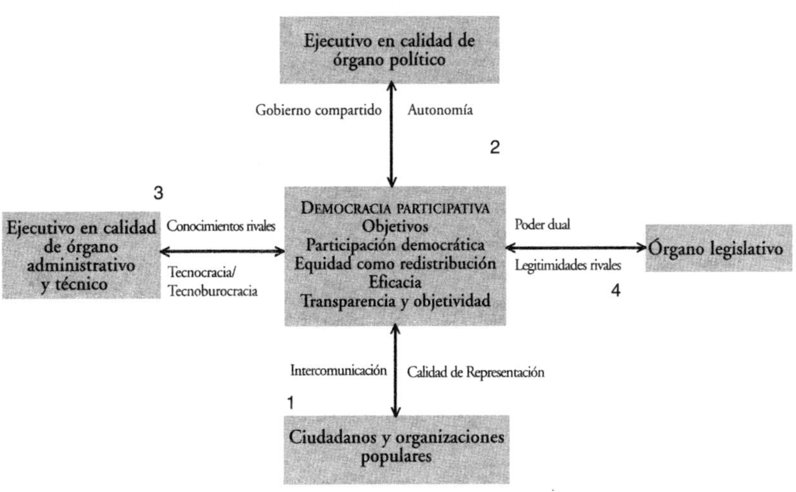

El OP es un proceso de toma de decisiones basado en reglas generales y en criterios de justicia distributiva, debatidos y aprobados por órganos institucionales regulares de participación, en los cuales las clases populares tienen una participación mayoritaria. A las comunidades en donde viven y se organizan estas clases populares se les reconocen derechos colectivos urbanos que legitiman sus reivindicaciones y exigencias, así como su participación en las decisiones adoptadas para responderles.

La selección de prioridades y de obras incluidas en el Plan de Inversión se realiza a partir de criterios objetivos, definidos mediante un proceso complejo de negociación que tiene lugar en las reuniones intermedias, en las Asambleas de Distrito y Temáticas, y en el Consejo del OP. En general, hoy en día se reconoce que el OP ha transformado la cultura política de las organizaciones comunitarias, la cual ha pasado de una cultura de la protesta y del enfrentamiento a una cultura política del conflicto y de la negociación. En realidad, el conflicto y la negociación no sólo ocurren entre los distritos; también se verifica en el seno de cada distrito, y son tan complejos y tensos en cada uno de los distritos como entre distritos.

La puntuación obtenida por cada distrito y el porcentaje de recursos de inversión en que se convierte dicha puntuación expresan la objetividad y la transparencia de los criterios. El sistema de atribución de puntos fue la metodología concebida para jerarquizar prioridades y para transformarlas en cantidades de recursos y de inversión determinadas por criterios generales. Para cada una de las prioridades, el valor del criterio y la nota atribuida al distrito definen los puntos, algo que, a su vez, decide el porcentaje de recursos que deben invertirse. Por un lado, el sistema de puntos intenta convertir las decisiones políticas, alcanzadas mediante negociaciones complejas, en distribución detallada de los recursos incluidos en el Plan de Inversión, y, por otro, asegura que la conversión sea tan fiel y objetiva como sea posible.

Esta última preocupación implicó varios retoques de la metodología distributiva, lo que dotó al OP de gran complejidad operacional y funcional. El aumento y la diversidad de la participación sumados a la creciente intensidad y diferenciación de las exigencias también contribuyeron a complicar y sofisticar las metodologías de cálculo.[42] La complejidad del sistema de atribución de puntos reside en el hecho de que éste intenta articular la medición de la participación, por un lado, con la medición de prioridades y de necesidades reconocidas, por otro. La medición de la participación garantiza la legitimidad democrática de las decisiones políticas, mientras que la medición de las prioridades y de las necesidades garantiza la fidelidad, la objetividad y la transparencia con que se realiza la conversión de las decisiones políticas en recursos distribuidos.

Una vez decidida la cantidad que deberá invertirse en el distrito, según las prioridades definidas por este último, ha de distribuirse en el interior del propio distrito. En muchas ocasiones, esa distribución es extremadamente difícil a causa de la diversidad interna de los distritos y de las luchas políticas relativas al liderato de las comunidades. Estas dificultades desembocaron en la creación de micro-distritos, es decir, de espacios sociales con cierta identidad en el seno de los propios distritos. La finalidad de esa creación fue reproducir, dentro de cada distrito, los mismos procesos y criterios de decisión adoptados para distribuir los recursos entre los distritos.

En 1995, el Consejo del OP aprobó algunas directrices no vinculantes para la distribución de recursos en el interior de los distritos, y propuso la adopción de criterios objetivos para la jerarquización de prioridades y para la elección de inversiones, unos criterios parecidos a los adoptados para la jerarquización y distribución entre los distritos: prioridad temática del micro-distrito o barriada; carencia de servicios o de infraestructuras; número de habitantes que se beneficia de la obra solicitada. Según Fedozzi (1997: 161), en la mayoría de los distritos, sobre todo en aquellos que no están divi-

42. En la actualidad, el conjunto de reglas y de criterios que regulan el funcionamiento del OP (estatuto interno, criterios generales para la distribución de recursos y criterios técnicos) es bastante voluminoso. Véanse los anexos 1, 2 y 3.

didos en micro-distritos, las decisiones no obedecen al sistema de puntos: antes se lleva a cabo una negociación política y el voto directo de los delegados de cada barriada para la elección de las prioridades. Independientemente de la dificultad para medir, por ejemplo, la carencia de servicios o de infraestructuras en cada micro-distrito o barriada, la mayor parte de los dirigentes comunitarios han optado por la distribución de los recursos en conformidad con el criterio de la participación de los habitantes en las reuniones. Tan sólo cuatro de los dieciséis distritos utilizaron algún tipo de sistema basado en el cálculo de elección de las prioridades.

A causa de su preocupación central por la naturaleza democrática de la distribución, el OP puede considerarse el embrión de una democracia redistributiva. Tal como apunté, la naturaleza democrática de la distribución queda asegurada a través de una metodología de cálculo que, con el tiempo, ha ido adquiriendo mayor grado de sofisticación. Se podría decir que, cuando no evoluciona de forma weberiana —es decir, con un aumento de la burocracia—, la democracia evoluciona de forma paralela al aumento de complejidad decisoria. Así pues, es posible formular la siguiente hipótesis de trabajo: en sociedades diferenciadas internamente, cuanto más fuerte es el vínculo entre democracia y justicia distributiva, más compleja tiende a ser la metodología que lo garantiza. La única solución para reducir la complejidad que la burocracia permite es aflojar el vínculo que ata la democracia a la justicia distributiva.[43]

La eficacia redistributiva del OP ha quedado totalmente demostrada. Sirva como ejemplo que, en el OP, Ilhas, el distrito más pobre de la ciudad (hoy en día un micro-distrito de Humaitá-Navegantes/Ilhas), con una población cercana a los cinco mil habitantes, casi todos clasificados como personas con carencias, goza de un valor decisorio equivalente al del distrito más rico, el Centro, con 271.294 habitantes, de los cuales menos del 3% se consideran

43. En 2002, un número significativo de personas que participa en el OP (33,3%) ha confesado desconocer todavía las reglas de funcionamiento del OP; otro grupo relativamente grande (25,3%) ha confesado que sólo conoce algunas de las reglas (PMPA-CIDADE, 2002: 39).

con carencias (véase asimismo Larangeira, 1996: 4). Durante la campaña electoral de 1992, cuando quienes se oponían al candidato del PT argumentaban que el gobierno del PT disponía tan sólo de "obras de apaño", esta crítica fue, en realidad, el gran motor para la movilización popular en apoyo de ese gobierno. Las comunidades que por aquel entonces participaban en el OP partieron del principio de que las "obras de apaño" les eran favorables, ya que ellas mismas habían votado a su favor en el OP. El carácter peyorativo de la frase "obras de apaño", haciendo referencia a las clases populares como entidades descalificadas desde un punto de vista social, fue neutralizado por esas mismas clases al ser sujetos de las decisiones democráticas que desembocaron en las obras. De esta forma, la naturaleza desigual y conflictiva de las relaciones de poder en la ciudad quedó bien patente y empezó a ser un campo para la lucha política.

Al invertir las prioridades que habitualmente se anteponían a la distribución de recursos por parte del gobierno municipal, el OP logró resultados materiales impresionantes. Por lo que respecta al saneamiento básico (aguas y cloacas), en 1989 sólo el 49% de la población tenía esta necesidad cubierta. A finales de 1996, el 98% de los hogares poseían agua canalizada y el 85% podían disfrutar de un sistema de cloacas. Según un periódico influyente, *El Estado de São Paulo*, mientras que los anteriores gobiernos municipales de Porto Alegre habían construido casi 1.100 km de red de cloacas, las dos administraciones PT construyeron 900 km entre 1989 y 1996. En cuanto al asfaltado de las calles, se construyeron 215 km a razón de 30 km por año. Aun así, sólo se eliminó la mitad del déficit de pavimentación (500 km, aproximadamente).

La legalización de la propiedad de terrenos, que, como ya vimos, goza de una prioridad elevada en muchos distritos en donde viven las clases populares, es una cuestión en que las relaciones de poder de la ciudad tienen una expresión elocuente, pues el 25% del suelo urbano disponible pertenece a catorce personas o entidades. A pesar de la lentitud en la regularización agraria, fue posible urbanizar los barrios populares y levantar muchas casas para las poblaciones marginales.

Cuadro 12. Construcción de unidades de vivienda y regularización agraria
1986-1996

	1986-88	1989-92	1993-96
Unidades hasta 25 m²	1.205	561	661
Unidades por encima de los 25 m²	–	96	400
Unidades de vivienda	549	640	1.446
Casas de emergencias y distribución de material de construcción	164	199	512
TOTAL	1.918	1.496	3.019
Regularización agraria (parcelas)	–	5.364	12.224
Urbanización (unidades beneficiadas)	–	96	5.736
Unidades en cooperativas (unidades beneficiadas)	–	160	5.000

Fuente: DEMHAB, 1997

No obstante, la escasa atención que se ha concedido a la cuestión agraria traduce asimismo una actitud más pragmática por parte de los consejeros del OP. De acuerdo con las referencias del CIDADE (1998), en el caso de la regularización agraria, y ya que existen terceras partes implicadas en el conflicto (como, por ejemplo, el poder judicial), las reivindicaciones suelen satisfacerse tras un largo periodo de tiempo. Como el Presupuesto es anual y los recursos son escasos, es más útil apostar por reivindicaciones que pueden atenderse, sin correr grandes riesgos, a lo largo del año en curso.

Por lo que respecta a la educación, entre 1989 y 1999 se duplicó el número de alumnos matriculados en la enseñanza infantil, elemental y media (SMED, 1999).[44]

El esfuerzo de inversión realizado por el Ejecutivo pudo ponerse en práctica gracias al enorme aumento de los ingresos, debido a las transferencias estatales y federales y a la reforma fiscal. En el perio-

44. Se pasa de 24.232 alumnos matriculados en 1989 a un total de 51.476 alumnos en 1999. Esto implicó asimismo un aumento significativo del número de escuelas.

do que analizamos aquí, fue posible un aumento de los ingresos del orden del 48%. Asimismo es posible que la transparencia en los gastos municipales, posibilitada por el OP, haya contribuido a una mayor motivación en el pago de los impuestos.

El Presupuesto Participativo y las personas

Los principales problemas en las relaciones entre el OP, los ciudadanos y las organizaciones populares se encuentran en la articulación de la representación con la participación, y en la calidad de la representación.

Con algunas pequeñas oscilaciones, la participación de los ciudadanos en el OP aumentó significativamente a lo largo de la década. Los datos mostrados en la Figura 11 hacen referencia exclusivamente a las dos rondas de las asambleas plenarias de distrito y temáticas. Si contabilizamos las innumerables reuniones preparatorias e intermedias en los distritos, barrios y barriadas, los números de la participación aumentan espectacularmente. Según los datos de la Alcaldía, casi 45 mil personas participan cada año en el conjunto de las actividades del OP.

Según una encuesta llevada a cabo en 1998,[45] la mayoría de los participantes —un grupo equilibrado de hombres y mujeres con una edad media de 41 años— pertenece a las clases populares: 24,8% tienen una renta familiar entre uno y dos salarios mínimos[46] y tiene educación básica. Un 54,1% de los participantes poseen una renta familiar que alcanza los cuatro salarios mínimos.[47] Un número significativo de las personas encuestadas tiene un empleo flexible en cuanto al tiempo y al horario; en esa situación se encuentran,

45. La encuesta de 1998 contó con investigadores del CIDADE, de la CRC, de la Alcaldía de Porto Alegre; además tuvo el apoyo de G. Baiocchi.

46. En 1995, el salario mínimo era de unos 100 dólares. En noviembre de 2001, el salario mínimo era de 180 reales (correspondía a unos 70 dólares), lo que significa una reducción del poder adquisitivo de la población.

47. Según los datos del IBGE (2000), el rendimiento medio familiar en Porto Alegre es de 6 salarios mínimos.

por ejemplo, los autónomos, los jubilados y los que trabajan en casa. Si comparamos esta encuesta con una realizada en 1995, se detecta un aumento en la renta y en la educación (CIDADE y CRC, 1999: 25-29). Algunos datos de 2000 indican que el grupo de población más necesitado económicamente sigue siendo el que más participa en el OP: el 24,9% con una renta familiar inferior a dos salarios mínimos y el 29,3% con una renta que oscila entre los dos y los cuatro salarios mínimos (PMPA-CIDADE, 2002: 25).

FIGURA 11. EVOLUCIÓN DEL NÚMERO DE PARTICIPANTES EN EL PRESUPUESTO EN PORTO ALEGRE (1989-2000)

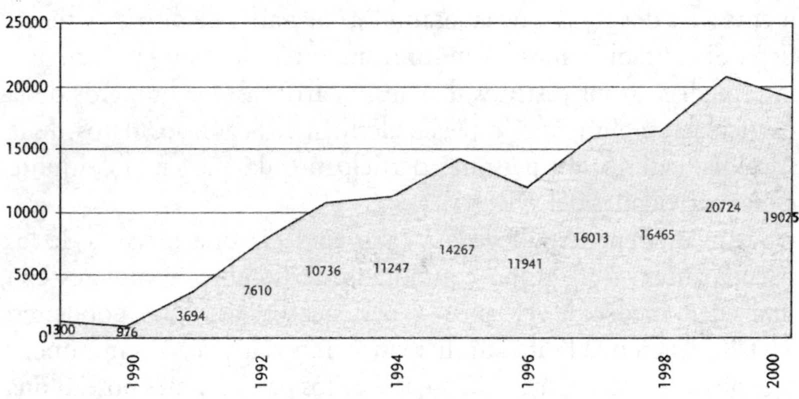

Fuente: CRC y PMPA

Aunque la participación de las mujeres está bastante equilibrada en la base, ha ido disminuyendo durante mucho tiempo a medida que se sube en la escala de decisión. En la primera mitad de la década de 1990, el factor sexual fue particularmente evidente en las siguientes categorías: Consejo Directivo de Asociación de Vecinos (el 20% eran mujeres); Consejo del OP (el 20%); Foro de Delegados (el 16,9%).[48] A lo largo de la década, la participación de las mujeres en las asociaciones de las comunidades y en las estructuras básicas del OP (asambleas) fue más elevada de lo que era habitual en experiencias participativas semejantes en Brasil y en otros países de América Latina. Los datos de los estudios realizados por el CIDADE muestran que la participación de mujeres aumentó de manera significativa entre 1995 y 2000, tanto en el ámbito de las asambleas de distritos como en el de las temáticas, y en la actualidad se puede equiparar a la composición sexual de la población. En cuanto a la elección para cargos representativos (consejeros y delegados), la discriminación sexual, que estuvo presente durante varios años, ha acabado siendo eliminada.

De acuerdo con los datos de una encuesta de 1998, la diferencia entre las mujeres y los hombres, con respecto a la intervención activa en las reuniones, es pequeña en la mayoría de los distritos y temáticas (el 14,2% y el 17,2% respectivamente). Sin embargo, existen algunas diferencias significativas. Por ejemplo, en las temáticas del desarrollo económico y tributación, y educación, cultura y ocio, las mujeres intervienen más que los hombres. En las asambleas de distrito, los hombres intervienen más, salvo en los distritos de Cristal y de Humaitá/Ilhas/Navegantes (CIDADE y CRC, 1999: 16).

Si seguimos con estos estudios, las personas que participan en las asambleas temáticas muestran niveles considerablemente mayores de rendimiento y de escolaridad. Al cumplir su objetivo original, las plenarias temáticas han atraído, obviamente, a un conjunto más variado de entidades y de organizaciones del que atraen las asambleas de distrito (véase Baiocchi, 2001a). A pesar de eso, la mayoría de los participantes, tanto de las asambleas de distrito como en las temáticas, declara su pertenencia a asociaciones de vecinos: el 75,9%

48. En el COP elegido en 2000, el 30% eran mujeres y el porcentaje era incluso menor si se tienen en cuenta tan sólo los consejeros titulares. Sin embargo, la composición sexual de la presencia efectiva en las reuniones varía bastante. En una de las reuniones a las que asistí (la del 29 de abril de 1997), el 45% de los participantes eran mujeres.

declaró que pertenecía a alguna entidad o asociación y el 50,5% afirmó que pertenecía a asociaciones de vecinos. Es decir, de quienes forman parte de asociaciones, el 66% pertenecen a asociaciones de vecinos. Aunque las asambleas temáticas hubiesen sido concebidas como un espacio privilegiado para la participación de los sindicatos, la participación media de los mismos en las asambleas es idéntica a su participación media en las asambleas de distrito. Respecto a las estructuras autónomas de "segundo nivel"[49] —Consejos Populares y Articulaciones de Distrito—, éstas cuentan, de forma sorprendente, con una mayor participación en las asambleas temáticas que en las de distrito, a pesar de que su constitución se fundamente en el distrito.

La Figura 12, que aparece en el estudio del CIDADE, al comparar datos de 1995 y 1998, revela la importancia de la participación en el OP por parte de personas vinculadas a entidades o movimientos comunitarios, a pesar de que se percibe un ligero descenso desde 1995 a 1998.

Como ya vimos, la preocupación principal fue la de alcanzar una sintonía entre participación y representación, es decir, perfeccionar los mecanismos de representación necesarios para el funcionamiento adecuado de la democracia participativa (véase Dias, 2000; Baiocchi, 2001a, 2001b). De hecho, incluso en un ambiente participativo tan vibrante, no existen garantías de que la representación pueda frustrarse, ya sea porque los principios del mandato no se respetan y las prioridades decididas por las asambleas se manipulan, ya sea porque la representación se profesionaliza, como, por ejemplo, cuando un delegado ocupa su plaza durante demasiado tiempo. Con el objetivo de neutralizar la posibilidad de esos desvíos, el mandato de los consejeros del OP puede ser revocado en cualquier momento por las asambleas que los eligen; asimismo, ningún candidato puede ser elegido más de dos veces para una misma plaza.

49. Se denominan organizaciones de "segundo nivel" porque están formadas por movimientos de base, asociaciones de vecinos, etc., y estas últimas se consideran organizaciones *de base* u organizaciones de "primer nivel".

FIGURA 12. DISTRIBUCIÓN EN PORCENTAJES DE LA PARTICIPACIÓN EN ENTIDADES EN EL PRESUPUESTO PARTICIPATIVO DE PORTO ALEGRE

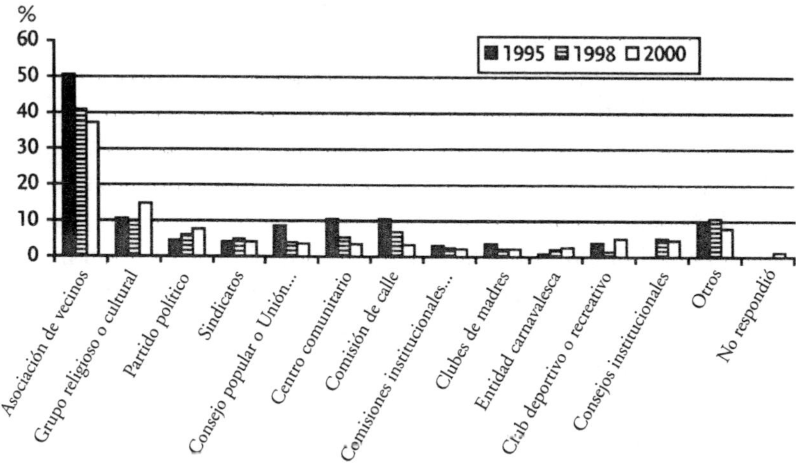

Fuente: CIDADE y CRC, 1999, PMPA-CIDADE, 2002

Además, los miembros de cualquier otro consejo municipal, los poseedores de cargos públicos electos y las personas que tienen una relación contractual con la administración pública, no pueden ser elegidos para el COP.

En los últimos años, esta preocupación de vincular la participación a la representación desembocó en algunas modificaciones en el sistema electoral. De esta forma, el aumento de la participación y la necesidad de salvaguardar las posiciones minoritarias condujo a la adopción del método proporcional en la elección de los delegados y consejeros del OP (véase más adelante).

A partir de 1994, los incentivos para la participación dejaron de ser meramente materiales y empezaron a adoptar también un carácter cultural, aunque estas transformaciones hayan sido encaradas igualmente como un intento de combatir la monotonía de algunas reuniones. De esta forma, con el objetivo de que las asambleas sean más atractivas y vivas, antes de que tengan inicio se representan pequeños *sketches* y piezas de teatro encargados y pagados por el

Ejecutivo municipal; asimismo, se exhibe un vídeo en el que se muestra el proceso de ejecución de obras incluidas en el Plan de Inversión del año anterior, junto con cuadros y mapas que demuestran que dichas obras han sido ejecutadas en conformidad con las decisiones del Consejo del OP.

Las relaciones entre la participación popular y la representación popular en el OP no son tan pacíficas como parece a simple vista. Los problemas se centran en torno a dos cuestiones: la proporción entre representados y representantes y la calidad de la representación (autonomía, responsabilización e "intercomunicación" o transparencia). Desde el inicio, hubo una tensión entre el Ejecutivo y el movimiento popular en relación con los criterios para determinar la proporción entre el número de participantes en las reuniones y el número de delegados elegidos. A medida que la participación fue aumentando, el Ejecutivo propuso que la proporción de un delegado por cada cinco personas cambiase por un delegado cada diez. Como mencioné anteriormente, la proporción sufrió con posterioridad varios cambios hasta llegar al sistema actual: un delegado por cada diez personas. Algunos de los dirigentes de las organizaciones populares del PT defendieron siempre que el número de delegados debería ser lo más grande posible. Si se considera que el OP es un proceso de aprendizaje y que, en el interior de sus instituciones (sobre todo en el COP y en el Foro de Delegados), circula información importante, la exposición a ese aprendizaje y a esa información debería ser lo más amplia posible. Por su parte, el Ejecutivo siempre respondió con el argumento de la eficacia deliberativa y de la necesidad de compatibilizar la democracia directa y la democracia representativa. Como afirma Olívio Dutra, el primer alcalde del PT: "no estamos vendiendo la ilusión de la democracia directa en la plaza griega, que, no lo olvidemos, no era una democracia de todos sino la democracia de los mejores" (Harnecker, 1993: 34).

Aquí, la cuestión de la calidad de la representación debe debatirse a la luz de los siguientes problemas principales. El primero tiene que ver con la autonomía de los representantes populares en el OP frente al gobierno. Algunos dirigentes del movimiento popular, afiliados o no al PT, afirman que el gobierno, a través del OP, captó el movimiento popular, distorsionando sus prioridades y sometiéndolo a la agenda política del Ejecutivo. Como consecuencia, el movimiento popular se concentró demasiado en la política local y abandonó la crítica y el enfrentamiento con el Estado y con el Gobierno federal. Además, las tensiones en el seno del movimiento comunitario quedaron enterradas y se quedaron sin resolver, ya que el movimiento popular no se apropió de la nueva cultura política emprendida por el OP. Las nuevas agendas silenciaron a las antiguas, en lugar de quedar incorporadas. Más adelante abordaremos con mayor detalle la cuestión de la autonomía del OP frente al Ejecutivo.

Relacionado con esta cuestión, nos encontramos con el problema de saber hasta qué punto las concepciones y posiciones de los delegados y de los consejeros reflejan por completo las de los distritos que ellos representan. Este problema no fue muy relevante, pues las instituciones del OP sólo se preocuparon por las infraestructuras físicas de las comunidades. Con todo, más recientemente, a medida que los debates y las exigencias se fueron ampliando hacia otras áreas (como la cultura) y los delegados y consejeros empezaron a participar en numerosos acontecimientos sobre temas muy diferentes, se debilitó el vínculo entre la población del distrito y sus representantes. De esta forma, se corre el riesgo de que las posiciones adoptadas por los delegados o consejeros puedan reflejar sus preferencias personales marginando todo el resto. Existe el temor de que esta "autonomía" de los representantes frente a sus electores pueda implicar el regreso, con otro disfraz, del viejo sistema clientelista y populista de distribución de los recursos y de comercio de los votos. El CIDADE detecta cierta aprensión en las comunidades debido al hecho de que los consejeros asuman posiciones sin consultarlas previamente, y de que no las comuniquen en los debates y en las decisiones del COP y de otros comités (Pozzobon, Baierle y Amrao, 1996: 2). El término "intercomunicación" se convirtió en una palabra clave en este debate. Significa la exigencia de transparencia, de revisión de cuentas y de difusión de la información. La intercomunicación ha sido reclamada por las organizaciones populares ante los delegados y consejeros, y por los delegados con respecto a los consejeros que son miembros de la Comisión Paritaria y de la Comisión Tripartita. La intercomunicación, el flujo de información, es crucial para el ejercicio de un control efectivo sobre los representantes de la participación popular y, por tanto, para la responsabilización de los mismos.

La intercomunicación plantea otro problema, relacionado con la calidad de la representación: el problema del conocimiento especializado y de su impacto sobre el entrenamiento y la reelección. Probablemente, tener acceso a la información relevante y dominarla es la condición básica para el funcionamiento efectivo del OP. En muchas ocasiones, esa información es técnica y difícil de comprender para aquellas personas con un nivel de instrucción no muy elevado.

Como veremos más adelante, la administración popular realizó un gran esfuerzo para hacer accesible mucha de la información que antes era monopolio del equipo técnico (ingenieros, abogados, administradores públicos, arquitectos, etc.).[50] Aun así, a veces los consejeros y delegados afirman que se les negó información importante o pudieron acceder a ella demasiado tarde o, incluso, que es demasiado complicado obtenerla.

En la reunión del COP del 6 de abril de 1997, uno de los consejeros más influyentes planteó la cuestión de la dificultad de acceder a la información. El representante del Ejecutivo, del GAPLAN, respondió que la crítica era justa y que el sistema electrónico de procesamiento de datos del Ayuntamiento había sufrido algunos atrasos. El consejero argumentó, contrariamente, que la empresa

50. Recientemente, como ya comenté, se ha posibilitado la participación en el OP (obtención de información y presentación de sugerencias y reivindicaciones) por medio de Internet, donde también es posible tener acceso al plan de inversiones del OP de cada año y comprobar todas las obras realizadas desde 1990. De cualquier forma, y según la información recogida en la encuesta de 1998, el 70% de los elegidos para el OP (delegados y consejeros) consideran satisfactoria la accesibilidad de la información. (CIDADE y CRC, 1999: 12, 65).

encargada de la instalación de ese sistema debería ser citada en el COP para una audiencia. Más adelante, durante la reunión, el representante del GAPLAN hizo este comentario:

> Me gustaría aclarar lo siguiente. La información existe. Puede ser incompleta, pero está ahí, y a pesar de que los consejeros sigan hablando de autonomía, lo cierto es que no usan la información que está disponible. Nosotros, en el GAPLAN, insistimos en que el catastro estaba a su disposición y que deberían consultarlo para detectar posibles errores. Sin embargo, ¿cuántos consejeros consultaron el catastro? ¡Tres!

Cuando el nuevo COP empieza sus trabajos, se organizan algunos seminarios de formación para que los nuevos consejeros se familiaricen con el funcionamiento complejo del OP. Más allá de esto, la formación de consejeros y de delegados se ha ido intensificando en años recientes, mediante deliberaciones celebradas entre la Alcaldía, la Universidad y las ONG. La necesidad de que una persona se familiarizase con el proceso del OP y domine la información relevante suscitó otro problema, el de la reelección de los consejeros. De acuerdo con el estatuto, los consejeros sólo pueden ser reelegidos una vez. Sin embargo, tanto dentro como fuera del COP se ha planteado la cuestión de saber si la reelección debería admitirse sin límites de mandato, con la justificación de que un año es un período demasiado corto para que alguien se familiarice plenamente con el funcionamiento del OP. El CIDADE llegó incluso a proponer que los consejeros se eligiesen para un mandato de dos años o que, como alternativa, los consejeros sustitutos de un año determinado se convirtiesen, al año siguiente, en consejeros sustitutos, algo que permitiría la transmisión de sus conocimientos y experiencia a los sucesores.

En el seno del movimiento popular, esta posición se encara con frecuencia con sospecha, pues se teme que la reelección pueda generar una nueva clase de funcionarios elegidos, pero profesionalizados, presas fáciles del viejo sistema populista y clientelista.[51] En la reunión del COP del 4 de marzo de 1997, cuya agenda incluía el estatuto interno, la cuestión volvió a ser planteada nuevamente. Algunos consejeros defendieron la reelección a partir de dos argumentos muy diferentes: el conocimiento y la experiencia adquirida mejorarían la calidad de la representación. Otro argumento era relativo a la autonomía de la representación popular. Un consejero declaró:

> Limitar la reelección es lo mismo que decir a las comunidades y a los delegados: "miren, ustedes no saben cómo votar y, por esta razón, no están autorizados a votar a alguien más de dos veces". Si alguien fuese un buen consejero, ¿por qué no ha de tener autorización para quedarse durante cuatro o cinco años? El Consejo niega a los delegados la opción de votar como quieran y la responsabilidad por la forma en que votan.

Otros consejeros lo rebatieron. Uno de ellos dijo: "Oiga, en mi distrito, durante mucho tiempo, sólo X sabía algo del OP. Sólo una persona. La esencia del OP es formar líderes, en plural, no un líder que sabe todo mientras que todo el resto no sabe nada". Otro afirmó: "¿Cuál es la razón por la que hoy aquí hay nuevos consejeros? Precisamente a causa de esta disposición del estatuto. Por suerte, ésta privilegia la llegada de nuevos consejeros cada año. De otra forma, muchos de ustedes no estarían hoy aquí". El representante del Ejecutivo expresó la misma opinión:

> Hace tres años mantuvimos un debate del mismo cariz. En los primeros años del OP, varios consejeros se mantuvieron en su cargo durante tres o cuatro años. La idea era "apoye-

51. Esta alerta se mantiene, pues, aunque los datos de 1998 muestren que el 74% de los elegidos reconoce la forma abierta en que se realiza la elección de los delegados y consejeros, casi el 21% de los consejeros elegidos y del 14% de los delegados consideran que la elección se produce por designación (CIDADE y CRC, 1999: 91).

mos a quien tenga más experiencia". Pero después llegamos a la conclusión de que estábamos perpetuando a las mismas personas en el mismo cargo; estábamos impidiendo la aparición de nuevos líderes. Hoy en día, el OP es la vanguardia. Ni el parlamento burgués, ni los sindicatos u otras entidades llevan a cabo lo que estamos haciendo. Permiten reelecciones consecutivas y, de esta forma, perpetúan a los mismos dirigentes. Todos ellos se están quedando atrás.

Tras algunas intervenciones, se votó el tema de la reelección. Se presentaron dos propuestas: mantener el actual sistema; permitir la reelección sin límites. La primera propuesta ganó por diecisiete votos a favor y once en contra.

Hay otra cuestión que debe mencionarse con respecto a la calidad de la representación: el grado de participación de los consejeros en las reuniones y en otras actividades del COP. A lo largo de los años, el COP se ha reunido de forma regular una vez al mes, pero, en 1997, se reunió dos veces por semana durante varios meses. Las reuniones duran dos horas, y a veces más, con lo cual también debe aumentarse el tiempo gastado en viajes de autobús debido a que la mayoría de los consejeros viven en distritos de la periferia. Por tanto, se trata de un tipo de trabajo voluntario muy intenso, y algunos consejeros afirman que es imposible asistir a todas las reuniones.[52] Asimismo, cuando las reuniones se prolongan durante demasiado tiempo, algunos consejeros deben abandonarlas para poder tomar el autobús que se dirige a sus respectivas zonas. Los consejeros más asiduos han criticado bastante el absentismo. En la reunión del 6 de marzo de 1997, uno de ellos declaró:

El Consejero no representa a una persona. Él o ella representa a miles de personas. Representan la ciudad de Porto

52. De acuerdo con los datos de 1998 (CIDADE y CRC, 1999: 12), en 1998, el 56,4% de los consejeros elegidos y el 40,9% de los delegados elegidos acostumbraban a inscribirse para hablar "siempre" o "casi siempre" en estas reuniones.

> Alegre. Si un consejero asume la responsabilidad de discutir los problemas de la ciudad, pero, cuando llega el momento de la votación, se va de la reunión porque tiene otros compromisos, creo que muestra un comportamiento insultante con respecto al COP y al pueblo.

En esta reunión se planteó y se debatió acaloradamente la cuestión del quórum necesario para que se pudiese realizar una votación. Se presentaron tres propuestas. Según la primera, el quórum debería ser por mayoría simple de los consejeros (veintitrés, a pesar de que los representantes del gobierno no voten), establecida al principio de la reunión. Si se llegase al quórum al inicio de la reunión, entonces se podrían tomar decisiones aunque, durante el decurso de la reunión, el número de presencias se redujese por debajo del quórum. La segunda propuesta establecía el mismo quórum, pero lo exigía para todas y cada una de las decisiones adoptadas. La tercera propuesta, adoptada ya el año anterior, proponía dos fórmulas para el quórum: mayoría simple de los consejeros, o, en su ausencia, la mayoría simple de los distritos y áreas temáticas, es decir, nueve y tres, respectivamente. La primera propuesta fue defendida por algunos consejeros que se sentían "penalizados a causa de los colegas que abandonan la reunión, imposibilitando la toma de decisiones. Esos colegas son quienes deberían ser penalizados. Deberíamos poder decidir sin su presencia y sin considerar sus posiciones". Otros consejeros y los representantes del Ejecutivo se mostraron a favor de la tercera propuesta. El representante del GAPLAN dijo:

> En muchas ocasiones el debate se calienta, se prolonga y muchos consejeros empiezan a dejar la reunión para tomar el autobús. Es frustrante porque nosotros debatimos y debatimos, y de repente nos quedamos sin quórum. Me preocupa asimismo la representatividad de la discusión y del debate. La segunda fórmula es un compromiso. Por lo menos están presentes la mayoría de los distritos y de las áreas temáticas.

Entonces, se votaron las propuestas: la primera obtuvo seis votos, la segunda, cuatro, y la tercera, doce.

Según mi opinión, la forma en que se debatieron, tanto dentro como fuera de las instituciones del OP, las diferentes cuestiones relativas a la calidad de la representación testimonia el compromiso de los sectores populares de Porto Alegre para impedir que el OP caiga en las manos del viejo sistema clientelista y autoritario. De hecho, el espectro de las continuidades entre el viejo y el nuevo sistema emerge de forma recurrente en los debates.

Autonomía y cogobierno

El OP es la manifestación de una esfera pública emergente, en donde los ciudadanos y las organizaciones comunitarias, por un lado, y el gobierno municipal, por otro, convergen con autonomía mutua. Dicha autonomía se produce a través de un contrato político mediante el cual esa autonomía mutua se convierte en autonomía relativa. Por tanto, la experiencia del OP configura un modelo de cogobierno, es decir, un modelo de repartición del poder mediante una red de instituciones democráticas orientadas a la obtención de decisiones por deliberación, por consenso y por compromiso.

Los problemas a los que se enfrenta un sistema de repartición quedan bien claros en la relación entre el COP y el Ejecutivo, una relación que, desde el principio, ha estado marcada por la polémica. Al inicio, mientras los líderes de las comunidades pretendían que el COP gozase de poder deliberativo incondicional, el Ejecutivo buscó una fórmula capaz de conciliar las decisiones del COP con la representatividad política del Alcalde inscrita en la Constitución de la República. La fórmula es la siguiente: las deliberaciones del COP se adoptan por mayoría simple; las decisiones se envían al Ejecutivo; en el caso de que el alcalde las vete, vuelven al Consejo para ser evaluadas nuevamente; el rechazo del veto del Alcalde requiere una mayoría cualificada de dos tercios; si se verifica un rechazo, el tema regresa al Alcalde para ser evaluado y adoptar una decisión final. Si se tiene en cuenta que, según la constitución, es al órgano legislativo al que compete la aprobación del presupuesto, esta fórmula incluye el requisito constitucional: formalmente, la propuesta de presupuesto sometida a la Câmara de Vereadores es la propuesta del Alcalde.

El veto del Alcalde ha de tener fundamento y sólo puede ejercerse por razones técnicas y por una evaluación financiera. Sin embargo, hasta la fecha, nunca se ha ejercido el veto, ya que siempre que el Ejecutivo tuvo reservas respecto a una obra, el equipo técnico dio una explicación a la comunidad y ésta acabó concordando.[53]

El proceso de construcción del consenso es complejo porque los problemas en discusión, así como las decisiones adoptadas, presentan con frecuencia, más allá de la dimensión política, una fuerte dimensión técnica. Además, los "criterios técnicos" son una de las limitaciones de la participación y, a veces, ellos mismos son objeto de debate y de conflicto. El estatuto interno del OP incluye los criterios técnicos establecidos por los diferentes departamentos del Ejecutivo y los justifica de la siguiente manera: la presentación y clarificación de los criterios técnicos y legales utilizados por las secretarías y por los departamentos harán más transparente el proceso del OP, puesto que, cuando se discutan las prioridades, la comunidad, al recibir información con antelación, evitará la selección de obras que no puedan ser implementadas por la Alcaldía Municipal. La totalidad de los criterios técnicos fue sometida a la Comisión Paritaria para su evaluación, debate y deliberación.

53. Por iniciativa del Gobierno, en el Estatuto Interno votado en 1999 para entrar en vigor en 2000, se suprimió el párrafo relativo al veto por parte del Gobierno. El argumento esgrimido por el Gobierno fue que no había necesidad de mantenerlo desde el momento en que el proceso decisorio construido a lo largo de estos años hiciese obsoleto ese mecanismo. Así, el veto no sólo se convirtió en una posibilidad remota, sino que su previsión por parte del Estatuto Interno sólo servía como punto de ataque de quienes se oponían al OP. Estoy agradecido por esta información a Luciano Brunet. Sin embargo, es significativo que el nuevo Ejecutivo municipal, elegido en 2000, haya vuelto a incluir en el Estatuto Interno del OP la posibilidad de veto y su continuación (art.13, párrafos 2, 3 y 4). Véase el anexo I.

Como afirmé anteriormente, la Comisión Paritaria es otra de las creaciones institucionales del segundo mandato de la administración popular. En la actualidad está formada por dos representantes del Gobierno en el Consejo, y por dos representantes de los consejeros del COP, elegidos entre sus iguales (cuatro efectivos y cuatro sustitutos), dos representantes de la CRC y dos representantes del GAPLAN (Baierle, 1998). La CRC y el GAPLAN son dos de las principales instituciones del Ejecutivo, encargadas de asegurar la mediación institucional entre el Ejecutivo y las organizaciones y asociaciones de las comunidades. La función más importante de la Comisión Paritaria ha sido, hasta ahora, legitimar la definición de los criterios técnicos, sometiéndolos a cierto tipo de construcción participativa de la decisión. En términos reales, en función de la complejidad y del conocimiento técnicos que están detrás de los criterios, la Comisión siempre ha concedido su garantía a las propuestas del Ejecutivo. Desde 1997, a esta comisión se le han atribuido tareas más extensas de coordinación de las actividades y reuniones del COP, pero, como anoté antes, la coordinación real sigue estando en manos de los representantes del Gobierno municipal.

He aquí algunos de los criterios técnicos de cierta importancia todavía en vigor: se ignoran todas aquellas reivindicaciones y exigencias de las comunidades que, según el Ayuntamiento, sean técnicamente inviables; tienen carácter preferente las obras en curso; la red pluvial no se instalará en calles sin asfalto, ya que esa red, al estar abierta para permitir la recogida de agua de las lluvias, podrá quedar bloqueada por las arenas o la basura; se exige un mínimo de diez metros de anchura en calles con una gran densidad de tráfico: siete metros para las calzadas y tres metros para los paseos.[54]

54. A lo largo de los años, los criterios técnicos han ido adquiriendo una relevancia creciente. La consulta del Anexo 2 (criterios técnicos en vigor en 2002) será ilustrativa a este respecto. La promoción de sociedades entre la Alcaldía y entidades privadas sin fines lucrativos en el ámbito de la política social dio origen a una compleja actividad reglamentaria, y sobresale aquella que incide en las guarderías infantiles. Véase el Anexo 2.

En este sistema de cogobierno, el Ejecutivo desempeña un papel muy activo sobre todo porque controla el conocimiento técnico y también porque produce la información relevante o tiene un acceso privilegiado a ella. Su presencia en el OP es bastante fuerte, debido a las funciones de coordinación que ejerce en el COP, mediante sus dos representantes (uno del GAPLAN y otro de la CRC), a pesar de no tener derecho a voto, y en las asambleas de distrito, mediante el delegado de la CRC en el distrito (el CROP). Asimismo, el propio Ejecutivo envía propuestas de inversión autónomas al COP, las llamadas "peticiones institucionales", cuyo origen se encuentra en los departamentos del Ejecutivo y que, habitualmente, hacen referencia al mantenimiento o a la mejora de las infraestructuras urbanas de la ciudad.

Más allá de las limitaciones técnicas, existen limitaciones financieras no siempre consideradas como se debe por parte de las asambleas. Baste referir que, por razones de orden financiero, no es posible atender más del 30% de las peticiones presentadas por las comunidades. A veces, la forma en que se formulan las exigencias y las prioridades pasa por alto ciertos condicionalismos técnicos que aumentan los costes más allá de lo que es razonable para las comunidades. Por ejemplo, el hecho de que el asfaltado de las calles deba incluir la iluminación de las mismas aumenta en gran medida su coste. En la actualidad, el porcentaje del presupuesto de inversiones en el presupuesto del municipio varía entre el 10% y el 20%, un porcentaje que, según los patrones brasileños, puede considerarse elevado.[55] Por otro lado, los consejeros del COP siempre han cuestionado el volumen de gastos con los funcionarios y con los servicios del Ejecutivo, defendiendo que el proceso del OP debería contemplar dichos gastos. Con el objetivo de satisfacer, hasta cierto punto, esta exigencia, ahora en el interior del COP tienen cabida un representante y un sustituto del SIMPA; por otro lado, como se comentó anteriormente, en el COP se creó una

55. Para el año 2002, la previsión del gobierno es que ese porcentaje descienda al 8% en función del crecimiento del volumen de servicios y actividades de mantenimiento.

Comisión Tripartita —compuesta por consejeros, representantes del SIMPA y representantes del gobierno— cuyo objetivo es debatir y deliberar sobre la admisión de personal para el Gobierno Municipal.

El modelo decisorio resultante del reparto de poder en el OP es muy complejo, complejidad que se refleja en cómo el OP es encarnado por los participantes en las Asambleas de Distrito y en las plenarias temáticas. Según la encuesta de 1995 ya referida, a la pregunta sobre el poder de decisión de las comunidades, el 33% respondió que la población decide "siempre", el 27,3% respondió que la población decide "casi siempre" y el 23,8% respondió que decide "a veces". Es bastante significativo que el 15,3% no haya respondido o no haya sabido responder. Estos datos se mantienen sin cambios significativos en la encuesta realizada en 1998 (CIDADE y CRC, 1999: 12).

La credibilidad del contrato político que constituye el OP reside en la eficacia de las decisiones y en la responsabilización, ya sea del Ejecutivo, ya de los representantes de la sociedad civil en el COP.[56] El hecho de que tan sólo el 30% de las peticiones puedan ser tenidas en cuenta es menos importante que la satisfacción efectiva de las peticiones que se seleccionaron para su inclusión en el Plan de Inversión. Hay varios mecanismos que garantizan la eficacia y la responsabilización. En primer lugar, cabe hacer referencia a la voluntad política del Ejecutivo. El principio básico del gobierno municipal es cumplir el Plan de Inversión, de la forma más rigurosa posible, y justificar todo aquello que haya quedado pendiente. En segundo lugar, hay comités —creados en el ámbito del Foro de Delegados—, cuya función es supervisar las obras. En el supuesto de que se verifiquen atrasos o alteraciones, los delegados tienen acceso directo al Gabinete del Alcalde para pedir explicaciones. En tercer lugar, las propias estructuras del OP animan sólidamente la responsabilización. Ambas instituciones de funcionamiento regular —el Consejo del OP y el Foro de Delegados— están vinculadas a

56. Véase Aber, 1998, 2000.

las instituciones de base: las Asambleas de Distrito y las Plenarias Temáticas. Al estar abiertos a la participación individual y colectiva de todos los ciudadanos, estos dos órganos ejercen un control popular doble: sobre el cumplimiento del Ejecutivo y sobre la propia representación de la comunidad. Tal como vimos antes, en la práctica, el ejercicio del control es problemático como se verifica por los debates sobre la calidad de la representación y sobre la transparencia ("intercomunicación").

La encuesta de 1995, a la que he estado refiriéndome, nos permite observar una demostración posible de la eficacia de las decisiones: el 56,6% de los participantes en las asambleas de distrito y temáticas afirman haberse beneficiado de las obras y de los servicios del OP. Es significativo que este porcentaje aumente con el número de años de participación en el OP.[57] De esta forma, entre quienes participaron en el OP durante seis años, el 72,7% afirmó haberse beneficiado. Además, el porcentaje es más elevado entre los dirigentes de las asociaciones de vecinos (67,9%) y entre aquellos que ya habían sido elegidos antes (como delegados o como consejeros) para los órganos del OP (74,3%).[58]

Según lo que indiqué anteriormente, el vínculo de la participación a la distribución de recursos y a la eficacia de las decisiones es una de las características básicas del OP. Esto, por sí solo, explica por qué los consejeros del OP se reunieron, durante cinco meses, al menos una vez semanalmente, y con frecuencia dos o tres veces, sin remuneración, sin ni siquiera tener cubiertos los gastos derivados de los desplazamientos (en realidad, ésa es una exigencia que, hasta hoy, aún no ha sido atendida). Sin duda alguna, este vínculo de la

57. En la encuesta de 1998, este porcentaje es del 58,5% (CIDADE y CRC, 1999: 63), y se ha mantenido la misma tendencia en la encuesta de 2000, donde el porcentaje de los entrevistados que afirmaron haberse beneficiado de obras o servicios del OP fue del 60,1% (PMPA-CIDADE, 2002: 57).

58. La eficacia de las decisiones fue cambiando a lo largo de la década. Por ejemplo, de acuerdo con el *Correio do Povo*, del 29 de abril de 1996, de todas las obras públicas planificadas para 1995, el 95% estaban en ejecución o ya concluidas en abril de 1996. No obstante, se verificaron retrasos en algunas obras previstas en el Plan de Inversión de 1995, y, a lo largo del primer trimestre de 1997, los consejeros del COP criticaron al Ejecutivo por esas demoras.

participación a la distribución es una de las virtualidades del OP, pero también, quizás, su limitación. Según el alcalde Tarso Genro*, es frecuente que un distrito o un micro-distrito deje de participar en las reuniones y en las asambleas una vez que sus exigencias han sido satisfechas. Con el tiempo, sus miembros acaban por norma regresando, cuando perciben que, en el año en que no participaron, no hubo inversiones en el distrito o micro-distrito respectivo.

Donde quiera que haya responsabilización, el acto de revisar cuentas y de proporcionar información es crucial para la inteligibilidad y la transparencia de todo el proceso. A partir de 1990, el Ejecutivo instituyó el Día Municipal de la Responsabilidad, día en que, en una reunión pública, el Ejecutivo debía dar cuentas sobre las obras decididas con base en el OP. En la actualidad, la responsabilidad, entendida como el acto de dar cuentas a los ciudadanos, se desempeña de diferentes formas, muchas veces mediante folletos distribuidos por la ciudad o al inicio de las asambleas y de las plenarias de la primera ronda.[59] Además, el GAPLAN publica un folleto con el Plan de Inversión, que incluye una lista de todas las obras aprobadas, descritas de forma pormenorizada, así como una lista con los nombres y viviendas de cada consejero, e incluso con los números de teléfono de los Coordinadores del OP (CROP) en cada distrito. Este documento circula ampliamente y llega a todas los distritos, ofreciendo a todos los ciudadanos la oportunidad de verificar si sus decisiones están ejecutándose.[60] En la encuesta de 1995, cuando se les interrogó sobre el grado de satisfacción respecto a la

59. Al finalizar el año, se realiza una publicación en donde queda recogida la revisión de cuentas; esta publicación se distribuye por los foros de delegados y entre la población en general. En los últimos años, la revisión cuentas ha ido sofisticándose, incluyendo una muestra fotográfica en un espacio público, dividida en ejes temáticos. Es usual que el Alcalde y varios equipos formados por los secretarios se dirijan a lugares en donde la afluencia de personas es importante (comercios, paradas de autobuses, restaurantes, etc.) y distribuyan la mencionada publicación. A esta publicación también puede accederse a través de Internet.

* En la actualidad Tarso Genro pertenece al gabinete del gobierno de Lula (N. de la T.)

60. Esta información también está en la página de Internet sobre el OP de la Alcaldía de Porto Alegre.

responsabilización del Ejecutivo, el 47,6% respondió que era satisfactoria, mientras que el 23,6% dijeron que era "parcialmente" satisfactoria.

La articulación vinculante entre participación, distribución y eficacia de las decisiones puede provocar, eventualmente, alguna tensión adicional en el terreno, ya tenso, del co-gobierno, es decir, el contrato político entre el Ejecutivo y las comunidades organizadas. Y esto es así por dos razones principales: los límites a la inversión y los límites a las obras más grandes. En los últimos años, el Ayuntamiento de Porto Alegre logró aumentar sus recursos de inversión más que cualquier otra ciudad brasileña. De acuerdo con Navarro (1996: 22), los recursos del presupuesto disponibles para inversiones alcanzaban los 54 millones de dólares en 1996, 31,5 millones en 1993, 82 millones en 1994, 65,7 millones en 1995 y 70 millones en 1996. Los números de la inversión global indican que la inversión municipal alcanzó, probablemente, su límite máximo. Si tenemos en cuenta que a un aumento de la participación le corresponde un aumento de las peticiones, cabe esperar que la lucha por el reparto de los recursos se intensifique en el futuro próximo. La crisis presupuestaria de 1998 fue una ilustración de esto. En 1998, el nivel de obras ejecutadas descendió respecto a 1997 a causa de una quiebra de las transferencias federales que se produjo a finales de 1997. Para hacer frente a la "crisis asiática", el gobierno federal promulgó la Ley Kandir (el nombre del ministro que tomó la iniciativa) que concedió exenciones fiscales al sector de la exportación, decisión que desembocó en la quiebra de las transferencias federales.[61] Si disminuye significativamente el porcentaje de peticiones atendidas, podemos asistir eventualmente a una pérdida del interés en la participación, como, de hecho, ocurrió en los primeros años del OP.[62]

61. Según los informes en que se daba cuenta del OP, Porto Alegre habría perdido en 1997 16,69 millones de reales con la Ley Kandir.

62. Como afirmó uno de los consejeros entrevistado sobre la reformulación del OP en 2001, "el OP debe reformularse primero en el aumento de la partida de la porción ordinaria. La partida que tenemos es muy pequeña y los problemas son muchos" (En: *De Olho no Orçamento*, 11 de octubre de 2001, p. 3)

A causa de su propia génesis, el OP ha sido un mecanismo privilegiado para decidir las obras que son directamente relevantes para las comunidades. En una palabra, ha estado más cerca de las "obras de apaño" que de las "obras de gran alcance". Los Congresos de la Ciudad Constituyente de 1993 y 1995, así como la creación, a partir de 1994, de las plenarias temáticas, fueron un intento de ampliar el alcance de las decisiones. Sin embargo, dado el predominio de los distritos en el COP, no es fácil preservar el contrato político cuando los resultados materiales se muestran más abstractos.

A manera de ilustración, véase el caso de los préstamos a los que el Ejecutivo tuvo forzosamente que acudir con los bancos internacionales, frente al límite de inversión con los ingresos obtenidos localmente, a fin de llevar a cabo obras consideradas importantes para la ciudad en su conjunto. Una vez obtenido un préstamo del Banco Mundial para la construcción de varias infraestructuras, el Ejecutivo propuso al COP la construcción de cinco avenidas. Se produjo una fuerte resistencia por parte de los consejeros de las comunidades, pues querían que el dinero se invirtiese en la pavimentación de las calles de los distritos. Tarso Genro lo cuenta así:

> Yo mismo y el Ejecutivo nos vimos envueltos en la disputa y, en una reunión del Consejo, les amenacé diciendo: "si ustedes quieren empezar, de acuerdo, empezamos y construimos una calle en cada distrito. Pero ustedes serán los responsables, responderán ante la ciudad y darán argumentos a la derecha para que vayan diciendo que el personal del presupuesto participativo no tiene una visión de la ciudad como un todo. Las cinco avenidas son cruciales para toda la población de la ciudad y, sobre todo, para quienes viven en la periferia".[63]

63. En este discurso, no es difícil identificar un mensaje subterráneo de intimidación o incluso de manipulación. Como la gran mayoría de los participantes del OP tiene una afiliación o inclinación política de izquierda, para el auditorio debe ser bastante perturbador oír decir al Alcalde que las fuerzas de derecha sacarán ventajas políticas de su comportamiento poco claro.

Tras un largo debate, el Consejo aprobó la construcción de las cinco avenidas con un único voto en contra.

En realidad, no cabe duda de que recurrir a préstamos internacionales para promover el desarrollo urbano plantea problemas al OP. Esos préstamos requieren la indicación previa y detallada de la inversión que se realizará, algo que puede entrar en contradicción con el proceso de decisión del OP. Mientras tanto, lo que ha ocurrido, no obstante, es que el OP ha ganado algún reconocimiento internacional como medio transparente y eficaz de distribución de los recursos. De esa forma, el Banco Interamericano de Desarrollo decidió, recientemente,[64] conceder un préstamo para la construcción de una avenida —la Tercera Perimetral—, aprobando, al mismo tiempo, un préstamo para la pavimentación de calles en áreas próximas a la avenida sin exigir las especificaciones habituales. En otras palabras, la financiación se concedió para destinarla a la pavimentación; sin embargo, posteriormente, la indicación de las calles específicas y la extensión de las obras (un máximo de 100 kilómetros) fueron objeto de decisión en las instancias del OP.

¿Puede considerarse el contrato político de co-gobierno, que sustenta el OP, un contrato entre socios iguales? Esta cuestión plantea el problema de la autonomía de los procesos y de las instituciones del Presupuesto Participativo. Algunas páginas más atrás, afirmé que ese contrato político se basa en la premisa de que, a través de él, la autonomía del Presidente elegido y la del movimiento popular se convierten en autonomías mutuamente relativas. La cuestión es la siguiente: ¿cuál de esas autonomías se relativiza más por el hecho de quedar integrada en el contrato? El OP es una iniciativa de la administración popular del PT de Porto Alegre, y el Ejecutivo fue el encargado de diseñar, a lo largo de los años, su marco institucional básico. Forma parte de un programa político de redistribución de los recursos públicos y de democratización del Estado. Ese programa político es el punto de encuentro con las exigencias

64. En 1999, el BID concedió un préstamo de 76,5 millones de dólares, destinado a financiar la construcción de calles y al fortalecimiento de la gestión financiera y de la administración fiscal del ayuntamiento.

del movimiento popular a lo largo de muchos años de lucha. Así pues, la cuestión es la de saber cómo se realizó esa convergencia de voluntades políticas, quién definió sus condiciones y sus ritmos, y cuáles son los resultados obtenidos.

Como referí anteriormente, el Ejecutivo tiene un papel preeminente en el OP. El ciclo, la agenda y los plazos los establece el gobierno municipal de acuerdo con los requisitos legales, pero también, de acuerdo con una estrategia política.[65] De cualquier forma, la iniciativa del Ejecutivo sólo es eficaz si las comunidades y los movimientos populares participan activamente en el proceso. No cabe duda de que la participación popular es bastante activa. Pero, ¿es también autónoma? ¿Qué significa ser autónoma? ¿La cuestión de la autonomía sólo debe discutirse en el contexto de las relaciones entre el movimiento popular y el Gobierno, o también en el contexto de las relaciones del movimiento popular con el resto de partidos y fuerzas políticas que integran el campo político de Porto Alegre?

Existe una larga tradición de compromiso partidario en los movimientos populares. En parte, el PT ganó las elecciones por haber creado una base política entre las organizaciones comunitarias. Otros partidos intentaron hacer lo mismo. El PDT, por ejemplo, tuvo, durante mucho tiempo, una presencia y una influencia en el movimiento de las asociaciones de vecinos y todavía es muy fuerte en el seno de la UAMPA.[66] Por tanto, la autonomía no puede concebirse como espontaneidad popular, como una capacidad nata de organizar a personas pobres en comunidades degradadas, sin el apoyo o la influencia de fuerzas políticas externas debidamente

65. La misma preeminencia del Ejecutivo en el OP se verificó recientemente en el proceso de reformulación del OP. Aunque el CIDADE sugiriese a la alcaldía de Porto Alegre la integración en el grupo de trabajo de consejeros y delegados del OP, su consejo no fue aceptado. La comunidad se vio afectada a causa de esta actitud. Tal como comentó una consejera entrevistada sobre el tema: "quien hace el OP son las comunidades que participan activamente en las reuniones, debates y seminarios. Y para el Seminario del OP no fuimos invitados" (En: *De Olho no Orçamento*, 11 de octubre de 2001, p. 3).

66. El actual Presidente pertenece al PDT, así como la mayoría de la dirección (en alianza con el PMDB).

organizadas. Antes bien, la autonomía debe entenderse como la capacidad popular de canalizar el apoyo externo con un mínimo de condiciones y de ponerlo al servicio de exigencias, agendas y objetivos generados en el seno de las comunidades. En el contexto de Brasil, la autonomía se mide por la capacidad de desarrollar fuerza y eficacia organizativas, funcionando entre influencias políticas externas que compiten entre sí, y usando esa competición para imponer exigencias que, por muy importantes que sean para la comunidad, no son una prioridad para ninguna de las fuerzas políticas en competición.

Como el OP no es un movimiento popular, sino una constelación institucional, concebida para que funcione como un punto de encuentro seguro, con un funcionamiento regular, entre el movimiento popular y el gobierno municipal, la cuestión de la autonomía del OP debe formularse como la capacidad real de que los representantes populares puedan modificar las agendas, los plazos, los debates y las decisiones en esas instituciones. En este sentido, la autonomía, en lugar de ser una característica estable de un determinado proceso político, es el resultado, siempre provisional, de una lucha continua. La autonomía del OP, así entendida, debe debatirse en dos niveles: el funcionamiento operativo de las instituciones del OP, incluyendo la coordinación, las agendas y los plazos; el impacto sobre el OP de los cambios en la orientación política del Ejecutivo.

En cuanto al primer nivel, ya he tenido la oportunidad de explicar que la coordinación de las instituciones del OP se encuentra en las manos de los representantes del Ejecutivo y que la agenda o el calendario también son propuestos por ellos. Asimismo, he comentado que, a este respecto, los consejeros y los delegados han ido cuestionando cada vez más y desafiando el papel del Ejecutivo. En 1997, los debates fueron particularmente acalorados durante el proceso de preparación del Presupuesto para el año siguiente. El debate sobre el estatuto interno fue muy intenso, ya que muchos consejeros se oponían a que el Ejecutivo controlase la coordinación de las reuniones; a raíz de esto, se introdujeron algunas alteraciones con el objetivo de conceder un mayor papel de coordinación a la Comisión Paritaria, formada por un número igual de consejeros y de representantes del Ejecutivo. Al observar las reuniones del COP, en particular, se pudo apreciar cómo los consejeros se volvían cada vez más afirmativos y agresivos, y que, en muchas ocasiones, las reglas del proceso de las reuniones se rompían debido a debates acalorados. Una de las reglas violadas por lo general es la prohibición del diálogo directo entre los consejeros. Se trata de una regla informal, motivada sobre todo por consideraciones de eficiencia, según la cual las intervenciones han de ser anotadas con anterioridad por parte de la coordinación y producirse por el orden en que se anotaron.

En cuanto a la agenda, el conflicto entre algunos consejeros y el Ejecutivo es, en algunas ocasiones, bastante abierto. Los consejeros han estado luchando de forma constante por la expansión de las actividades municipales que deberían ser sometidas al OP, y, en general, se han enfrentado a la resistencia de los representantes de la CRC y del GAPLAN. El argumento básico del Gobierno es que hay temas que afectan a la ciudad en su totalidad y que, por ese motivo, no pueden someterse a un debate que tiende a promover soluciones particularistas, ya sean relativas a los distritos, ya a los temas. Los consejeros respondieron diciendo que representan a toda la ciudad y que la cuestión central es otra: la oposición del Ejecutivo a la profundización en la descentralización de los servicios municipales (cultura, salud, deportes, ocio, etc.).[67] En la preparación del Presupuesto de 1998, la tensión fue particularmente elevada cuando los consejeros se enfrentaron al Ejecutivo por las cuentas relativas a los gastos corrientes de los servicios administrativos y al aumento de los salarios de los trabajadores municipales. Según el

67. Si comparamos el presupuesto participativo de Porto Alegre con otras experiencias de gestión municipal descentralizada cabe subrayar que es uno de las más avanzadas del mundo. Y es eso justamente lo que justifica el elevado nivel de exigencia de los ciudadanos, un nivel increíblemente superior al típico de aquellos ciudadanos que viven en ciudades donde el centralismo político y administrativo goza de una larga tradición.

CIDADE, esa discusión de la propuesta de presupuesto fue la más intensa en la historia del COP (CIDADE, 1997: 6).

Con el tiempo, los consejeros se han ido mostrando más críticos con respecto a la coordinación y a la fijación de la agenda por parte del Ejecutivo. En una entrevista, una consejera, una mujer muy activa en el movimiento popular, me dijo: "A veces, creo que estoy siendo manipulada, que estoy aquí para legitimar la administración popular y nada más. El OP es la mejor cosa que le podría haber ocurrido a esta ciudad, pero debe funcionar a nuestra manera". Probablemente, como respuesta a la mayor afirmación de los consejeros, aparecen indicaciones de que la fijación de la agenda está ahora más repartida y de que, cuando existen restricciones que deben prevalecer, son mejor explicadas. Además de esto, las propuestas presentadas por los representantes del Ejecutivo son, a veces, rechazadas en la votación.

En cuanto a los tiempos, por lo que respecta a los plazos y períodos de debate, las discusiones en el COP se han vuelto más conflictivas. Por un lado, los consejeros afirman que necesitan más tiempo para procesar la información, para solicitar aclaraciones y para reunirse con sus electores. Por otro, los representantes del Ejecutivo alegan que los límites de los plazos no son una invención o un capricho del Ejecutivo, sino que están establecidos, por el contrario, en leyes promulgadas por la Câmara de Vereadores. Asimismo, afirman que el debate es óptimo, pero que es muy frustrante verificar que, tras discusiones largas y acaloradas, no hay quórum para votar porque, mientras tanto, algunos consejeros menos interesados o más apresurados decidieron abandonar la reunión. Un buen ejemplo de este conflicto se produjo en la reunión del COP del 8 de agosto de 1996, cuando la secretaría municipal para la vivienda sometió un amplio programa de alojamiento (PROMORADIA) a la valoración del COP y solicitó una decisión en el plazo de dos días, con el objetivo de poder cumplir los plazos legales. Algunos consejeros consideraron que era una petición abusiva debido a la extensión y a la complejidad del documento. Ocurrió lo mismo en la reunión del COP del 14 de marzo de 1997, a raíz de lo cual el problema de la vivienda se convirtió en una cuestión muy controvertida en el OP. En una entrevista, los consejeros expresaron de forma reiterada la preocupación por que se apresuren las discusiones, con la consiguiente falta de tiempo para aclarar dudas y votar con conocimiento de causa. A veces, el voto se decide a partir de una relación de confianza con otro consejero, más conocedor del asunto, o con un representante del Ejecutivo.[68]

La otra dimensión de la autonomía relativa del OP hace referencia al impacto ejercido por los cambios en la orientación política del Ejecutivo sobre las instituciones del OP. Siempre existieron afinidades políticas entre los líderes del Gobierno municipal y los líderes del movimiento popular.[69] Las orientaciones políticas de izquierda han predominado entre ambos lideratos, y los conflictos entre ellos, muchas veces de carácter sectario, no pueden entenderse sin contextualizarlos en el ámbito de los conflictos históricos que atraviesa la izquierda. Dichas afinidades políticas explican que no haya extrañado en absoluto el hecho de que el representante del GAPLAN iniciase la reunión del COP del 29 de abril de 1997 con una exhortación en que invitaba a los consejeros a participar en los comicios y eventos del Primero de Mayo y a movilizar a sus comunidades para esa participación.

Los cuatro mandatos ejercidos hasta ahora por la administración popular estuvieron dominados por diferentes tendencias políticas en el interior del PT. Esas diferencias se manifestaron a través de diferentes lenguajes políticos, por un lado, y a través de diferentes iniciativas políticas, por otro. Para ofrecer un ejemplo de la varia-

68. Ocurrió lo mismo con el proceso de aprobación de la reciente reformulación del OP. Cuando se les entregó el documento con tan sólo dos semanas de antelación para su valoración, varios distritos solicitaron un adelanto de la reunión para la valoración y aprobación del mismo, petición que todavía no ha atendido la Alcaldía (información de Sérgio Baierle).

69. Algunos datos de la encuesta de 2000 indican una gran simpatía por el PT entre el público que participa en el OP (el 38% entre los participantes de las plenarias, el 43% entre los dirigentes de las asociaciones de vecinos, el 47,6% entre los delegados y el 50% entre los consejeros –PMPA-CIDADE, 2002: 50-51) Según Dias (2000: 14), en 1996 casi el 46% de la población de Porto Alegre se identificaba con el PT.

ción lingüística, en el tercer mandato (1996-2000) en que el Alcalde fue Raul Pont,[70] miembro de la tendencia de la Democracia Socialista (de carácter trotskista), las Asambleas Plenarias empezaron a llamarse "asambleas generales populares".[71] Aún debe demostrarse si estos cambios de nombre corresponden a transformaciones reales en el funcionamiento de las instituciones. Por lo que parece, no se detectó ningún cambio de consideración.

Sin embargo, los cambios en la orientación política repercuten, sobre todo, en las transformaciones programáticas. Una de esas transformaciones tiene que ver con el Plan Plurianual de Inversión, el plan para la totalidad del mandato. Mientras que Tarso Genro debatía y formulaba el Plan Plurianual en el seno del Ejecutivo y no lo sometía, de ninguna forma significativa, a la apreciación del COP, Raul Pont decidió someter el Plan Plurianual al COP, de la misma forma que el presupuesto anual. El objetivo fue precisamente ampliar el ámbito de las atribuciones del COP, una exigencia expresada con frecuencia por los propios consejeros, tal como vimos anteriormente. Probablemente, otro de los objetivos fue llamar la atención de los líderes populares sobre el contexto macropolítico en transformación: los cortes en las políticas sociales en el ámbito federal y el consiguiente impacto sobre las transferencias financieras para las ciudades, sobre el empleo y el nivel de vida; las luchas dirigidas por los gobiernos de las ciudades en todo el país, algunos de ellos corruptos, otros forzados a embarcarse en medidas agresivas e impopulares a fin de atraer inversiones extranjeras hacia las respectivas ciudades.[72] Las decisiones políticas del Ejecutivo, contextualizadas en este ambiente macro-político, se esclarecerían más rápidamente y las dificultades a las que debían enfrentarse

70. Pont, 2000; Días, 2000.

71. Por la misma época, pero por iniciativa del propio movimiento cooperativo, las cooperativas de vivienda empezaron a denominarse cooperativas de viviendas autogestionadas de baja renta. El objetivo de esta política semántica fue distinguir las cooperativas populares de las cooperativas empresariales.

72. En ese momento, una ciudad cercana, Gravataí, gobernada también por el PT, hizo concesiones a General Motors, para instalar una cadena de montaje en la ciudad, consideradas "excesivas" por el PT de Porto Alegre. Fueron objeto de una acalorada polémica.

podrían entenderse más fácilmente.

De algún modo, las expectativas iniciales que rodearon el debate del Plan Plurianual de Inversión se vieron frustradas. Ese debate quedó incluido en el debate sobre el presupuesto anual, algo que obligó al COP a realizar un esfuerzo suplementario, bien ilustrado en la necesidad de reunirse dos veces por semana. La totalidad de los consejeros, además, no llegó a comprender bien este esfuerzo. Más familiarizados con el presupuesto anual, algunos de ellos no lograban distinguir claramente entre el Plan Plurianual de Inversión y el presupuesto anual. En consecuencia, planteaban sugerencias y exigencias que se ajustaban al presupuesto anual, pero no al Plan Plurianual. Esta situación obligó al representante del Gobierno a dar explicaciones interminables sobre las diferencias entre los dos documentos y los criterios que presidían sus puntos respectivos. En la reunión del COP del 22 de abril de 1997, el representante del GAPLAN dijo: "En el Plan Plurianual no podemos incluir un baño público en el distrito X. El Plurianual es un plan, no es un presupuesto. Es un plan de referencia para guiarnos en la elaboración del presupuesto anual". La frustración de los consejeros aumentó cuando supieron que sus peticiones, por muy justas o justificadas que fuesen, sólo podrían satisfacerse si había los fondos necesarios en los próximos años.

Con independencia de los cambios en el liderazgo político, se puede detectar un movimiento, gradual pero consistente, en dirección a una mayor autonomía del COP, y del OP en general, con respecto al Ejecutivo. Para los consejeros y delegados, la autonomía del OP se ha ido convirtiendo en un valor cada vez más apreciado. A finales de 1996, cuando se presentó el Plan de Inversión de 1997 en una ceremonia pública, a la que asistieron el Alcalde y los consejeros del COP, se produjeron algunos comentarios de desprecio contra los consejeros en la prensa local, prensa que, por lo general, había mostrado una actitud hostil respecto al OP. Los consejeros interpretaron esos comentarios como un insulto a su autonomía y, en la reunión del 7 de enero de 1997, hablaron sobre posibles formas de responder a tales insultos. Se nombró un comité y, en abril, el COP decidió crear una Comisión de los Medios de Comunicación encargada de supervisar las noticias aparecidas o difundidas por los medios de comunicación sobre el COP y el OP y de responderles siempre que fuese necesario.[73]

La reelección de Tarso Genro, a finales de 2000, para un nuevo mandato como Alcalde, inauguró un nuevo ciclo de cambios en el OP. Como dije más atrás, una de las primeras medidas del nuevo Ejecutivo fue la constitución de un Grupo de Trabajo de Modernización del Presupuesto Participativo con el objetivo de reflexionar sobre el OP y proponer su reformulación. En la páginas conclusivas de este texto hago una mención más detallada a la agenda de este Grupo de Trabajo cuyas actividades se concluyeron el 16 de enero de 2002 con la aprobación del nuevo estatuto interno del OP.

De la tecnoburocracia a la tecnodemocracia

Los conflictos y las mediaciones entre cuestiones técnicas y políticas, entre conocimiento y poder, son constitutivos del OP. Si damos por cierto que los criterios técnicos limitan el campo de la participación y de la deliberación, también lo es que el proceso del OP ha transformando radicalmente la cultura profesional del equipo técnico del Ejecutivo. Ese equipo ha sido sometido a un proceso de aprendizaje profundo respecto a la comunicación y a la argumentación con ciudadanos comunes. Deben vehicular sus recomendaciones técnicas a través de un lenguaje accesible a personas que no dominan los conocimientos técnicos; para demostrar si esas recomendaciones son razonables se debe recurrir a formas persuasivas, evitando imponerlas de forma autoritaria; no debe excluirse ninguna hipótesis o solución alternativa sin que se demuestre su inviabilidad. Allí donde antes prevalecía una cultura tecnoburocrática, ha ido emergiendo de forma gradual una cultura tecnodemocrática.

73. Por lo que se refiere a las relaciones tensas entre el OP y los medios de comunicación social en Porto Alegre, véase Genro y Sousa (1997: 36-41).

Esta transformación no ha sido fácil. Según la opinión de Tarso Genro, durante el período de 1992-1996, se registraron más progresos en la alteración del lenguaje y del discurso de los ingenieros cuando éstos se dirigían a las personas en las comunidades, que en su capacidad para escuchar a los ciudadanos, con lo que siguió prevaleciendo una actitud displicente e incluso arrogante respecto a aquello que las personas querían decir. En otras palabras, su capacidad para hacerse entender mejoró más que su capacidad de escuchar. Cuando Raul Pont inauguró su mandato (1996-2000) fue particularmente sensible al hecho de que el personal administrativo de la Alcaldía desconocía bastante la estructura y el proceso del OP. Ante esta situación, en 1997 lanzó un programa llamado "Programa de Interiorización del Presupuesto Participativo", dirigido a los funcionarios de la administración municipal. Este programa estaba incluido en un programa mucho más vasto de reforma y democratización del Estado. En una entrevista, el funcionario encargado de coordinar este programa me dijo que "para que el OP se consolide plenamente debe ser una parte integrante del día a día de trabajo de un trabajador municipal". Se estableció un grupo de trabajo con el objetivo de organizar sesiones de aclaraciones, dedicadas a los trabajadores y funcionarios, sobre el ciclo, el estatuto, los criterios y la metodología del OP. Por orden, los "blancos" de estas sesiones fueron: los funcionarios que tratan directamente con el OP; los funcionarios que funcionan como intermediarios entre el Ejecutivo y la comunidad (como, por ejemplo, los asesores del FASCOM) y, por último, los supervisores y directores.

Una vez estudiado en detalle el funcionamiento del OP, no costará mucho detectar, en las muchas interacciones entre los participantes del OP y los funcionarios municipales, aquellas situaciones que, por muy triviales que parezcan, puedan ser una fuente de tensión, incluso cuando los funcionarios apoyan el OP. Para ejemplificar esas situaciones, cito el procedimiento de acreditación o de registro de los participantes. Es el proceso a través del cual las personas, los delegados y los consejeros se identifican a medida que van entrando en la sala en donde tendrá lugar la reunión. Deben enseñar el carné de identidad y rellenar un impreso. La acreditación la lleva a cabo un grupo de funcionarios municipales nombrados por el Alcalde. Aunque sólo tengamos en cuenta las plenarias de distrito y temáticas, el grupo de funcionarios ha de verificar las credenciales de cientos y cientos de personas en veintidós reuniones (dieciséis de distritos y seis temáticas). Como, por lo general, el Alcalde ha sido el encargado de nombrar personalmente a quienes deben realizar este trabajo, durante algún tiempo se ha creído que la verificación de las credenciales era una tarea política que debía ser realizada como un trabajo militante. De cualquier forma, a medida que ha ido pasando el tiempo, algunos funcionarios se han negado a seguir realizando esa labor, quejándose de que pasaban muchas noches sin sus familias. Por consiguiente, en el momento del lanzamiento del Programa de Interiorización, la coordinadora afirmó, en una entrevista que me concedió, que el Ejecutivo estaba considerando la posibilidad de pagar horas extraordinarias al personal encargado de la verificación de las credenciales, medida que él mismo apoyaba.[74] El resultado es que, en la actualidad, el COP cuenta con una secretaría ejecutiva, mantenida por la Administración Municipal, a través del CRC.

El camino desde la tecnoburocracia hacia la tecnodemocracia presenta varios problemas. En el transcurso del tiempo, con unos delegados y consejeros cada vez más afirmativos, discutiendo más abiertamente los criterios técnicos y las soluciones presentadas por el cuerpo técnico y administrativo, este último se ha puesto cada vez más a la defensiva. Sin embargo, aún queda mucho para que el conflicto entre conocimientos rivales pueda considerarse finalizado. En mis observaciones de campo, asistí a muchos debates vivos entre vecinos e ingenieros sobre la pavimentación, sobre la localización sumideros, etc., y me impresionó la capacidad ar-

74. El sistema adoptado acabó evitando el pago de horas extraordinarias: el trabajo de los funcionarios en el OP acumula puntos para futuras promociones.

gumentativa de los líderes de las comunidades.

Legitimidades rivales: el Presupuesto Participativo y la Câmara de Vereadores

En los debates teóricos sobre la relación entre democracia representativa y democracia participativa se olvida muchas veces que una no existe sin la otra. En procesos políticos complejos, la democracia participativa, en particular, presupone siempre la creación de instancias de delegación y de representación. La experiencia del OP es elocuente a ese respecto. Como ya vimos, las estructuras básicas del OP tienen como objetivo la articulación institucional, no sólo con las instituciones de la democracia representativa en el ámbito municipal (el Alcalde y el Ejecutivo), sino también con las instituciones representativas derivadas de la democracia participativa en el ámbito de la comunidad. Esta articulación entre participación y representación en el ámbito de la comunidad exige una reflexión cuidadosa que, aquí, no podemos llevar a cabo.

Con anterioridad, comenté que el modelo de decisión del OP intenta conciliar el principio de la representatividad democrática del Alcalde y de su Ejecutivo con el principio de la democracia participativa de los ciudadanos organizados en asociaciones de base y en asambleas. Sin embargo, el Gobierno no se limita al Ejecutivo, incluye asimismo la Câmara de Vereadores, que es el órgano legislativo municipal. Hasta ahora, el contrato político existente entre el Ejecutivo y las comunidades no ha llegado a abarcar al órgano legislativo. En cambio, la relación entre el OP y ese órgano ha estado marcada por el conflicto constante (a veces, incluso de enfrentamiento físico).[75] La razón de ese conflicto es bastante obvia. Según la Constitución, la aprobación del presupuesto municipal es com-

75. El conflicto ha sido alimentado por los partidos que se oponen al Frente Popular y que son mayoritarios en la Câmara de Vereadores. Como veremos a continuación, algunos de esos partidos se oponen frontalmente al OP mientras que otros buscan soluciones de compromiso para el conflicto de competencias entre el OP y la Câmara.

petencia de la Câmara de Vereadores. Lo que ocurre es que el OP se apropió totalmente de esa incumbencia. Tal como vimos, es cierto que, según el ciclo del OP, la propuesta de ley presupuestaria, tras haber sido preparada en el COP, se envía a la Câmara de Vereadores para su debate y aprobación. En teoría, ese órgano podría rechazar la propuesta, pero al haber sido legitimado gracias a la amplia participación de los ciudadanos movilizados por el OP, fuerza al órgano legislativo a aprobar siempre el presupuesto presentado. En consecuencia, esa acción acaba siendo una simple formalidad.

Sin embargo, según la opinión de algunos, dada la técnica presupuestaria adoptada tradicionalmente en Brasil, el cuerpo legislativo nunca ha deliberado realmente sobre el presupuesto de forma sustancial y el Ejecutivo siempre ha gozado de un amplio margen de maniobra en el momento de ejecutar el presupuesto. Con todo, el sistema en vigor ha permitido al cuerpo legislativo influir en esa ejecución a través de los métodos tradicionales, populistas y clientelistas. Los legisladores contaban con sus feudos electorales en los diferentes distritos, y los votos que sacaban de ellos estaban vinculados directamente a las obras que lograban incluir en el presupuesto. Ahora bien, éste era justamente el sistema clientelista al que el OP pretendía poner un punto y final. Y ahí reside, en gran medida, la hostilidad y la distancia con la que los legisladores no vinculados al PT encaran el Presupuesto Participativo.

Uno de los ángulos de la tensión entre la democracia representativa y la democracia participativa ha sido el debate, en los últimos años, sobre la institucionalización legal oficial del OP. En su forma política actual, el OP se basa en un contrato político con el Ejecutivo y sólo está regulado por el Estatuto Interno y por la Ley Orgánica de la Alcaldía.[76] La cuestión crucial es saber si la salvaguarda futura del OP no debería incluir su consolidación jurídica. Las

76. En el artículo 116, párrafo 1.ºde la Ley Orgánica de la Alcaldía se dice que "queda garantizada la participación de la comunidad, a partir de los distritos del Municipio, en las etapas de elaboración, definición, supervisión de la ejecución del Plan Plurianual, de las directrices presupuestarias del Presupuesto Anual".

posiciones a este respecto han sido divergentes, tanto en el interior del PT como en el Ejecutivo. Mientras que unos creen que el encuadramiento legal del OP ayudará a defender su existencia si, en el futuro, saliese elegido un Ejecutivo contrario a la participación popular, otros piensan que esa legislación sería una sumisión de la democracia participativa a la democracia representativa, la supresión de la autonomía política del OP, con lo que en un futuro quedaría sometido a la manipulación legislativa según las mayorías en la Câmara de Vereadores. Hasta este momento, la posición contraria a la legalización ha dominado, de lejos, tanto en el Ejecutivo como en el movimiento comunitario.

Mientras que la dualidad de poder entre el OP y el Ejecutivo —a pesar de los problemas y de las tensiones identificadas— ha sido dominada por una lógica de complementariedad y de cooperación, la dualidad de poder entre el OP y la Câmara de Vereadores ha sido dominada por una lógica de conflicto latente o abierto. Se trata, paralelamente de una dualidad de poder y de una dualidad de legitimidad.[77] Tal como me comentó un legislador en una entrevista:

> El PT cooptó y desmoralizó al movimiento popular. El OP es una invención diabólica del PT para perpetuarse en el poder. Compruebe sino cuántas personas participaron en el OP del año pasado. Algo más de 10.000 personas. Pues bien, yo fui elegido por un número mucho mayor. Entonces, ¿por qué soy yo menos representativo que los consejeros del COP?

En otra entrevista, un legislador menos hostil al OP afirmó cuanto sigue:

77. Con el paso del tiempo, la propuesta de reglamentación del OP se ha convertido en una forma de que la oposición parlamentaria mantenga una presión constante sobre el Gobierno (el lector puede encontrar un análisis detallado de esta compleja relación en el trabajo de Dias, 2000). En noviembre de 2001 se encontraba en trámite el proyecto del *vereador* Isaac Ainhorn (PDT).

> Creo que el OP es una idea excelente, pero no entiendo —a no ser que sea por razones políticas del PT— por qué la Câmara de Vereadores no participa en el mismo. No queremos absorber el OP. Nos gustaría participar en él. Por ejemplo, se debería destinar un porcentaje del fondo de inversión a la Câmara para que ésta lo distribuyese.

Otro legislador declaró: "El Presupuesto llega a la Câmara ya confeccionado. Estamos atados. No es justo porque, al fin y al cabo, nosotros somos los legisladores".

El PT, como ya he comentado, ha estado dividido respecto a esta cuestión. Algunos *vereadores* del PT defienden la no legalización del OP como manifestación de autonomía del movimiento popular. En una entrevista, uno de ellos afirmó: "Participo en las plenarias del OP e incluso tengo derecho a voto como legislador. Los legisladores deberían entrar a formar parte del OP, en lugar de buscar una participación separada y privilegiada en la obtención de la decisión". Otros legisladores y dirigentes creen que la tensión entre el OP y la Câmara no es "saludable" y puede llegar a ser arriesgada en el futuro. Según su opinión, el PT no pretende desmoralizar al órgano legislativo ni contribuir a la eliminación de sus prerrogativas. Algunos llegaron incluso a presentar propuestas de ley para legalizar el OP. En una entrevista, uno de ellos dijo: "Estoy a favor de un tipo de legalización que no comprima el OP y que contribuya a consolidarlo como un componente oficial de nuestro sistema político, una señal de nuestra especificidad".

El problema de la legalización es una de las muchas dimensiones del conflicto entre el Ejecutivo y la Câmara de Vereadores, en la que el PT no detenta la mayoría.[78] Los consejeros del COP comprenden claramente esta situación, y las divisiones en el seno del COP a este respecto reflejan rupturas más amplias en la política de la ciudad y en el movimiento comunitario. A pesar de las restricciones

78. En las elecciones de 2000 para la Câmara de Vereadores de Porto Alegre, el Frente Popular logró 12 de los 33 escaños. De éstos, 10 escaños son del PT.

políticas a las prerrogativas presupuestarias de la Câmara de Vereadores, esta última, todos los años, realiza muchas enmiendas, no tanto en la propuesta de presupuesto, en manos del Ejecutivo hasta el 30 de septiembre, sino en la propuesta de las directrices presupuestarias sometida a evaluación hasta el 15 de julio de cada año. Estas enmiendas se discuten en el COP. En la reunión del 7 de agosto de 1997, el representante del GAPLAN leyó las enmiendas más importantes. Una de ellas, planteada por un legislador de derechas y amigo del Alcalde, consistía en limitar los gastos del Alcalde en publicidad —un arma fundamental de la Alcaldía para llegar a las comunidades y maximizar el flujo de información sobre el OP entre el Ejecutivo y las comunidades. El representante del GAPLAN intervino con el objetivo de llamar la atención sobre el impacto negativo de ésta y de otras enmiendas, subrayando que, con ellas, los legisladores intentaban limitar la autonomía del OP. Exhortó a los consejeros y a los delegados para que se movilizasen, rápidamente y con fuerza, para intentar rechazar estas enmiendas en la Câmara. Y concluyó su intervención diciendo: "Ellos quieren obstaculizar el OP. Esto es una guerra y cuando se está en guerra no se detiene la guerra para prepararse y debatir". A algunos consejeros no les gustó el comentario y solicitaron más tiempo para analizar las enmiendas porque, al fin y al cabo, es de interés del OP cortar algunos gastos del Ejecutivo. Uno de ellos declaró:

> No estoy de acuerdo con X (el representante del GAPLAN). Esto no es una guerra. Estamos debatiendo y discutiendo de forma democrática con la Câmara de Vereadores. [...] Estoy de acuerdo con la propuesta de los coordinadores, pero la propuesta es también un medio de apropiarse de la cuestión. Si discutiésemos sobre qué es la autonomía del COP, entonces habría mucho que debatir.

Obviamente, con este comentario estaba sugiriendo que la cuestión de la autonomía del COP debe plantearse no sólo en relación con la Câmara, sino también respecto al Ejecutivo.[79]

Con frecuencia, las posiciones a favor y en contra de la legalización del OP se han discutido en el seno del COP. Algunos consejeros apoyan un determinado tipo de legalización. Otros se oponen en nombre de la autonomía del OP. Por ejemplo, en el debate del 7 de agosto de 1997, inmediatamente referido, se mencionó en varias ocasiones el reconocimiento y el aplauso internacionales que ha recibido el OP. En la reunión del COP del 3 de marzo de 1997, uno de los consejeros comentó: "La forma como ha funcionado el OP en los últimos ocho años, sin ningún tipo de estatuto por parte del Gobierno, es justamente lo que nos permite seguir hacia delante y ser internacionalmente reconocidos".

Es muy probable que la cuestión de la legalización siga estando presente durante algún tiempo más como una tensión por resolver en el OP de Porto Alegre. De hecho, el OP desestabilizó las viejas maneras de hacer política y la Câmara de Vereadores está intentando reconstituir su espacio político dentro de las nuevas condiciones políticas creadas por el OP.

79. La información obtenida en la encuesta de 2000 indica que los entrevistados no tienen muy claro el papel de la Câmara de Vereadores en relación con el OP. Sólo el 10,3% afirmó que es competencia de la Câmara discutir y votar el Presupuesto, algo que puede ser una señal del distanciamiento de los *vereadores* respecto al proceso de discusión del OP en los diferentes espacios de la ciudad (PMPA-CIDADE, 2002: 60).

V

CONCLUSIÓN: ENTRE EL PASADO Y EL FUTURO

El OP es un proceso social y político muy dinámico, de ahí que sea una ardua tarea extraer muchas conclusiones o proyecciones. Hasta ahora, el OP ha sido un medio notable para promover la participación de los ciudadanos en decisiones relativas a la justicia distributiva, a la eficacia decisoria y a la responsabilidad del Ejecutivo municipal y de los delegados elegidos por la comunidades para el COP y para el Foro de Delegados. Su éxito ha sido ampliamente reconocido, no sólo en la ciudad y en Brasil, sino también internacionalmente. Bajo diferentes formas, muchas ciudades brasileñas han adoptado el sistema del OP; asimismo, varios organismos internacionales lo miran cada vez más con mayor simpatía, aunque están más interesados en sus virtudes técnicas (eficiencia y eficacia en la distribución y utilización de los recursos) que en sus virtudes democráticas (la sustentabilidad de un sistema complejo de participación y de justicia distributiva).

Según mi opinión, el futuro del OP dependerá en gran medida de la forma en que sus principios y prácticas de participación democrática se vayan reforzando y ampliando a áreas o cuestiones que, hasta ahora, no se habían incluido en el OP.[80] Asimismo,

80. Lo cierto es que los cuadros políticos de la Alcaldía son muy conscientes de esto y, últimamente, han experimentado la combinación entre participación y contratación en varias áreas, tanto en el ámbito social como en el económico. En el ámbito social, hay que subrayar las guarderías comunitarias que son el resultado de pactos entre el Eje-

dependerá de cómo se vaya perfeccionando y consolidando su autonomía a fin de hacer irreversible la ruptura con la vieja política clientelista.

La evaluación del OP revela que estas condiciones son muy exigentes y pueden implicar algunos dilemas. Por ejemplo, la consolidación del OP sólo tiene sentido político si se rompe con el viejo sistema clientelista-patrimonialista. Pero, ¿será posible su consolidación si existe alguna forma de continuidad con el viejo sistema? Al ser una realidad política emergente, el OP tiende a mostrarse desestabilizador, tanto en términos políticos, como en términos ideológicos y culturales. Sin embargo, una idea desestabilizadora que logra transformarse en una práctica sustentable siempre se arriesga a perder su potencial desestabilizador a medida que el éxito va incrementándose. La rutina de la movilización atrae una movilización de la rutina. La participación se mantiene elevada, pero los ciudadanos comunes irán siendo sustituidos por ciudadanos participativos especializados. El problema es que, aunque la radicalización de esta experiencia sea la única arma contra la rutina, existe, de cualquier forma, un umbral indeterminable que, si se traspasa, podría comprometer irreversiblemente el éxito de la experiencia. No existe salida para este dilema. No obstante, la tensión creada por este dilema podría ser sostenible —contribuyendo de esta forma a la continuación, aunque sea permanentemente problemática, del éxito de la experiencia— desde el momento en que los participantes se comprometiesen en una auto-subversión reflexiva, es decir, una radicalización constante de la conciencia política centrada en los límites de la radicalización de la práctica política concreta.

Otro dilema que oscurece el OP, más que referirse a la experiencia en sí misma, tiene que ver con las interpretaciones y valoraciones de la misma llevadas a cabo por los observadores y analistas

cutivo y organizaciones locales sin fines lucrativos. En el ámbito económico, cabría subrayar la creación de la Institución Comunitaria de Crédito, concebida para fomentar el crédito pequeño.

científicos y políticos. En un período histórico caracterizado por el pesimismo estructural, existe la tendencia a ser demasiado complaciente respecto a lo que ya existe y nos es familiar, y excesivamente reticente o desconfiado en relación con aquello que acaba de emerger y, por ello, está fuera de lo común. La desconfianza consiste en interpretar todas las características y evoluciones de una realidad desestabilizadora emergente como pasos o movimientos en dirección a un fracaso final e inevitable. Esta interpretación de la muerte anunciada, que puede proceder tanto de la izquierda como de la derecha, funciona como una trampa intelectual. Una vez preparada la trampa, el pájaro raro de la utopía realista cae en ella, más tarde o más temprano.

Esta interpretación suele ser paralela a otra de corte reduccionista, que consiste en interpretar la innovación institucional aislada de su contexto y de su especificidad histórica y sociológica, reduciéndola, de esta forma, a un puñado de rasgos abstractos que componen un modelo que debe aplicarse siempre y en cualquier parte a partir de un conocimiento propio de peritos. Aprisionadas entre la interpretación a partir de la sospecha y la interpretación a partir de la abreviatura, algunas iniciativas populares como la del OP quedan sujetas a un dilema cruel: o fallan en una situación concreta y se las acusa de estar destinadas a fallar, y son, por ello, descartadas como utopías insensatas de participación, o tienen éxito en una situación concreta y son transformadas en una receta general de institucionalidad participativa, y, entonces, pueden ser adoptadas por el Banco Mundial —interesado de forma creciente en la participación—,[81]

81. En una entrevista concedida al periódico brasileño, *El Estado de S. Paulo* en 2001, un técnico del Instituto del Banco Mundial reconoció los méritos del OP, subrayando que se trataba de "una de las experiencias administrativas más positivas e innovadoras surgidas en América Latina (...) porque desmitifica el modelo de gobernar y el uso de los recursos públicos. Además es una forma moderna porque transforma democracias representativas en participativas" (del 5 de marzo de 2001, p. A7). En la misma entrevista, se proporciona una información según la cual el Banco Mundial tradujo al español el libro de Tarso Genro sobre el presupuesto participativo, y en América Latina se ha registrado una fuerte demanda del mismo. A la pregunta de si el OP es un programa de los partidos de izquierda, el entrevistado respondió que "No tiene un origen ideológico. El presupuesto participativo sólo es un buen modelo de gobierno, de

donde se trituran, pasteurizan y convierten en nuevos elementos a partir de los cuales se condicione la concesión de subsidios o de préstamos.

En el caso de Porto Alegre, lo más notable es la conciencia aguda de esos problemas y dilemas por parte de los cuadros políticos de la ciudad y el valor político para hacerles frente de forma abierta y sin prejuicios. La mejor ilustración de ellos fue la constitución, a principios de 2001, del Grupo de Trabajo de Modernización del Presupuesto Participativo con el objetivo de reflexionar sobre la experiencia del OP en los últimos doce años y de presentar propuestas de revisión y de reformulación. La propuesta elaborada por este grupo se presentó en diciembre de 2001 y se votó el 16 de enero de 2002. La analizaremos en el apartado final del presente libro. El primer documento elaborado por el Grupo de Trabajo, titulado de forma significativa "Rompiendo nuestros límites: una primera evaluación de los puntos de limitación que vivimos en el proceso del Presupuesto Participativo de Porto Alegre" (2001), presenta un listado extenso y claro de los problemas y desafíos a los que se enfrenta el OP; muchos de ellos convergen con los enunciados a lo largo de este trabajo, los cuales son el resultado de mi investigación y de la supervisión que he ido llevando a cabo del OP en los últimos siete años. La constitución de este grupo de trabajo y la forma mediante la cual se profundizó en la reflexión sobre el OP, ya en el interior del propio OP, ya entre la clase política o incluso en el seno de la comunidad internacional de cintificistas sociales que han estudiado el OP, son elementos reveladores de la voluntad política de renovar el OP. Se trató de un ejercicio que no derivó de la necesidad de remediar el fracaso de una iniciativa de democracia participativa, sino más bien de la necesidad de resolver problemas derivados de su éxito; en ese sentido, fue un ejercicio raro, ya que las experiencias de democracia participativa casi nunca alcanzan un nivel de consolidación que suscite este tipo de problemas.

decisión en consenso. No es una forma política de gobernar, es una técnica para adoptar decisiones".

A continuación, enumero los problemas y desafíos principales identificados en el documento "Rompiendo nuestros límites", relacionándolos tanto con mi estudio, como con el otros sociólogos que, invitados por el Grupo de Trabajo, presentaron documentos de reflexión sobre el OP. La secuencia en que los presento no implica ninguna forma de jerarquía. Hasta cierto punto, refleja la secuencia adoptada por el documento "Rompiendo nuestros límites".

1. Densificación de las instancias participativas y los conflictos de competencias. La profundización de la cultura participativa en Porto Alegre, a lo largo de la década, dio origen a dos progresos institucionales importantes: el aumento de la complejidad del OP; la creación de instituciones de participación externas, de alguna forma, al OP pero con funciones complementarias, paralelas o con puntos de intersección respecto a las del OP. En este libro he analizado cómo el aumento de las reglas de funcionamiento interno del OP y la forma en que se han atendido las peticiones sectoriales, no estrictamente aplicables a los distritos, desembocó en la creación de las plenarias temáticas. La institución de las plenarias temáticas amplió significativamente el horizonte de las expectativas de participación, pero, al mismo tiempo, aumentó la complejidad de la linealidad de participación en el OP. Aunque de forma abstracta sea fácil distinguir entre una petición de un distrito y una petición temática, el hecho es que, de forma concreta, sobre todo cuando se discuten los equipamientos culturales, de educación o de salud, que deben implantarse en los diferentes distritos, puede verificarse (y ha ocurrido en la práctica) una superposición y, consiguientemente, un conflicto potencial entre la participación de los distritos y la participación temática. Este conflicto potencial ha ido aumentando a medida que las carencias en infraestructuras (pavimentación, saneamiento básico, etc.) se ha ido satisfaciendo y los distritos se han centrado en otro tipo de reivindicaciones, de carácter "más temático".

Por otro lado, la profundización de la cultura participativa implicó la institución de otras formas de participación, principalmente los Consejos Municipales sectoriales (hoy en día, hay treinta y cinco consejos), en donde discutir políticas sectoriales y, en algunos casos incluso, las propuestas presupuestarias de las secretarías del Ejecutivo a que están vinculados. La articulación de los Consejos Municipales con las plenarias temáticas y con la institución central del OP, el Consejo del Presupuesto Participativo, es problemática y suscita, a veces, conflictos de competencias. Uno de los debates más intensos en el COP al que pude asistir se produjo entre los consejeros y los representantes del Consejo Municipal de los Derechos del Niño y del Adolescente, un debate que se centró justamente en las prioridades presupuestarias —necesidades básicas de la población o derechos del niño.[82] Según mi opinión, la articulación entre diferentes instancias de participación debe construirse a partir de una premisa política clara: la centralidad del COP en el proceso de decisión presupuestaria.[83]

Con la elección de Olívio Dutra como Gobernador del Estado de Río Grande do Sul (1998) y la institucionalización del presupuesto participativo estatal, se abrió un nuevo campo de articulación participativa, en este caso entre el OP de la ciudad y el OP estatal. Se trata de una articulación esencial que se ha demostrado más difícil de lo que parecía, sobre todo sin tenemos en cuenta la diferente consolidación de los dos OP y de los diferentes horizontes de expectativas creadas por éstos. Según la encuesta de 2002, la mayoría de los entrevistados (el 78,3%) no participó en el OP estatal (PMPA-CIDADE, 2002: 45).

82. No todos los consejos tienen el mismo nivel de actividad y de intervención. Entre los más activos se encuentran el Consejo Municipal de los Derechos del Niño y del Adolescente, el Consejo Municipal de Salud (el más antiguo y anterior a la implantación del OP), el Consejo Municipal de Asistencia Social, el Consejo Municipal de Educación, el Consejo Municipal de Ciencia y Tecnología, el Consejo Municipal de Desarrollo Urbano y Ambiental y el Consejo Municipal del Patrimonio Histórico y Cultural.

83. Concuerdo con Luciano Brunet cuando afirma que el OP es la "locomotora" del sistema participativo instaurado en el municipio de Porto Alegre (correspondencia personal, noviembre de 2001).

2. *La representatividad y la calidad de la participación.* En este libro he aludido al problema de la representatividad, principalmente a propósito de la tensión entre el OP y la Câmara de Vereadores. Se trata de un problema que se hace eco de otro más vasto, el de la relación entre democracia participativa y democracia representativa. La tensión entre las dos formas de democracia parece ser constitutiva de las democracias modernas, ya que la práctica y la teoría política democráticas sólo han sido capaces de establecer entre ellas una relación estéril: la expansión de cualquiera de ellas sólo puede lograrse a costa de la restricción de la otra. No cabe esperar que esta tensión se resuelva totalmente en Porto Alegre, a pesar de que la esfera pública híbrida, de gestión compartida entre la sociedad civil y el Ejecutivo municipal, simbolizada por el OP, signifique un avance notable en el sentido de la superación de la relación estéril.[84]

No es sorprendente que los números de la participación y su significado sean factores de lucha política. Tampoco debe sorprender la búsqueda de soluciones por parte de las fuerzas políticas y sociales que apoyan el OP para incrementar la participación, partiendo del presupuesto de que siempre es mejor más participación que menos participación. Lo cierto es que tras este presupuesto, en sí mismo evidente, se esconde un dilema: como hay grupos diferentes que se movilizan para la participación por objetivos diferentes, más allá de cierto límite, sólo es posible ampliar la participación en la medida en que se restrinja el ámbito de objetivos competitivos, en la actualidad más numerosos. Ante la imposibilidad de resolver este dilema, una solución que lo minimiza consiste en el establecimiento de costes diferenciados de participación mediante la multiplicación de las formas de participación, algunas más intensas que otras. Por ejemplo, la introducción de referendos y el uso de la democracia electrónica (a través de Internet) pueden ser soluciones, desde el momento en que se determine el tipo de objetivos de estas

84. A lo largo de este texto se ha debatido esta cuestión, una cuestión que ha merecido asimismo la atención de varios autores en estos últimos años. A modo de ejemplo, el lector puede remitirse a Abers, 2000; Dias, 2000; Baiocchi, 2001 a.

formas más individualistas y menos intensas de participación. Así, la jerarquía de objetivos, determinada por las formas más intensas de participación, puede abrir un camino a formas menos intensas de participación que, a su vez, no agravan el problema del conflicto de competencias.

Otra cuestión relativa a la cantidad de la participación está vinculada a la accesibilidad y, por tanto, a la existencia de barreras a la entrada del OP. Hoy en día se sabe que se encuentran con más dificultades añadidas aquellos sectores populares más necesitados y menos organizados. La participación democrática es una forma de inversión política para la cual el capital político mínimo, el de ser formalmente ciudadano, no es suficiente. Por tanto, habrá que pensar en formas de acción afirmativa que faciliten la participación de quienes más necesitan de ella, pero tienen demasiadas carencias para participar sin el apoyo externo.

Además, los más necesitados muchas veces plantean peticiones que las instituciones del OP difícilmente pueden satisfacer. Por ejemplo, sabemos que sin regularización agraria no es posible realizar las inversiones adecuadas en servicios y en infraestructuras, y es, sin embargo, justamente en los barrios irregulares y clandestinos (donde vive aún hoy casi el 25% de la población) donde son más necesarias estas inversiones. A lo largo de las décadas, los sectores populares han definido reiteradamente la regularización agraria como una de las principales prioridades y, no obstante, para su frustración, lo que se ha realizado en este ámbito se ha situado por debajo de la prioridad atribuida. Sérgio Baierle destaca, con razón, esta discrepancia, al indicar que de las cien áreas destinas a la regularización "impuestas" por las comunidades al Ejecutivo, tan sólo diez han sido regularizadas una década después (2001: 16). Más allá de otros factores, como, por ejemplo, la lentitud de los tribunales, cabe la posibilidad de que la estructura administrativa y jurídica del municipio "boicotee", a través de la lentitud y la inercia, la satisfacción de una petición tan básica como ésta.

La accesibilidad del OP se relaciona con otras dos cuestiones: el acceso a la información y la amplificación del proceso del OP.

La primera cuestión no tiene que ver únicamente con la difusión de la información sino también con la fuente y con el contenido de la información. La Alcaldía ha invertido bastante en la difusión de la información, hasta tal punto que los partidos de la oposición han cuestionado con frecuencia los gastos del Ejecutivo en algo que ellos consideran que es propaganda política. A pesar de que Internet no sea aún hoy en día accesible a todos los ciudadanos, el hecho de que sea una fuente de información y de interacción con el OP es una señal más de la inversión municipal en la difusión de la información. Sin embargo, es importante no perder de vista que la accesibilidad de la información depende de la inteligibilidad de la misma, es decir, del contenido de la información. Como ya comenté, una de las tensiones en el OP ha sido el choque de conocimientos rivales, entre el conocimiento técnico de los profesionales al servicio de la Alcaldía y el conocimiento práctico de los ciudadanos y de sus asociaciones. Ese choque también es un choque de lenguajes, y en la medida en que prevalece el lenguaje técnico, la información disponible no significa necesariamente información accesible. Éste es un ámbito donde la pedagogía del OP deberá empezar a asumir un lugar más central en el futuro, una pedagogía en dos sentidos, en el de los ciudadanos y sus organizaciones y en el sentido de los cuadros administrativos y técnicos del municipio.

Más allá de la cantidad y la calidad de información aún hay que considerar la fuente de información. Es muy recurrente la queja de que el Ejecutivo municipal es casi la única fuente de información sobre el OP. Probablemente, es inevitable que sea así, aunque pueda llevarse a cabo algo para aumentar la transparencia entre el público de los flujos de información de abajo hacia arriba, sobre todo de aquella información procedente de las entidades del movimiento comunitario. No obstante, el casi monopolio de la información por parte de la Alcaldía plantea otra cuestión: la de la independencia de la información, principalmente respecto a los indicadores de eficacia del OP en la concretización de la inversión de las prioridades a favor de las clases populares más necesitadas. En mi opinión, aunque la administración popular nunca haya tenido acceso a la manipulación de datos, es de esperar que algunas instituciones del OP, principalmente el COP, tengan a su disposición recursos para encargar y difundir información y valoración independientes. El OP es un importante proyecto político híbrido, cuya auto-reflexión ha sido un constante estímulo para el aprendizaje. De esa autoreflexión forma parte la evaluación del proyecto y ésta no puede estar en manos únicamente de uno de los dos componentes de la hibridación política.

En último lugar, la intensidad de la participación está relacionada con el esquema institucional y con las reglas de funcionamiento de las instancias participativas. Tal como he ido apuntando a lo largo del texto, el OP, paralelamente a su consolidación, ha visto complicarse su funcionamiento. A medida que se ha ido ampliando el ámbito de decisión y el público del OP, el proceso de discusión y de negociación política se ha intensificado y ha planteado mayores exigencias. Se sabe que la democracia participativa exige una transparencia entre acción política y resultados muy superior a la típica de la democracia representativa. Esta transparencia depende de tres factores importantes: de la gestión eficaz de las acciones de participación, de su relación directa con los resultados concretos y de la capacidad de "intercomunicación" de las estructuras de delegación y representación que surgen en el interior de la democracia participativa, siempre que ésta se expanda más allá de las microsociedades.

La gestión eficaz de las acciones de participación es compleja, pues comprende varios factores: frecuencia, organización y duración de las reuniones; facilidad de acceso a los espacios de reunión; relación positiva entre la inversión en la acción de participación y sus resultados. En cualquiera de estos niveles hay algo que hacer. El Grupo de Trabajo nos brinda un ejemplo relativo al último factor, al cuestionar bastante la utilidad de la segunda ronda, que acabó eliminándose en el nuevo organigrama del OP.

La relación directa de la participación con los resultados es el factor crucial en la sustentabilidad de la democracia participativa. Al principio, esa relación fue, como vimos, indeterminada y eso se reflejó de inmediato en el ciclo siguiente del OP. En este ámbito, la cuestión principal en la actualidad es garantizar que la distribución de recursos en el interior de un determinado distrito tenga un carácter tan participativo como la distribución entre distritos. Muchos distritos están subdivididos en micro-distritos, unos mejor organizados que otros. Además, muchos distritos son muy diferentes internamente por lo que se refiere a las carencias de servicios y del perfil social de sus poblaciones. Como he anotado en el texto, en los distritos se han verificado resistencias a recurrir a mecanismos de distribución que aseguren la misma transparencia de la distribución entre distritos; por otro lado, en distritos muy desiguales en su interior es difícil poner en marcha con equidad los criterios de prioridad. Uno de los modos posibles de afrontar este problema consiste en diseñar de nuevo los distritos y aumentar su número con el objetivo de homogeneizar las unidades de base de la participación. Es una solución compleja en la medida en que el OP, como cualquier otro contrato político, al incluir también excluye. Sin lugar a dudas, los incluidos acatarán con resistencias la degradación de su inclusión como condición para la inclusión de los excluidos. Éste será un ámbito en donde se llevará a cabo la verdadera prueba de calidad de la participación inducida por el OP. Para vencer esta resistencia, será necesario neutralizar los dos mecanismos de que se sirven las sociedades para trivializar la exclusión social: minimizando su extensión; culpando a los excluidos por su exclusión.

De todas formas, como ya dije, la transparencia de alta intensidad exigida por la democracia participativa está relacionada además con *la capacidad y la calidad de la intercomunicación de la información con la base* por parte de las estructuras de delegación y de representación, es decir, por parte de los foros de delegados y de los consejeros del COP. Ésta es una de las dimensiones de la calidad de la participación que, sin lugar a dudas, deberá considerarse con mayor atención. La cuestión es saber si y en qué medida la cultura política de la participación inducida por el OP ha sido interiorizada por el público del OP, tanto por los ciudadanos y sus asociaciones, como por los delegados y consejeros.[85]

La cultura política de la participación y de la solidaridad es una cultura a contracorriente en las sociedades en donde domina el individualismo posesivo y mercantilista, un individualismo que el neoliberalismo ha llevado al paroxismo. Por eso mismo, no puede contentarse con su reiteración práctica a través de las instituciones de participación, pues éstas, en dicho contexto, están supeditadas a la perversión y a la pérdida de carácter. Para mantenerse e ir ganando profundidad, la cultura de la participación y de la solidaridad debe apoyarse en un proyecto pedagógico ambicioso que abarque el sistema educativo en su conjunto, los servicios públicos y sobre todo el tercer sector que, a pesar de haber ido asumiendo un papel cada vez más importante en la provisión de las políticas públicas, ha utilizado su carácter privado para defenderse del control público y rechazar la institución de mecanismos internos de participación.

3. *El particularismo, la ciudad como un todo y el planeamiento estratégico.* Como ya he anotado en el texto, el OP siempre ha sido criticado por quienes se le oponen por centrarse exclusivamente en peticiones locales inmediatas, algo que impide igualar de forma adecuada los problemas de la ciudad como un todo y a largo o medio plazo. Hoy en día, esta crítica se plantea igualmente en el seno del OP, lo que, de algún modo y paradójicamente, significa que la ciudad como un todo y su planteamiento estratégico se encuentra en la actualidad más cerca que nunca de formar parte de la agenda política del OP. Se trata de una evolución que ha de intensificarse, sobre todo en el contexto de la competición exacerbada, no sólo entre los Estados, sino entre distritos y entre ciudades, fomentada por el neoliberalismo. Los congresos de la ciudad, las plenarias temáticas y, más tarde, los foros de planeamiento de los

85. La encuesta de la PMPA y del CIDADE muestra que el 77,4% de las personas que participan en entidades del OP lo hacen desde hace más de diez años, lo que indica que las expectativas en la movilización para el OP no se han visto frustradas. Asimismo, esta encuesta señala una importante correlación entre la participación en entidades y la actuación como consejeros o delegados (2002: 50, 53).

distritos[86] fueron medidas importantes para devolver a los ciudadanos de Porto Alegre la ciudad en su integridad.

En este sentido, todavía hay mucho por hacer, principalmente porque el todo formado por la ciudad no es un todo monolítico; es un todo muy diversificado en su interior, y muchas de esas diferencias no han sido percibidas por el OP. Entre ellas podemos destacar las diferencias sexuales (la discrepancia entre capacidad de participación y capacidad de representación por parte de las mujeres), las diferencias étnicas (la cuestión negra y la cuestión indígena), las diferencias de edades (los ancianos y los jóvenes), las diferencias de capacidades (los discapacitados físicos y los psíquicos).

4. *Autonomía versus independencia.* Como éste ha sido uno de los temas a los que mayor atención he prestado, evito tratarlo en detalle aquí. Es un tema central que, de algún modo, es inherente a la forma política del OP, una esfera pública híbrida, formada por las autonomías relativas y recíprocas de la sociedad y del Estado municipal. La relatividad pactada de la autonomía es la que crea la relatividad también pactada de la dependencia y viceversa. Así pues, la tensión entre la autonomía y la dependencia del OP respecto al Gobierno municipal es constitutiva, y ésta es la razón por la que no puede resolverse a favor de uno de los términos de la tensión. Ésta sólo es una verdadera tensión cuando se verifica una discrepancia entre la tensión pactada en la estructura reglamentaria del OP y la tensión en la vida práctica del OP. O lo que es lo mismo, hay tensión, como cuestión política, en la medida en que la sociedad civil,

86 Los Foros de Planeamiento de Distrito son una emanación del Plan Director que dividió la ciudad en ocho distritos de planeamiento, agrupando los distritos del OP dos a dos (salvo el Centro que forma un solo distrito y Cruzeiro-Cristal-Glória que agrupó en un distrito de planeamiento tres distritos del OP). El Plan Director prevé un Consejo Municipal del Plan Director, cuya composición incluye una representación de cada una de esos distritos, cuyo representante se elige mediante una asamblea abierta. Además, cada distrito de planeamiento cuenta asimismo con su Foro de Planeamiento de Distrito. Los foros y el Consejo mezclan la representación directa e indirecta (por entidades). Los foros de distrito están encargados de proyectar los Planes de Acción Regional que, en la práctica, son la concreción del Plan Director de la ciudad en el ámbito de los distritos.

los ciudadanos y los movimientos comunitarios ceden más de su autonomía de lo que reciben siendo dependientes del Gobierno. A lo largo de la década, se han ido acumulando señales de que esto pudiese estar ocurriendo. Enumero tan sólo tres de ellas: el hecho de que la regularización agraria, a pesar de ser un tema estructural —entendido como tema cuya resolución afecta significativamente a la parte alta y al patrón de redistribución social—, haya sido incorporada en el OP lentamente y de forma deficiente; la desaceleración del movimiento comunitario autónomo (consejos populares, asociaciones de vecinos, uniones de barriadas, la UAMPA) y el declive de su legitimidad en la medida en que pierden el monopolio de la construcción política de las peticiones populares; el papel decisivo asumido siempre por Gobierno en la gestión funcional del OP, en la elaboración de la agenda y del tiempo político, en la creación y difusión de la información relevante, en la formulación de criterios técnicos y de "peticiones institucionales".

Como subrayé anteriormente, cualquiera de estos problemas está ya identificado y su resolución depende de la voluntad política. No obstante, en mi opinión, la formulación corriente de la cuestión de la autonomía/dependencia no permite ver que, en Porto Alegre, lo que está verdaderamente en juego no es tanto la autonomía/dependencia sino el pluralismo de las orientaciones políticas, la libertad con que se manifiesta, el modo a través del cual se reprime o incentiva. El movimiento comunitario nunca fue autónomo, si por ello entendemos una generación espontánea de la sociedad descontextualizada de las fuerzas políticas organizadas en el ámbito de la sociedad política y del sistema político. Hoy en día, la hegemonía del PT, bien demostrada en las simpatías partidarias del público del OP, es un nuevo encargo político para el PT: asegurar y fomentar el pluralismo y la tolerancia, sin los cuales la democracia participativa se debilita. Además, en el contexto específico de Porto Alegre, el pluralismo y la tolerancia ha de asegurarse y fomentarse en el seno del PT, un partido propenso históricamente a la ruptura, algo que la incapacidad de la derecha brasileña no ha sabido hasta ahora explotar.

5. *El OP y la democratización del Estado.* Quizás sea éste el desafío más complicado al que debe enfrentarse la democracia participativa de Porto Alegre. Si nos preguntamos qué es lo que ha cambiado en la sociedad civil de Porto Alegre en los últimos doce años, es imposible no ver la enorme cantidad de cambios que se han verificado, tanto en el plan material, como en los planes institucional y cultural. En cambio, si nos preguntásemos qué ha cambiado en la estructura administrativa y jurídica del gobierno municipal, nos vemos obligados a responder que fueron pocos los cambios tanto en el plan de organización como en el plan cultural. De esta forma, nos vemos obligados a concluir que el OP democratizó el Estado político pero no el Estado administrativo-jurídico. Esta discrepancia seguirá siendo el origen de numerosos enfrentamientos sobre todo a medida que, con el fortalecimiento del OP, el déficit democrático del Estado administrativo-jurídico desemboque en una creciente incapacidad, lentitud e insensibilidad ante expectativas intensificadas por la democratización de la participación. Así pues, no es sorprendente que el último Congreso de la Ciudad y la actual gestión municipal (como también la anterior) haya considerado la democratización de la gestión municipal como un objetivo prioritario.

La democratización del Estado administrativo-jurídico es un bien político en sí mismo, pero es importante principalmente para politizar de nuevo el propio OP. Al enfrentarse a los límites de la democratización de la administración pública, el OP no sólo se enfrenta con culturas burocráticas sino también con articulaciones cada vez más desiguales entre la administración municipal y la administración estatal y entre cualquiera de éstas y la administración federal.

Esta visión política global, no sólo de la ciudad y del gobierno estatal, como un todo, pero también del país como un todo, es fundamental para fortalecer y enfocar el OP como proyecto político. Al llevarlo a cabo, el OP toma mayor conciencia de sus potencialidades y de sus límites. Como afirma Sérgio Baierle, uno de los más lúcidos conocedores del OP, "Porto Alegre no es un oasis en el desierto neoliberal" (2001: 3); sufre las consecuencias de las macropolíticas de ajuste estructural impuestas en el ámbito federal y no puede defenderse integralmente del nuevo sentido común neoliberal, sobre todo de la lógica individualista mercadotécnica y administrativa que lo caracteriza. De ahí que, según este autor, sea necesario examinar tres ejes de cuestiones, a partir de los cuales intentar que el OP se politice nuevamente:

> (1) la necesidad de politizar las experiencias de gestión comunitaria directa que cuentan con transferencias de recursos (financieros o materiales) municipales; (2) la necesidad de articular presupuesto público y planeamiento de la ciudad, abriendo un espacio tanto para un debate más profundo de las finanzas municipales como de las políticas públicas y (3) la necesidad de abrir un espacio para la discusión sobre las perspectivas políticas de la experiencia del OP, tanto a través de la crítica al "orgullo localista" (radicalización democrática en una única ciudad), como de la crítica al modo de selección de cuadros entre líderes comunitarios y a la creciente masificación de la experiencia (ruptura entre un grupo de líderes especializado y participantes de base) (Baierle, 2001: 2).

Según mi opinión, la dinámica que ha ido revelando la democracia participativa a lo largo de los últimos doce años es la garantía de que estará a la altura de estos desafíos.

EPÍLOGO

El 16 de enero de 2002, el Consejo del Presupuesto Participativo aprobó los cambios en el OP propuestos por el Grupo de Trabajo de Modernización del Presupuesto Participativo, y dio por concluidas, de esta forma, sus actividades. Dada la expectativa creada por el Grupo de Trabajo, el proceso de reformulación del OP no contó con tanta participación ni fue tan profundo como se preveía. Como referí páginas atrás, algunos consejeros y delegados creyeron que hubiera sido necesario más tiempo para debatir las propuestas del Grupo de Trabajo tramitadas por el GAPLAN. El Ejecutivo justificó la exigüidad del plazo —los consejeros tuvieron dos semanas para valorar las propuestas— con la necesidad de iniciar el ciclo del OP de 2002 según las nuevas reglas.

Las ideas centrales de las propuestas del cambio podemos resumirlas en dos palabras: simplificación y capacitación. Como he referido en la conclusión de este libro, a lo largo de catorce años se han ido multiplicando las instancias y los ámbitos de participación. Si, por un lado, este aumento de la participación ha contribuido a la diferenciación y la intensificación de la movilización de la ciudad para el OP, por otro lado, ha implicado el riesgo de saturación participativa y de la superposición entre diferentes instancias de participación. La saturación se complicó en 1998 con la entrada en vigor del OP estatal que, en términos de llamamiento a la participación, entró en competencia con el OP de Porto Alegre. Dada la gran implantación de este último, no debe sorprender que la ciudad de Porto Alegre haya participado inicialmente muy poco en el OP estatal.

Para responder a esta cuestión, el principal cambio introducido a principios de 2002 fue la sustitución de las dos rondas de asambleas de distrito y temáticas por una ronda única. Además, la participación en la segunda ronda iba disminuyendo, ya que todo el trabajo para priorizar las peticiones se realizaba antes, sobre todo en las reuniones intermedias, y la participación sólo era significativa cuando había alguna cuestión particularmente conflictiva.

La sustitución de las dos rondas por una ronda única alteró el ciclo del OP. La Figura 13 representa el nuevo ciclo.

En la ronda única, que se celebra entre abril y mayo, las asambleas de distrito y temáticas eligen las prioridades temáticas y a los consejeros, a la vez que definen el número de delegados que analizarán y jerarquizarán, en el Foro de delegados, las peticiones concretas de inversión y supervisarán la ejecución del plan de inversión.

Asimismo, en la ronda única, el Ejecutivo debe dar cuenta de la ejecución del plan de inversión del año anterior. Ahora, las reuniones intermedias que se realizaban entre las dos rondas han sido sustituidas por reuniones preparatorias que tienen lugar entre marzo y abril. Entre mayo y junio hay reuniones de distrito y temáticas para la elección de delegados (cuyo número por distrito y temática ha sido definido en la ronda única)[87] y para jerarquizar las peticiones

87. Por lo que se deduce del nuevo estatuto interno, los delegados que serán elegidos por las comunidades y sus organizaciones pueden no haber estado presentes en la reunión plenaria única (ronda única) en que se determinó el número de delegados por distrito y por tema. De esta forma, una vez que han sido elegidos los consejeros en este distrito, se procede a la elección de los delegados, sin necesidad de que asistan a la reunión. Según Sérgio Baierle (a través de una carta personal), parece que este cambio ha sido una exigencia de las organizaciones comunitarias con el objetivo de facilitar la constitución de un grupo de delegados. Este cambio, para concretarse, puede correr el riesgo de transformar a los presentes en la reunión plenaria en mera masa de maniobra para la determinación del número de delegados. También según Sérgio Baierle, este riesgo es mucho mayor si tenemos en cuenta que en algunos distritos se ha observado que algunas personas se van antes de que finalicen las votaciones y, en su lugar, votan representantes. Este procedimiento es ilegal, pero los responsables de las urnas no logran controlarlo siempre, sobre todo en reuniones con un elevado número de participantes.

concretas y las obras y servicios en consonancia con las prioridades temáticas definidas también en la ronda única.

Otro cambio es la nueva institución de la Asamblea Municipal, la cual, con el nombre de Foro del Presupuesto, había existido a principios de la década de 1990. Se trata de un acto público, un "gran encuentro de la población", cuyo objetivo, según la Alcaldía, es "la toma de posesión del cargo de los nuevos consejeros del OP y la entrega al Gobierno de la jerarquía de las obras y los servicios". Esta asamblea se celebra durante la primera quincena de julio. A partir de ahí, el nuevo ciclo del OP es similar al anterior, con una única excepción. Si hasta ahora el plan de inversiones lo aprobaba sólo el COP, según el nuevo estatuto deberá ser aprobado igualmente en los foros de delegados de distrito y temáticos reunidos para dicho efecto en los meses de octubre y noviembre. Para Sérgio Baierle (carta personal fechada el 3 de mayo de 2002), el objetivo de este cambio ha sido estimular la continuidad de la participación de los delegados, quienes, hasta ahora, solían desmovilizarse tras la entrega de las prioridades concretas en junio. Este cambio ha eliminado el margen de maniobra del COP para negociar la transferencia de algunos recursos a programas específicos (como cooperativas de vivienda o de generación de beneficios) apoyados por los distritos. Queda por ver si esta negociación podrá llevarse a cabo en los foros de distritos y temáticos.

Como ya dije, la segunda gran idea que presidió los cambios introducidos más recientemente en el OP es la capacitación de consejeros y delegados. La creciente complejidad del OP y la necesidad de mantener una gran proximidad entre los ciudadanos y sus representantes han implicado la mejora imperiosa de la calidad técnica y política de la representación mediante acciones de capacitación. Esta capacitación también será crucial para crear una cultura institucional que permita superar los conflictos y las superposiciones de competencias entre el COP y los restantes consejos municipales, una cuestión que, además, no ha sido contemplada en los cambios aprobados.

En general, podemos resumir afirmando que no se ha verificado ningún cambio de fondo en el OP, tan sólo algunos retoques destinados a simplificarlo y a mejorarlo.

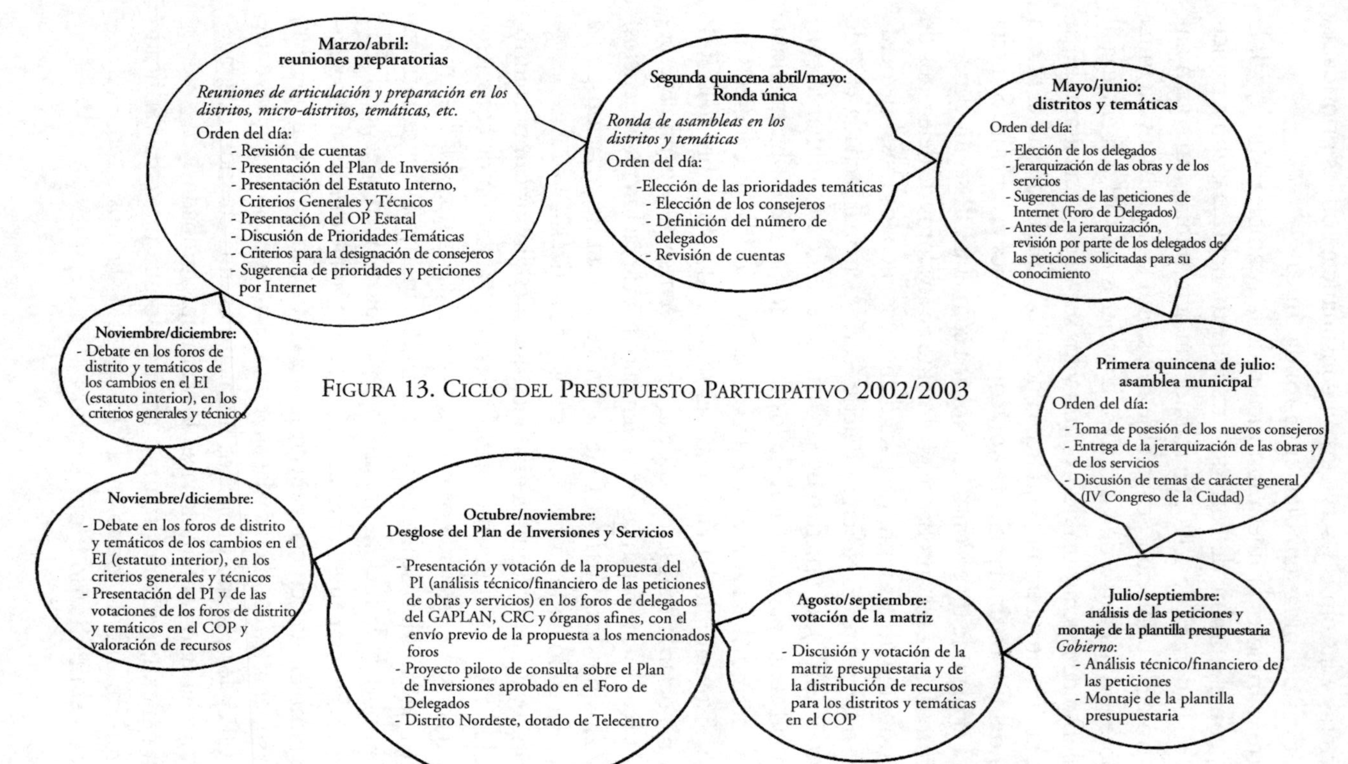

Marzo/abril: reuniones preparatorias
Reuniones de articulación y preparación en los distritos, micro-distritos, temáticas, etc.
Orden del día:
- Revisión de cuentas
- Presentación del Plan de Inversión
- Presentación del Estatuto Interno, Criterios Generales y Técnicos
- Presentación del OP Estatal
- Discusión de Prioridades Temáticas
- Criterios para la designación de consejeros
- Sugerencia de prioridades y peticiones por Internet
Segunda quincena abril/mayo: Ronda única
Ronda de asambleas en los distritos y temáticas
Orden del día:
-Elección de las prioridades temáticas
- Elección de los consejeros
- Definición del número de delegados
- Revisión de cuentas
Mayo/junio: distritos y temáticas
Orden del día:
- Elección de los delegados
- Jerarquización de las obras y de los servicios
- Sugerencias de las peticiones de Internet (Foro de Delegados)
- Antes de la jerarquización, revisión por parte de los delegados de las peticiones solicitadas para su conocimiento
Primera quincena de julio: asamblea municipal
Orden del día:
- Toma de posesión de los nuevos consejeros
- Entrega de la jerarquización de las obras y de los servicios
- Discusión de temas de carácter general (IV Congreso de la Ciudad)
Julio/septiembre: análisis de las peticiones y montaje de la plantilla presupuestaria
Gobierno:
- Análisis técnico/financiero de las peticiones
- Montaje de la plantilla presupuestaria
Agosto/septiembre: votación de la matriz
- Discusión y votación de la matriz presupuestaria y de la distribución de recursos para los distritos y temáticas en el COP
Octubre/noviembre: Desglose del Plan de Inversiones y Servicios
- Presentación y votación de la propuesta del PI (análisis técnico/financiero de las peticiones de obras y servicios) en los foros de delegados del GAPLAN, CRC y órganos afines, con el envío previo de la propuesta a los mencionados foros
- Proyecto piloto de consulta sobre el Plan de Inversiones aprobado en el Foro de Delegados
- Distrito Nordeste, dotado de Telecentro
Noviembre/diciembre:
- Debate en los foros de distrito y temáticos de los cambios en el EI (estatuto interior), en los criterios generales y técnicos
- Presentación del PI y de las votaciones de los foros de distrito y temáticos en el COP y valoración de recursos
Noviembre/diciembre:
- Debate en los foros de distrito y temáticos de los cambios en el EI (estatuto interior), en los criterios generales y técnicos

FIGURA 13. CICLO DEL PRESUPUESTO PARTICIPATIVO 2002/2003

http://www.portoalegre.rs.gov.br/Op/default.htm, a la que se accedió el 11 de abril de 2002

LISTADO DE FIGURAS, MAPAS Y CUADROS

FIGURAS

Mapas

Cuadros

LISTADO DE ACRÓNIMOS

ASSEPLAS — Foro de las Asesorías de Planeamiento
ASR — Atención Social de Calle (FASC)
AT — Atención a la Comunidad (FASC)
BL — Boca-de-lobo (Alcantarillado) (DEP)
BPC — Beneficio de Prestación Continuada (FASC)
CAR — Centros Administrativos Regionales, es decir, de Distritos
CARRIS — Compañía de Carris de Porto Alegre (Compañía de Transportes Municipales)
CB — Casa de Bombas (Recinto de bombas) (DEP)
CCS — Coordinadora de Comunicación Social
CDHC — Coordinadora de Derechos Humanos y Ciudadanía
CEAS — Consejo de Estado de Asistencia Social (FASC)
CIDADE — Centro de Asesoría y de Estudios Urbanos
CMAS — Consejo Municipal de Asistencia Social
COP — Consejo del Presupuesto Participativo
CRC — Coordinadora de las Relaciones con la Comunidad
CROPs — Coordinadores de Distrito del OP
CTs — Coordinadores Temáticos del OP
DAP — División de Administración de Parques (SMAM)
DAP) — División de Administración de Plazas y Jardines (SMAM)
DAS — Departamento de Asistencia Social (FASC)
DCM — División de Conservación de Mantenimiento (SMAM)
DEMHAB — Departamento Municipal de Vivienda
DEP — Departamento Municipal de Desagües Pluviales

DM — Declaración Municipal (DEP)
DMAE — Departamento Municipal de Agua y Desagües
DMLU — Departamento Municipal de Limpieza Urbana
DN — Diámetro Nominal (DEP)
DPC — División de Proyectos y Construcción (SMAM)
EBAB — Estación de Bombeo de Aguas Residuales (DMAE)
EDs — Equipamientos de drenaje (DEP)
EPTC — Empresa Pública de Transporte y Circulación
ESR — Educación Social de Calle (FASC)
ETA — Estación de Tratamiento de Agua (DMAE)
ETE — Estación de Tratamiento de Desagües (DMAE)
FASC — Fundación de Asistencia Social y Ciudadanía
FASCOM — Foro de las Asesorías Comunitarias
FONPLATA — Fondo Financiero para el Desarrollo de la Bacia do Prata
GAPLAN — Gabinete de Planeamiento
GP — Gabinete del Alcalde
IBGE — Instituto Brasileño de Geografía y Estadística
IPTU — Impuesto sobre la propiedad inmobiliaria y territorial y urbana
ISSQN — Impuesto sobre los servicios de cualquier naturaleza
LDO — Ley de Directrices Presupuestarias
LOAS — Ley Orgánica de Asistencia Social
NASF — Núcleo de Apoyo Socio-familiar (FASC)
OP — Presupuesto Participativo
PDDUA — Plan Director de Drenaje Urbano y Ambiental
PDT — Partido Democrático Laborista
PETI — Programa de Erradicación del Trabajo Infantil
PGM — Procuraduría General del Ayuntamiento
PI — Plan de Inversiones y Servicios
PIMES — Programa de Inversiones en Mejoras Sociales
PL — Petición de Conexión (DEP)
PMPA — Alcaldía Municipal de Porto Alegre
PSF — Programa de Salud de la Familia (SMS)
PT — Partido de los Trabajadores
PV — Poço-de-visita (Bajante de una alcantarilla) (DEP)
RAP — Reinserción en la Actividad Productiva (PASC)
RBL — Reserva Biológica del Lami (SMAM)
SAI — Servicio de Atención al Anciano (FASC)

SAJ — Servicio de Asesoría Jurídica (FASC)
SASE — Servicio de Apoyo Socio-educativo (FASC)
SAT — Servicio de Apoyo al Trabajo (FASC)
SCD — Sección de Catastro y Dibujo (SMAM)
SECAR — Secretaría Extraordinaria de Captación de Recursos
SEP — Sección de Estudios y Proyectos (SMAM)
SGM — Secretaría del Gobierno Municipal
SIMPA — Sindicato de los Trabajadores Municipales de Porto Alegre
SMA — Secretaría Municipal de Administración
SMAM — Secretaría Municipal del Medioambiente
SMC — Secretaría Municipal de la Cultura
SME — Secretaría Municipal de Deporte, Recreación y Ocio
SMED — Secretaría Municipal de Educación
SMF — Secretaría Municipal de Hacienda
SMIC — Secretaría Municipal de la Producción, Industria y Comercio
SMOV — Secretaría Municipal de Obras y Red Viaria
SMS — Secretaría Municipal de Salud
SMT — Secretaría Municipal de Transporte
SPM — Secretaría de Planeamiento Municipal
SUMAM — Supervisión del Medioambiente (SMAM)
SUPPJ — Supervisión de Plazas, Parques y Jardines (SMAM)
TE — Trabajo Educativo (FASC)
TRP — Término de Recepción Provisional (SMOV)
UAMPA — Unión de las Asociaciones de Vecinos de Porto Alegre

BIBLIOGRAFÍA

ABERS, Rebecca (1998), "From clientelism to cooperation: local government, participatory policy, and civic organizing in Porto Alegre, Brazil", *Politics and Society,* 26(4), 511-537.

ABERS, Rebecca (2000), *Inventing Local Democracy: grassroots politics in Brazil.* Boulder, Lynne Rienner.

AVRITZER, Leonardo (2002), "Modelos de Deliberação Democrática: uma análise do orçamento participativo no Brasil", Boaventura de Sousa Santos, (org.) *Democratizar a Democracia: os caminhos da democracia participativa.* Río de Janeiro, Editora Record, pp. 561-597.

BAIERLE, Sérgio Gregório (1992), *Um novo princípio ético-político: prática social e sujeito nos movimentos populares urbanos em Porto Alegre nos anos 80.* Tesina, Universidade Estadual de Campinas.

BAIERLE, Sérgio (1998), "Experiência do Orçamento Participativo: Um oásis no deserto neoliberal?" <http://www.portoweb.com.br/ong/cidade/texto3.htm>

BAIERLE, Sérgio Gregório (2001), "OP ao Termidor?", comunicado presentado en el marco del seminario *O Orçamento Participativo visto pêlos seus investigadores,* 31/05-2/06/2001. Porto Alegre: Alcaldía de Porto Alegre.

BAIOCCHI, Gianpaolo (2001a), *From Militance to Citizenship; The Workers' Party, Civil Society, and the Politics of Participatory Governance in Porto Alegre, Brazil.* Madison, University of Wisconsin, Departamento de Sociología. Tesis de Doctorado.

BAIOCCHI, Gianpaolo (2001b), "Subsídios, hegemonia, e diferença: o lugar da sociedade civil dentro do OP de Porto Alegre", texto presentado en el marco del seminario *O Orçamento Participativo visto pelos seus investigadores,* 31/05-02/06/2001, Porto Alegre, Alcaldía de Porto Alegre.

BANCO MUNDIAL (1995), *Brazil, a Poverty Assessment,* Washington DC, Human Resources Operation Division, l.

BECKER, A. J. (org.) (2000), *A cidade reinventa a democracia: as contribuições do Seminário Internacional sobre democracia participativa,* Porto Alegre, Alcaldía de Porto Alegre.

CARVALHO, Maria do Carmo, Felgueiras, Débora (2000), *Orçamento Participativo no ABC: Mauá, RibeirãoPires e Santo André,* São Paulo, Pólis.

CARVALHO, Maria do Carmo Albuquerque, Teixeira, Ana Cláudia C., Antonini, Luciana, Magalhães, Inês (2002), *Orçamento participativo nos municípios paulistas: gestão 1997-2000,* São Paulo, Pólis.

CIDADE (1997), *Orçamento Participativo e os Desafios para o Futuro,* Porto Alegre, CIDADE (Centro de Asesoría y de Estudios Urbanos).

CIDADE (1998), "Cidadania inquieta: reflexões a partir da segunda rodada do OP", *De Olho no Orçamento, 7.*

CIDADE, CRC (1999), *Quem é o público do Orçamento Participativo: seu perfil,por que participa e o que pensa do Processo*, Porto Alegre, CIDADE (Centro de Asesoría y de Estudios Urbanos) y CRC (Coordinadora de las Relaciones con las Comunidades).

CONGER, Lucy (1999) "Porto Alegre: where the public controls the purse strings", *Urban Development, The Urban Age Magazine,* primavera de 1999.

DAVEY, Kenneth (1993), "Elements of Urban Management", *Urban Management Programme Discussion Paper, 11, 1-55.*

DE TONI, Jáckson (2001), "Do Orçamento Participativo ao Planejamento Estratégico – as possibilidades da gestão democrática do Estado", trabajo presentado en el marco del *VI Congresso Internacional do CLAD,* Buenos Aires,

DIAS, Márcia Ribeiro (2000), *Na encruzilhada da teoria democrática: efeitos ao Orçamento Participativo sobre a Câmara Municipal de Porto Alegre,* Río de Janeiro: IUPRJ, Disertación de Doctorado.

ECHEVARRÍA, Corina (1999), *Democratización del espacio público municipal mediante la implementación de instituciones de gestión participativa: estudio comparado de los casos de la Municipalidad de la ciudad de Córdoba (Argentina) y la prefectura de Porto Alegre (Brasil),* Córdoba, Universidad Nacional de Córdoba, Tesina.

FEDOZZI, Luciano *et al.* (1995), *Orçamento Participativo: Pesquisa sobre a população que participa da discussão do orçamento público junto à Prefeitura Municipal de Porto Alegre,* Porto Alegre, Cidade, Fase, Alcaldía de Porto Alegre.

FEDOZZI, Luciano (1997), *Orçamento Participativo. Reflexões sobre a Experiência de Porto Alegre,* Porto Alegre, Tomo Editorial.

FEDOZZI, Luciano (2001), "Contribuições à discussão sobre o aperfeiçoamento do Orçamento Participativo de Porto Alegre", texto presentado en el marco del seminario *O Orçamento Participativo visto pêlos seus investigadores,* 31/05-02/06/2001, Porto Alegre, Alcaldía de Porto Alegre.

GENRO, Tarso, DE SOUZA, Ubiratan (1997), *Orçamento Participativo: A Experiência de Porto Alegre,* Porto Alegre, Editora Fundação Perseu Abramo.

Grupo de Trabalho de Modernização do Orçamento Participativo (2001), "Rompendo nossos limites: Uma primeira avaliação dos pontos de estrangulamento que vivemos no processo do Orçamento Participativo de Porto Alegre", texto presentado en el seminario *O Orçamento Participativo visto pelos seus investigadores,* 31/05-2/06/2001, Porto Alegre, Alcaldía de Porto Alegre.

HARNECKER, Marta (1993) "Alcaldía de Porto Alegre: Aprendiendo a Gobernar", *Haciendo Comino al Andar, 2.*

LARANJEIRA, Sónia (1996), "Gestão Pública e Participação: A Experiência do Orçamento Participativo em Porto Alegre (1989-1995)", trabajo presentado en el 48.° Encuentro Anual de la *Sociedade Brasileira Para o Progresso da Ciência* (São Paulo, julio de 1996).

MARQUETTI, Adalmir (2001), "Democracia, equidade e eficiência: o caso do orçamento participativo em Porto Alegre", texto presentado en el seminario *O Orçamento Participativo visto pelos seus investigadores,* 31/05-2/06/2001, Porto Alegre, Alcaldía de Porto Alegre.

MOURA, Maria Suzana (1997), *Cidades Empreendedoras, Cidades Democráticas e Redes Públicas: Tendências à Renovação na Gestão Local.* Salvador, Universidade Federal da Bahia, Disertación de Doctorado.

NAVARRO, Zander (1996), "'Participatory Budgeting' –The Case of Porto Alegre (Brazil)", texto presentado en el seminario *Regional Workshop: Decentralization in Latin America– Innovations and Policy Implications.* Caracas, 23-24 de mayo.

OLIVEIRA, Carlos, PINTO, João, TORRES, Ciro (1995), *Democracia Nas Grandes Cidades: A Gestão Democrática da Prefeitura de Porto Alegre*, Río de Janeiro, IBASE, 20-44.

Orçamento Participativo (1999), *Regimento Interno: critérios gerais, técnicos e regionais para a gestão de 1999/2000*, Porto Alegre.

PONT, Raul (2000), *Democracia, Participação, Cidadania: uma visão de esquerda*, Porto Alegre, Palmarinca.

POZZOBON, Regina Maria (2000), "Uma experiência de Gestão Pública: O Orçamento Participativo de Porto Alegre, RS", texto presentado en el marco del *III Fórum CONTAG de Cooperação Técnica, Porto Alegre, junio de 2000.* Texto presente en Internet desde el 27 de noviembre de 2001, <http://www.portoweb.com. br/ong/cidade/texto8>.

POZZOBON, Regina; BAIERLE, Sérgio, AMARO, Vera (1996), "Refletindo sobre o Exercício da Cidadania (1.ª Parte)", *De Olho no Orçamento,* 2.

PMPM (Alcaldía Municipal de Porto Alegre); CIDADE (Centro de Asesoría y Estudios Urbanos) (2002), *Quem é o público do Orçamento Participativo — 2000*, Porto Alegre: CIDADE (Centro de Asesoría y Estudios Urbanos).

SANTOS, Boaventura de Sousa (1998), "Participatory Budgeting in Porto Alegre: Toward a Redistributive Democracy", *Politics & Society,* 26(4), 461-510.

SANTOS, Boaventura de Sousa (org.) (2002), *Democratizar a Democracia: os caminhos da democracia participativa*, Colección Reiventar a Emacipação Social, vol. L, Río de Janeiro, Editora Record.

SILVA, Marcelo Kunrath (2001), *Construção da "participação popular": Análise comparativa de processos de participação social na discussão pública do orçamento em municípios da Região Metropolitana de Porto*

Alegre/RS, Porto Alegre: Universidade Federal do Rio Grande do Sul, Disertación de Doctorado.

UTZIG, Luís Eduardo (1996), "Notas sobre o Governo do Orçamento Participativo em Porto Alegre", *Novos Estudos CEBRAP,* 45, 209-222.

VILLAS-BOAS, Renata (org.) (1999), *Balanço das experiências de orçamento participativo nos governos locais*, São Paulo, Instituto Pólis.

ANEXOS

ANEXO I
Estatuto interno del OP

Éste es el Estatuto interno del presupuesto participativo 2002/2003, aprobado en la reunión del 16 de enero de 2002 del Consejo del Presupuesto Participativo–COP.

CAPÍTULO I – Composición y atribuciones
CAPÍTULO II – Competencias
CAPÍTULO III – Organización interna
CAPÍTULO IV – Delegados

CAPÍTULO I — Sobre la composición y las atribuciones:

Artículo 1º — El presente Estatuto Interno deberá estar formado por artículos, parágrafos, incisos y letras, y dispuesto en Reglamento General, criterios generales, prioridades temáticas de distrito y temáticas, criterios técnicos, criterios de distrito, listado de consejeros titulares y suplentes y representaciones.

Artículo 2º — El Consejo del Presupuesto Participativo (COP) es un órgano de participación directa de la comunidad, y tiene como finalidad planear, proponer, examinar y deliberar sobre los ingresos y gastos del Presupuesto del Ayuntamiento de Porto Alegre.

Parágrafo primero: Será competencia de la Coordinadora del COP la función de supervisar la ejecución de los ingresos y gastos públicos, definiendo parámetros o criterios para tal fin. Además, cualquier proyecto de reforma tributaria deberá evaluarlo la Coordinadora, que presentará su dictamen para la deliberación del COP. La Coordinadora podrá buscar ayuda técnica externa para estas atribuciones.

Artículo 3º — El Consejo del Presupuesto participativo estará formado por un número de miembros distribuidos de la siguiente manera:

a) 2 (dos) consejeros(as) titulares y dos suplentes elegidos en cada uno de los 16 (dieciséis) distritos de la ciudad;
b) 2 (dos) consejeros(as) titulares y dos suplentes elegidos en cada una de las 6 (seis) Plenarias Temáticas;
c) 1 (un) consejero(a) y un suplente del SIMPA (Sindicato de los Empleados Municipales de Porto Alegre); 1 (un) consejero(a) y un suplente de la UAMPA (Unión de las Asociaciones de Vecinos de Porto Alegre);
d) 2 (dos) representantes y dos (dos) suplentes del Ejecutivo de las siguientes áreas de actuación: 1 (un) representante y 1 (un) suplente de la Coordinadora de Relaciones con la Comunidad — CRC; 1 (un) representante y 1 (un) suplente del Gabinete de Planeamiento — GAPLAN.

Artículo 4º — Los representantes del Poder Público Municipal serán seleccionados por el Alcalde; tendrán derecho a la palabra, pero no al voto.

Artículo 5º — Los consejeros(as) de los distritos y temáticas de la ciudad se elegirán en la Plenaria (Ronda Única), coordinada por la Administración Municipal, en colaboración con la Organización Popular del distrito o Temática.

Parágrafo primero: Las inscripciones de listas de candidatos para consejeros(as) de distrito y/o temáticas sólo se aceptarán si están completas (titulares y suplentes);

Parágrafo segundo: En el supuesto de que exista más de una lista de candidatos para la elección de los consejeros(as), se aplicará la siguiente tabla de proporcionalidad:

Porcentaje de los votos	Número de consejeros
75,1%	2 (dos) titulares y 2 (dos) suplentes
Del 62,6% al 75,0%	2 (dos) titulares y 1 (un) suplente
Del 55,1% al 62,5%	2 (dos) titulares
Del 45,0% al 55,0%	1 (un) titular y 1 (un) suplente
Del 37,6% al 44,9%	2 (dos) suplentes
Del 25,0% al 37,5%	1 (un) suplente
24,9% o menos	No elige

Artículo 6º — Los distritos y temáticas determinarán el número de sus delegados(as) en la Plenaria según la siguiente proporción: 1 (un/a) delegado/a por cada diez participantes elegidos entre aquellos debidamente identificados en las listas de asistencia en el día de la Plenaria.

Parágrafo primero: Los participantes de la Plenaria deberán identificarse en la lista de asistencia, indicando la comunidad, asociación o segmento al que pertenecen, para que a partir de la correcta identificación pueda definirse, según el criterio de la proporcionalidad, el número exacto de delegados(as) que tendrá cada comunidad, asociación o segmento participante en la ronda de un distrito/temática.

Parágrafo segundo: Tras las plenarias de los distritos y temáticas, se podrán elegir inicialmente nuevos delegados(as) en la misma proporción, en una reunión convocada para este fin.

Parágrafo tercero: La lista de nombres de delegados(as) y suplentes se confeccionará en una asamblea abierta de las respectivas comunidades, según una proporcionalidad establecida por la plenaria de la ronda, con amplia divulgación y comunicación anticipada de la fecha, hora y lugar en el foro del distrito o temática, garantizando un intérprete de LIBRAS (Lengua Brasileña de Signos) en las retrasmisiones televisivas.

Parágrafo cuarto: Para obtener la credencial para las Plenarias, el Gobierno deberá disponer toda la estructura, los recursos humanos y el material para el catastro, garantizando un comprobante al ciudadano y a la ciudadana en la inscripción.

Artículo 7º — Los consejeros(as) del resto de entidades de la sociedad civil (UAMPA y SIMPA) serán designados por las mismas, por escrito, para este fin específico.

Artículo 8º — No podrá ser consejero(a) titular ni suplente quien tenga un escaño en otro consejo, quien detente un mandato electivo en el poder público (de cualquier esfera), quien tenga un cargo en comisión, asesor político (agente del MOVA) o quien ejerza FG de jefatura en los Poderes Ejecutivo, Legislativo y Judicial, en las esferas municipal, estatal y federal.

Párrafo único: El/la consejero(a) sólo podrá representar a un distrito de la ciudad o a una Plenaria Temática.

Artículo 9º — El mandato de los/las consejeros(as) (distrito, temática y entidad) tiene 1 (un) año de duración, y puede haber una reelección consecutiva. Los/las consejeros(as) de los distritos o de las temáticas se elegirán en las Plenarias o, de forma extraordinaria, en el foro del distrito o temática, cuando el cargo esté vacante.

Artículo 10º — El Ayuntamiento proporcionará la infraestructura y aquellas condiciones necesarias para el buen funcionamiento del Consejo, tales como: local idóneo con condiciones de ventilación, temperatura y aseos suficientes para un mínimo de 100 (cien) personas, sonorización que permita la comunicación de los/as consejeros(as) con la plenaria y con la mesa y el teléfono. Además, organizará para los/as consejeros(as) cursos de cualificación técnica en el área presupuestaria y permitirá realizar consultas sobre todas las informaciones relativas al Presupuesto del Ayuntamiento de Porto Alegre, así como sobre la marcha de las peticiones y servicios y sobre el Plan de Inversiones con la situación actualizada, a través de un terminal de ordenador a disposición de los mismos.

Parágrafo primero: Una vez concluida la licitación, el responsable técnico de la PMPA de la obra deberá contactar con los Consejeros(as) del distrito o Temática para poner en marcha la Comisión de Obras. Cuando el proyecto esté listo, deberá convocar a los miembros de la comunidad para informarles de la rutina de supervisión de la obra, en una reunión que deberá celebrarse en el CAR (Centro Administrativo Regional, es decir, de Distritos) y/o en la comunidad implicada. Si los consejeros(as) y delegados(as) tuvieran que desplazarse a lugares alejados para visitar o inspeccionar obras, el transporte correría a cargo de la Coordinadora de Relaciones con la Comunidad, cuando sean convocados por el Gobierno. Los términos del cobro, provisional y definitivo se redactarán sólo con el visto bueno, por escrito, de la Comisión de Obras de uno de los/as Consejeros(as) y/o Delegados(as).

Parágrafo segundo: La Alcaldía no podrá empezar el Plan de Inversiones del año siguiente, sin haber presentado previamente un informe en donde se justifique el incumplimiento de las peticiones.

Parágrafo tercero: Aquel órgano que no se ajuste a las reglas del Estatuto del Presupuesto Participativo será convocado al COP para que presente las justificaciones pertinentes. Esta actitud contraria al proceso del Presupuesto Participativo debe ser valorada por el COP. Si dicho órgano no comparece, los consejeros(as) emitirán y firmarán una notificación dirigida al Alcalde. No debe permitirse que éstos perjudiquen el proceso.

Parágrafo cuarto: Los cursos de cualificación destinados a aquellos consejeros y delegados que estén interesados deben ser promovidos por la Coordinadora de Relaciones con la Comunidad en las diferentes áreas de interés social, teniendo en cuenta la opinión del resto de Consejos.

Artículo 11º — A este Consejo le compete la tarea de garantizar la presencia de un intérprete de lengua brasileña de Signos (Libras), para todos(as) los/as Consejeros(as) y Delegados(as) con dificultades de audición. Asimismo, se garantizará el uso del sistema braile para quienes tengan problemas de visión, en todas las actividades que necesiten su presencia, así como la instalación de rampas de acceso en los espacios públicos del Presupuesto Participativo, así como en las Plenarias.

CAPÍTULO II — Sobre las competencias:

Artículo 12º — Es competencia del Consejo del Presupuesto Participativo:

I — Valorar, emitir opinión, declararse a favor o en contra y cambiar en todo o en parte la propuesta del Plan Plurianual del Gobierno que debe ser enviada a la Câmara de Vereadores el primer año de cada mandato del Gobierno Municipal.

II — Valorar, emitir opinión, declararse a favor o en contra y cambiar en todo o en parte la propuesta del Gobierno para la LDO (Ley de Directrices Presupuestarias) que debe ser enviada anualmente a la Câmara de Vereadores.

III — La propuesta de Presupuesto anual, que presentará el Ejecutivo, deberá presentarse a final de agosto o durante la primera semana de septiembre para valorar, emitir opinión, declararse a favor o en contra y cambiar en todo o en parte la propuesta del Plan de Inversiones.

IV — Valorar, emitir opinión, declararse a favor o en contra y cambiar en todo o en parte la propuesta del Plan de Inversiones.

V — Evaluar y divulgar la situación de las peticiones del PLAN DE INVERSIONES del año anterior (ejecutadas, en curso, plazo de conclusión, subastadas y no realizadas) a partir de informaciones suministradas por el Ayuntamiento, en el momento de la presentación de la Plantilla Presupuestaria del año siguiente.

VI — Valorar, emitir opinión o cambiar en todo o en parte el conjunto de obras y actividades constantes del planeamiento de Gobierno y el presupuesto anual presentados por el Ejecutivo, en conformidad con el proceso de debate del OP.

VIII — Supervisar la ejecución presupuestaria anual y examinar el cumplimiento del Plan de Inversión, opinando sobre posibles incrementos, cortes de gastos/inversiones o cambios en el planeamiento.

IX — Valorar, emitir opinión, declararse a favor o en contra y cambiar en todo o en parte la aplicación de recursos extra-presupuestarios tales como: Fondos Municipales, Fondo PIMES y otras fuentes.

X — Opinar y decidir de común acuerdo con el Ejecutivo la metodología adecuada para el proceso de discusión y definición de documento presupuestario y del Plan de Inversiones.

XI — Valorar, emitir opinión y cambiar en todo o en parte las inversiones que, según el Ejecutivo, sean necesarias para la ciudad.

XII — Solicitar a las Secretarías y Órganos del Gobierno aquellos documentos imprescindibles para la formación de opinión de los Consejeros(as) con respecto, sobre todo, a las cuestiones complejas y técnicas.

XIII — Designar a los 8 consejeros(as) (4 titulares y 4 suplentes) que formarán la Coordinadora del COP.

XIV — Designar a 6 consejeros(as) (3 titulares y 3 suplentes) como representantes del COP para la formación de las Comisiones Tripartitas I, II y III. Los Consejeros(as) deberán consultar al Consejo sobre las posiciones que deben trasladarse a la Comisión Tripartita.

XV — Analizar y aprobar o no, al final de cada ejercicio, las Cuentas presentadas por el Gobierno, a partir del informe informatizado (GOR), en donde queda reflejado todo lo que ha sido presupuestado, todos los compromisos tomados y todo lo ejecutado.

XVI — Designar a algunos consejeros(as) del Consejo del Presupuesto Participativo como representantes en otros Consejos y/o comisiones municipal, estatal o federal. Los consejeros(as) deberán consultar al consejo sobre las posiciones que deben ser trasladadas a los consejos y/o comisiones.

XVII — Se podrá considerar el recurso de votación, desde el momento en que se comunique en la misma reunión de la votación con la presencia de las partes implicadas y solicitándolo por escrito a la Coordinadora del COP.

XVIII — Discutir, al final de cada ejercicio anual, el presente estatuto interno, proponer cambios o enmiendas totales o parciales.

XIX — Creación de una Comisión Tripartita III para debatir las políticas de asistencia social (SASE, NASF, TRABAJO EDUCATIVO Y OTROS). Composición de esta comisión: (CMAS, FASC, CMDCA, Temática de Salud y Asistencia Social).

XX — Las decisiones anteriores de la comunidad durante el proceso de elección de las prioridades de la ciudad no podrán ser modificadas posteriormente por los consejeros(as).

Artículo 13º — Para poner en marcha la reunión del COP (Consejo del Presupuesto Participativo) es necesario el quórum de la mitad más una de los distritos y temáticas. Se adoptarán estos mismos criterios cuando se trate de aprobar las deliberaciones del Consejo y las orientaciones prevalecientes. Deberá haber mayoría simple.

Parágrafo primero: Tras la puesta en marcha del COP, en su primera reunión, se definirá la dinámica de su funcionamiento (día, hora, lugar, tiempo de intervención, período de información y un espacio de debate de análisis de la coyuntura en las diferentes reuniones del Presupuesto Participativo [COP, Distritos, Temáticas y Plenarias]).

Parágrafo segundo: Las resoluciones aprobadas se remitirán al Ejecutivo que las aceptará o vetará en todo o en parte.

Parágrafo tercero: Si la resolución es vetada, el asunto regresa al Consejo para proceder a una nueva valoración y votación.

Parágrafo cuarto: El rechazo del veto únicamente se verificará por una decisión mínima de dos tercios de los votos de los miembros del Consejo.

Artículo 14º — El Ejecutivo debe obligatoriamente iniciar el proceso de discusión anual del documento presupuestario y del Plan de Gobierno hasta el 15 de abril de cada ejercicio anterior, es decir, en el plazo de 45 días antes de enviar la propuesta de la LDO (Ley de Directrices Presupuestarias) a la Câmara de Vereadores.

Artículo 15º — Anualmente, hasta el 20 de abril, el Ayuntamiento deberá rendir cuentas del Plan de Inversiones (obras y actividades definidas en el ejercicio anterior), así como de la realización del Presupuesto del Ayuntamiento del año anterior (Gastos e Ingresos) en las Reuniones Preparatorias de Distrito y Temática.

Artículo 16º — Al principio del proceso de discusión del Plan de Gobierno y del Presupuesto, la Coordinadora del COP deberá proponer una metodología adecuada para proceder al estudio del documento presupuestario y a la elección de las prioridades de la comunidad, así como el cronograma del trabajo.

Parágrafo primero: Tras las reuniones de la Coordinadora del COP y de las Comisiones Tripartitas I, II y III, éstas mismas deberán comunicar, en la siguiente reunión del COP, la fecha de la reunión con las deliberaciones y orientaciones y distribuir el documento informativo entre todos los consejeros(as).

Parágrafo segundo: Aquel consejero(a) de la Coordinadora que sume 3 (tres) faltas consecutivas o 5 (cinco) alternadas será sustituido; podrá justificar 4 (cuatro) faltas, proporcionando una aval de la reunión del COP.

Artículo 17º — Las obras institucionales que para ser implementadas necesiten recursos presupuestarios propios, o financiaciones de organismos nacionales o internacionales, deberán presentarse y debatirse previamente con la comunidad directamente afectada.

Parágrafo primero: El Presupuesto de coste deberá, en primer lugar, discutirse en el COP y, en segundo, presentarse a los FROP.

CAPÍTULO III — Sobre la organización interna:

Artículo 18º — El COP presentará la siguiente organización interna:
I — Coordinadora del COP
II — Secretaría Ejecutiva
III — Consejeros(as)
IV — Comisión de comunicación
V — Foro de Delegados(as) (los distritos y temáticas son autónomas, el COP no tiene poder de intervención).

SECCIÓN 1ª - I — Sobre la coordinadora:

Artículo 19º — El Consejo del Presupuesto Participativo estará coordinado por la Coordinadora del COP, de acuerdo con el art. 10º, inciso XIII.

Parágrafo único: La Coordinadora del COP estará formada por 4 miembros del Gobierno, y 2 (dos) titulares y 2 (dos) suplente, 8 consejeros(as) del COP, 4 (cuatro) titulares y 4 (cuatro) suplentes, más la Secretaría Ejecutiva del COP.

Artículo 20° — Es competencia de la Coordinadora del COP:

a) Convocar y coordinar las reuniones ordinarias y extraordinarias del Consejo. La coordinación de las reuniones del Consejo deberá efectuarse de forma rotatoria entre los representantes del Gobierno y los consejeros(as) del COP.
b) Convocar a los miembros del consejo para presentar las actividades necesarias para el desempeño del mismo, informándoles previamente sobre la pauta.

c) Programar la comparecencia de los órganos del Poder Público Municipal cuando la materia en cuestión así lo exija.
d) Presentar, para la valoración del Consejo, la propuesta de Ley de Directrices Presupuestarias del Gobierno que deberá enviarse anualmente a la Câmara de Vereadores.
e) Presentar al Consejo el Plan Plurianual del Gobierno en vigor o el que deba enviarse a la Câmara de Vereadores.
f) Presentar, para la valoración del Consejo, la propuesta de política tributaria y de recaudación del Poder Público Municipal.
g) Presentar, para la valoración del Consejo, la propuesta metodológica del Gobierno para discutir y definir el documento Presupuestario de las Obras y Actividades que deberán constar en el Plan de Inversiones y Costes.
h) Convocar a los delegados(as) para informarles del proceso de discusión del Consejo.
i) Trasladar al Ejecutivo Municipal las deliberaciones del Consejo.
j) Consultar a la Plenaria sobre la necesidad de reservar un período de tiempo al inicio de las reuniones del Consejo para ofrecer información.
l) Conocer, cumplir y hacer cumplir el presente Estatuto Interno.
m) Coordinar y planificar las actividades del Consejo.
n) Discutir y proponer las pautas y el calendario mensual de las reuniones ordinarias, con una antelación mínima de 15 días.
o) Reunirse en sesión ordinaria, dos veces por semana.
p) Rendir cuentas ante el Consejo de sus actividades mensualmente.
q) Informar al Consejo, a los distritos o temáticas, cuando los Consejeros(as), titulares o suplentes, se ausenten en su totalidad.
r) Informar al Consejo, a los distritos o temáticas, cuando los Consejeros(as) se ausenten de forma individual.
s) Valorar y mediar en los conflictos entre distritos y temáticas

con referencia a las divergencias en cuanto a dar prioridad a obras, servicios y directrices políticas.

t) Organizar un Seminario de cualificación anual sobre la dinámica del Presupuesto Participativo, siempre al principio de cada gestión del Consejo, con el objetivo de cualificar y ampliar el conocimiento de los consejeros(as).
u) Discutir y presentar propuestas de solución para asuntos que engloben a dos o más distritos.
v) El COP, a través de la Coordinadora del COP, formará una comisión especial que supervisará de forma actualizada las necesidades reales de cada distrito.
x) El Consejo del Presupuesto Presupuestario (COP) constituirá una Comisión de Obras, Vivienda y Área Social.

SECCIÓN 2ª - II — Sobre la Secretaría Ejecutiva:

Artículo 21º — La Administración Municipal se encargará de mantener la Secretaría Ejecutiva, a través de la CRC (Coordinadora de Relaciones con la Comunidad), y deberá proporcionar los medios suficientes para el adecuado registro de las reuniones.

Artículo 22º — La Secretaría Ejecutiva tiene las siguientes atribuciones:

a) Elaborar el acta de las reuniones del Consejo y presentarla a los consejeros(as) en la reunión posterior.
b) Realizar el control de asistencia en las reuniones del Consejo y, después, informar a la Coordinadora del COP mensualmente para realizar un análisis y tomar las medidas oportunas.
c) Organizar el catastro de los consejeros(as) de los distritos y temáticas.
d) Proporcionar a los consejeros(as) copias de los edictos de licitación de las obras con lugar y fecha de apertura de los sobres con las propuestas.
e) Organizar y mantener toda la documentación e información del Consejo, facilitando el acceso a los consejeros(as).

f) Proporcionar apoyo material (fotocopias, comunicados, etc.) para el trabajo de los consejeros(as).
g) Divulgar el nombre de los ganadores de los Edictos de peticiones constantes del Plan de Inversiones.
h) Cuando se solicite, entregar copias de los contratos de las peticiones constantes del Plan de Inversiones, efectuados entre los contratados y la Administración.
i) Los distritos y las Temáticas deberán entregar la lista de delegados(as), como máximo a finales del mes de junio, a la Secretaría Ejecutiva a través del CAR (Centro Administrativo Regional, es decir, de Distrito) y de los Coordinadores Temáticos (CT).

SECCIÓN 3ª - III — Sobre los Consejeros(as) — Derechos, deberes y pérdida del mandato

Artículo 23º — Los Consejeros(as) gozan de los siguientes derechos:

a) Votar y ser votado en elecciones de representación del Consejo.
b) Participar con derecho a voz y voto en las Plenarias y en las reuniones de su Distrito o Temática.
c) Exigir el cumplimiento de las resoluciones y decisiones adoptadas por el Consejo.
d) En ausencia del consejero(a) titular, el consejero(a) suplente asumirá ocupará su lugar de forma automática con derecho a voz y voto.

Artículo 24º — Los Consejeros(as) tienen los siguientes deberes:

a) Conocer, cumplir y hacer cumplir el presente Estatuto Interno.
b) Comparecer a las reuniones y a las Plenarias convocadas por el Consejo y/o Distritos o Temáticas.
c) Realizar al menos una reunión mensual con los delegados(as) y con el movimiento popular organizado.
d) Fomentar reuniones mensuales entre los distritos y las temáticas con el objetivo de incorporar estos Foros en las discusiones afines.

e) En los Foros de Distrito y Temáticos, informar sobre el proceso de discusión que se está llevando a cabo en el Consejo y apuntar sugerencias y/o deliberaciones por escrito.
f) Participar en el Seminario de cualificación del COP para conseguir la cualificación en el conocimiento del Ciclo del Presupuesto Participativo y del Presupuesto Público.
g) Informar con antelación al resto de consejeros(as) cuando deba ausentarse de una reunión o asamblea.
h) Los consejeros no pueden introducir cambios en las decisiones anteriores de la comunidad en el proceso de elección de las prioridades de las ciudad, a no ser que se verifique una causa técnica, financiera o legal tras el análisis por los órganos competentes.

Artículo 25º — Los Consejeros(as) perderán sus mandatos en los siguientes casos:

a) Por denuncia que deberá dirigirse por escrito al foro de delegados con la fecha y la firma.
b) Los consejeros(as) podrán ver revocado su mandato en cualquier momento por parte del Foro de delegados de distrito o temático del Presupuesto Participativo, cuya función es ésta misma, en un plazo de 15 días de antelación.
c) La revocación del mandato de los consejeros(as) de producirá por deliberación de (2/3) dos tercios de los presentes en el foro de delegados(as) de distrito o temático del Presupuesto Participativo, según el caso, garantizando el quórum mínimo de mitad más uno de los delegados(as) elegidos.
d) El/la consejero(a) titular que se ausente de las reuniones 5 (cinco) reuniones consecutivas u ocho (8) alternadas sin justificación será apartado de su mandato y será sustituido por el suplente, que pasará a ser titular en el Consejo. Si no hubiese suplentes, la sustitución se llevaría a cabo en una asamblea del distrito o temática convocada para este fin.
e) El distrito, temática o entidad que no estuviese presente en las personas de sus consejeros(as) titulares en (3) tres reuniones consecutivas o en (5) alternadas, deberá volver a elegir a sus consejeros(as) titulares en una Asamblea General, convocada

por el Consejo, mediante la Coordinadora del COP.

f) El justificante para las faltas deberá ser por escrito, firmado por el resto de Consejeros(As) del distrito o Temática, y estar dirigido a la Coordinadora del COP; el plazo de presentación es de dos semanas, a partir de la ausencia.

g) No se considerará falta de los Consejeros(as) y Delegados(as) discapacitados visuales o auditivos, a las reuniones de Comisiones, Plenarias y Debates del Consejo, si éstos no cuentan con el auxilio de un profesional intérprete de la Lengua Brasileña de Signos (LIBRAS) y de material en Braille.

h) Es un deber del titular notificar el nombre del suplente que representará el distrito y/o temática en las reuniones del Consejo del Presupuesto Participativo (COP) en su lugar.

SECCIÓN 4ª —IV — Sobre las Reuniones:

Artículo 26° — El Consejo del Presupuesto Participativo se reunirá de forma ordinaria ocho veces al mes y con carácter extraordinario cuando sea necesario.

Artículo 27° — Celebración de una reunión ordinaria mensual del COP, sin la participación del Gobierno en la coordinación de los trabajos, con carácter de evaluación, entre otros, del proceso de desarrollo del COP, en donde se computarán las presencias y las faltas.

Artículo 28° — El Gobierno deberá responder las preguntas planteadas por los Consejeros(as) de los distritos/temáticas en los informes de las reuniones.

Artículo 29° — Las reuniones del Consejo son públicas, se permite la libre manifestación de los titulares y suplentes presentes sobre asuntos de la pauta y se respeta el orden de la inscripción, que deberá solicitarse a la coordinadora de los trabajos.

Parágrafo único: El consejo del Presupuesto Participativo podrá deliberar par conceder el derecho a voz a otros presentes mediante una votación específica en la reunión en curso.

Artículo 30° — En el momento de la deliberación sólo tendrán derecho a voto los consejeros(as) titulares o suplentes cuando ejerzan como titulares.

SECCIÓN 5ª

Artículo 31° — Sobre las atribuciones de la Comisión de Comunicación:

a) Divulgar e informar a la población de Porto Alegre sobre las actividades del COP y el proceso del Presupuesto Participativo a través de la óptica de los Consejeros(as).
b) Llevar a cabo la política de divulgación aprobada por el COP mediante contactos con medios de comunicación.

CAPÍTULO IV — Sobre los Delegados(as):

Artículo 32° — Los delegados tienen las siguientes atribuciones:

a) Conocer, cumplir y hacer cumplir el presente Estatuto Interno.
b) Participar en las reuniones organizadas por los consejeros(as) en los distritos y temáticas como mínimo una vez al mes.
c) Ayudar a los consejeros(as) a informar y divulgar entre la población los asuntos tratados en el COP (Consejo del Presupuesto Participativo).
d) Supervisar el Plan de Inversiones, desde su elaboración hasta la conclusión de las obras.
e) Crear las comisiones temáticas (por ejemplo: saneamiento, vivienda y regulación agraria) a fin de debatir la creación de Directrices Políticas. Estas comisiones podrán ampliarse con la incorporación de personas de la comunidad (las comisiones temáticas podrán desdoblarse en comisiones de supervisión de obras).
f) Deliberar, junto con los consejeros(as), sobre cualquier problema o duda que pueda surgir en el proceso de elaboración

del Presupuesto.

g) Proponer y debatir sobre los criterios para la selección de peticiones en las micro-distritos y distritos de la ciudad y temáticas, teniendo como orientación general los criterios aprobados por el Consejo.
h) Debatir y proponer sobre la LDO (Ley de Directrices Presupuestarias) y, en el primer año de cada mandato de la Administración municipal, sobre el Plan Plurianual, ambos presentados por el Ejecutivo.
i) Deliberar junto con los Consejeros(as) sobre cambios en el Estatuto Interno en el COP y sobre modificaciones en el proceso del Presupuesto Participativo.
j) Crear las Comisiones de Fiscalización y Supervisión de obras, desde la elaboración del proyecto, subasta, hasta su conclusión.
l) Organizar un Seminario de cualificación de los delegados sobre Presupuesto Público, Estatuto Interno, Criterios Generales y Técnicos, con la producción de material específico para mejorar la calidad de la información.
m) Dirigir peticiones de sus comunidades en un plazo determinado al foro de delegados(as), de distrito o temático.
n) Votar y defender el interés común en nombre de los demás delegados(as) de su comunidad.
o) Votar las propuestas de la pauta y las peticiones del Presupuesto Participativo.
p) En un mismo mandato, sólo se podrá ejercer el papel de delegado(a) en un distrito y en una temática.

Artículo 33° — La persona que ocupe un cargo en comisión en la Administración Municipal, o aquella que ocupe un mandato electivo en el poder público (de cualquier esfera) no podrá ser delegado(a).

Artículo 34° — Garantizar e instituir un diploma para Consejeros(as) y Delegados(as) del Presupuesto Participativo, en la asamblea Municipal.

Artículo 35° — El Coordinador de distrito del Presupuesto Participativo y el Coordinador temático (CROP y CT) tienen las siguientes atribuciones:

1. Estar presente en todas las reuniones del foro de delegados de distrito y temático.
2. Colaborar con la mesa en la dirección de los trabajos.
3. Contribuir con datos e informaciones actualizadas a fin de ayudar en el trabajo de los consejeros(as).
4. Comunicar la posición del gobierno sobre asuntos de interés del distrito.
5. Informar sobre la situación de las actividades y obras de interés de las comunidades y del distrito.

Artículo 36° — Este Estatuto entrará en vigor a partir de las Reuniones Preparatorias.

Artículo 37° — Los casos que no se recojan en este Estatuto deberán remitirse a la Coordinadora del COP, por escrito.

Debatido y aprobado el 29 de enero de 2002

Secretaría Ejecutiva el 10 de febrero de 2002

ANEXO II

Criterios técnicos para las peticiones del OP

Son reglas técnicas usadas por los órganos de la Alcaldía para analizar las peticiones y para verificar su viabilidad (presupuesto participativo de 2002).

Vivienda / Pavimentación de calles / Educación / Asistencia Social / Salud / Transporte y Circulación / Área de Ocio / Deporte / Iluminación Pública / Cultura / Saneamiento Básico / Saneamiento Ambiental / Desarrollo Económico

Vivienda

Secretaría Municipal de Vivienda (DEMHAB)

Los Programas de Vivienda (propuestas de división pública, reasentamientos, cooperativas de renta baja) deben presentarse, discutirse, analizarse y aprobarse en los Foros de Distritos del Presupuesto Participativo (FROP), en la plenaria temática Organización de la Ciudad, Desarrollo Urbano y Ambiental (OCDUA) y en el Consejo del Presupuesto Participativo (COP).

Criterios para la selección de aquellas barriadas que vayan a integrar el Programa de Regularización Agraria:

- En los términos municipales en donde se puede utilizar el instrumento de la Concesión del Derecho Real de Uso (conforme a la L. C. 242).

- Barriadas en áreas particulares, con ocupación igual o superior a 5 años, prestando el apoyo técnico y jurídico, condicionado a un compromiso de las comunidades en la recopilación de pruebas para valorar las acciones de usucapión.
- Las peticiones de topografía pueden solicitarse en el OP, mientras tanto la prioridad es concluir el trabajo del DEMHAB en las barriadas ya incluidas en el catastro en el Programa de Regularización Agraria; cabe subrayar que existen limitaciones de capacidad técnica tanto del DEMHAB como de las empresas existentes en el mercado para efectuar nuevas actuaciones periciales.
- El área en que se ubica la barriada no debe estar clasificada como área de riesgo por el diagnóstico elaborado por el Programa de Área de Riesgo; no puede presentar un declive superior al 30%; no debe presentar condiciones geológicas inadecuadas para la urbanización, como, por ejemplo: área rocosa, márgenes de arroyos y ríos, etc.
- Las barriadas localizadas en una área de preservación ambiental o considerada reserva ecológica se analizarán caso por caso, según lo establecido por el Plan Director de Desarrollo Urbano y Ambiental (PDDUA).
- Las barriadas ubicadas sobre un trazado del sistema viario principal se analizarán caso por caso, según lo establecido por el PDDUA.

Construcción de Unidades de Viviendas (U.H) *en las barriadas del Proceso de Regularización Agraria* (PRF):

- Únicamente podrán solicitar recursos para la construcción de unidades de viviendas aquellas barriadas en donde el proceso de implantación de proyecto urbanístico esté concluido en el sector solicitado.

Criterios para la selección de peticiones de urbanización de barriadas:

- Sólo habrá peticiones de urbanización en aquellas barriadas que ya hayan logrado a través del Presupuesto Participativo el levantamiento topográfico catastral, incluido en el Plan de Inversiones o ejecutado ya por la comunidad.
- Cuando los vecinos hayan puesto en marcha el proceso de análisis y aprobación de los Estudios de Viabilidad Urbanística.

Criterios para el reasentamiento de familias:

- Familias residentes en barriadas ubicadas en áreas clasificadas como de riesgo por el Programa de Áreas de Riesgo.
- Familias que residen en calles, avenidas, márgenes de arroyos/ríos o en lugares inadecuados para la vivienda, como, por ejemplo: pendientes de montes que implican riesgo de desprendimiento, espacios con un declive superior a los 30º, áreas o lugares cercanos a calles de tráfico intenso de vehículos, etc.
- Familias envueltas en la implantación del programa de urbanización de barriadas;
- El Ayuntamiento priorizará los reasentamientos cercanos al lugar de origen y en el distrito de los habitantes que deben ser reasentados.
- Los criterios para la división de recursos en reasentamientos, los cuales implican el traslado de familias residentes en áreas inadecuadas de un distrito a otra, están siendo elaborados por una comisión específica, cuya propuesta será analizada y deliberada por el COP. Tras la definición de los criterios, se procederá a la publicación de un anexo.
- Atención hacia las familias que participan en movimientos organizados en sus distritos.
- Cuando el DEMHAB adquiera un área determinada destinará un porcentaje del 30% al distrito de origen. Los proyectos de viviendas deben estar precedidos por un riguroso catastro, elaborado en colaboración con la comunidad, para evitar la posesión ilegal de tierras.

División irregular del terreno, clandestina y cooperativas de viviendas de renta baja:

- Para solicitar inversiones en el Presupuesto Participativo en divisiones irregulares o clandestinas, la población debe entrar en el Proceso de Regularización conforme lo establecido en el Decreto 11.637.
- Al empezar el proceso de regularización en el DEMHAB/Procuraduría General del Ayuntamiento y Secretaría del Planeamiento Municipal, la comunidad puede solicitar asimismo el registro del área en AEIS.

El programa de Vivienda (propuestas de Divisiones Públicas, Reasentamientos, Cooperativas de Viviendas de Renta Baja) debe presentarse, discutirse, analizarse y aprobarse en el FROP, en la Temática OCDUA, en el COP.

a) Cooperativas de Viviendas Autogestionadas de Baja Renta. (VIA TEMÁTICA OCDUA)

- La cooperativa debe poseer un Título de propiedad del área, número de matrícula, título Torrens y/o un Contrato registrado en la notaría y el Proceso de Regularización en la SPM.
- Estudio de viabilidad urbanística y proyectos complementarios aprobados en los órganos competentes en el ámbito del Ayuntamiento y del Estado.
- La suma de la renta familiar no debe ser superior a 12 salarios mínimos.
- Los recursos invertidos deben volver al Ayuntamiento; no existe la posibilidad de inversiones a fondo perdido.

Sobre el *Mutirão* (sistema de auxilio mutuo entre los agricultores que se ha trasladado también a las tareas urbanas), en las áreas de las Cooperativas de Viviendas Autogestionadas de Baja Renta con recursos del Fondo de las Cooperativas.

b) Cooperativas de Viviendas de Baja Renta (ocupación).

- Registrarse en el catastro en el programa de cooperativas y Baja renta (para ocupación) en el DEMHAB.
- Solicitar el estudio topográfico y la EVU en el FROP.
- En la compra del área, la cooperativa realiza la petición en el FROP.
- Estudio de viabilidad urbanística y proyectos complementarios aprobados en los órganos competentes en el ámbito municipal y estatal.
- La suma de la renta familiar no debe ser superior a 12 salarios mínimos.
- Los recursos invertidos deben ser recuperados por el Ayuntamiento; no existe la inversión a fondo perdido.

Programa de Auxilio Mutuo — *Mutirão*:

- Los distritos y la temática Desarrollo Urbano y Organización de la Ciudad podrán solicitar la construcción de unidades de viviendas en régimen de *mutirao* de autogestión en sociedad técnica y financiera con el DEMHAB.
- Los proyectos presentados serán estudiados caso por caso por una comisión creada para este fin.

PAVIMENTACIÓN DE CALLES

SECRETARÍA MUNICIPAL DE OBRAS Y DE RED VIARIA (SMOV)

- En calles con tráfico intenso de vehículos, es necesario un ancho mínimo de 10 metros, 7 metros de calzada y 3 metros para las aceras, a fin de posibilitar la seguridad de los peatones y de los motoristas. Si se verificase la ocupación de cercas, muros y casas en el calzada de la calle, cabría obtener un compromiso por parte de los habitantes para dar marcha atrás hasta finalizar el análisis técnico de la petición, para así poder valorar el mismo; el CROP del distrito será el orientador en colaboración con la SMOV.
- En las Áreas Especiales de Interés Social (AEIS) deberán respetarse las recomendaciones del Estudio de Viabilidad Urbanística (EVU).

—Para saber si la pavimentación de una determinada calle secundaria alterará el sistema viario en el distrito, aumentando el número de tráfico en la misma, deberá solicitarse el parecer de la Secretaría Municipal de Transportes (SMT).

—El terreno público deberá incluirse en el catastro o preverse en el trazado del Plan Director; en el supuesto de que la vía no este catastrada, la Secretaría de Planeamiento Municipal (SPM) analizará la posibilidad de su registro como vía oficial, a través de documentos suministrados por la comunidad.

- Para solicitar este análisis, el interesado deberá comprobar si la parcelación con acceso a la vía se produjo antes de 1979 (ley Federal 6766/70). Esta comprobación se realizará mediante contratos de compra-venta, escrituras y registros de inmuebles. Este último es independiente de la fecha.

- Además de los análisis de los documentos, se comprobará, en el lugar, la existencia de un hidrómetro y de un reloj de luz en cada parcela con acceso al alineamiento de calles.
- Con estos elementos es posible el estudio basado en la ley complementaria 140/86.

—En aquellas calles o trechos con un declive acentuado, que no permitan la pavimentación, se llevará a cabo la construcción de escalinata.

—Cuando la calzada de la calle esté ocupada por viviendas, habrá que solicitar el reasentamiento en el DEMHAB, antes de solicitar la pavimentación.

—La SMOV aconseja que la comunidad solicite siempre la pavimentación de toda la calle. Si sólo se solicita la pavimentación de un trecho, éste, preferentemente, no deberá ser inferior a 500 metros (salvo cuando al trecho le corresponda la complementación de la pavimentación de la calle o cuando el análisis técnico y legal indique un trecho inferior); si la calle presenta un declive, tiene prioridad la parte alta para evitar problemas futuros de conservación del desagüe pluvial, como consecuencia de la erosión del suelo.

—De forma preferente, se aconseja que se consideren los siguientes puntos para llevar a cabo la jerarquización de las calles que integrarán el Programa de Pavimentación Comunitaria:

- Las obras deberán ser viables económicamente, lo que implica la necesidad de elección de las calles con mayor densidad de viviendas, o que unen núcleos de viviendas, y el menor coste de infraestructuras considerando el análisis de elementos como: declive, capacidad de soporte del suelo local, drenaje, muro de protección, etc.
- Priorización de las calles a través de las cuales se accede a colegios, líneas de autobuses, ambulatorios de salud, calles de abastecimiento y calles que unen barrios.
- Considerar el criterio de Conjunto de Obras de Forma Ordenada, es decir, cuando se solicite una calle, solicitar también las calles

adyacentes, con el objetivo de realizar una economía de escala reduciendo el coste total.

—El Programa de Pavimentación Comunitaria atenderá peticiones de apertura de terrenos baldíos, siempre y cuando no tengan un impedimento de propiedad y estén dentro de los criterios técnicos y no tengan necesidad de macrodrenaje de reasentamiento de familias.

—Aquellas peticiones de pavimentación de la 2ª pistas, en calles que ya hayan sido pavimentadas en la 1ª pista podrá atenderse siempre que no tengan de macrodrenaje, desapropiación y reasentamiento de familias.

Nota: El programa de pavimentación no prevé desapropiaciones ni macro-drenaje.

PASEOS:

Si consideramos que el mantenimiento de los paseos de tierra reduce los beneficios de la obra, degradándola al mismo tiempo, porque:

—Sigue siendo una obra incompleta, ya sea en cuanto a su funcionamiento, ya sea en relación a su estética;

—las aguas de las lluvias arrastran las tierras de los paseos hacia la red pluvial (alcantarillas y tuberías) obstruyéndolas constantemente. Además de impedir el adecuado funcionamiento de estas redes, su arreglo implica unos costes elevados.

La implantación de los paseos caracterizará en profundidad todo el Programa y, por consiguiente, permitirá que las redes de saneamiento y el sistema viario funcionen adecuadamente, mejorando el espacio destinado a los peatones y el acceso a las viviendas; asimismo, embellecerá la vista y valorizará si cabe los distritos ya implicados o que se verán implicados.

Se aconseja el estudio de los siguientes criterios:

- El Ayuntamiento tendrá, en colaboración con los líderes comunitarios de los distritos, un programa permanente de concienciación de los propietarios u ocupantes de terrenos sobre la necesidad y la importancia de implantación y mantenimiento de los paseos; asimismo, proporcionará la orientación técnica necesaria para que se haga efectiva.

- Al priorizar la pavimentación de una determinada calle, las comunidades deben firmar un documento en donde todos los propietarios u ocupantes de los respectivos terrenos se comprometan a implantar, paralelamente a la realización de la obra, los paseos respectivos a las propiedades o posesiones.

CARRETERAS:

Para la pavimentación de carreteras se sugieren los siguientes criterios:

- Priorización de las peticiones que posean las siguientes características: servir como vía de enlace entre barrios/núcleos de viviendas, servir como desagüe de la producción, tener en sus alrededores colegios, ambulatorios y disponer de línea de autobús regular.
- En el caso en que la vía presente un declive, priorizar la parte alta para evitar problemas futuros de conservación de la canalización pluvial, como consecuencia de la erosión del suelo.

PUENTES:

Para valorar el coste de aquellas peticiones de pavimentación que impliquen la construcción de un puente (nueva construcción o reconstrucción) se seguirá el siguiente criterio:

- Un metro de puente equivale al coste de 20 metros de pavimentación; por lo tanto, la extensión del puente debe ser multiplicada por 20 para obtener el metraje total que debe descontarse del metraje del distrito.

EDUCACIÓN

SECRETARÍA MUNICIPAL DE EDUCACIÓN (SMED)

Enseñanza elemental

- Para la recuperación/reforma de edificios escolares se evaluarán las condiciones físicas de los colegios, a partir de pericias y estudios técnicos definidos por la SMED.
- Ampliación de colegios en donde haya espacio físico y un exceso de alumnos.

- Para la construcción de colegios se considerarán los siguientes criterios:

  a) en distritos donde el número de alumnos matriculados en la Enseñanza Básica sea inferior a la población de 7 a 14 años;

  b) en distritos que presentan un exceso de alumnos a causa de la nueva ubicación de barriadas (reasentamientos), a la distribución territorial adecuada de colegios o al acentuado crecimiento de la población.

Educación Infantil

- Para la recuperación/reforma de edificios escolares se evaluarán las condiciones físicas de las Escuelas Infantiles, a partir de pericias y estudios técnicos definidos por la SMED.
- Educación de 0 a 6 años — conciertos de guarderías comunitarias.

Lotes de materiales

Destinadas a las comunidades que soliciten la construcción de nuevas guarderías o construcciones inacabadas de guarderías que todavía no tengan concierto.

Tan pronto como se finalice la construcción, las guarderías dispondrán de un concierto automáticamente. Las guarderías deberán estar situadas en terrenos de la PMPA, pertenecientes a la entidad vinculada o particular en régimen de comodato.

El Gobierno es responsable de la adquisición, del transporte y de la entrega de los Lotes de Materiales, además de ofrecer un profesional técnico para elaborar un proyecto de ingeniería y supervisar la obra.

Por su parte, la comunidad deberá disponer de un espacio para almacenar y guardar los Lotes de Materiales, así como organizar la ejecución de la obra en régimen de *Mutirão* (auxilio mutuo).

Observación: El Concierto Sinduscon se destina a guarderías con o sin concierto con la PMPA, para reforma, ampliación o adecuación a los criterios de la Resolución 020/98 del Consejo Municipal del Niño y del Adolescente (CMDCA).

Criterios:

— priorización, viabilidad técnica y carencia

Construcción de Guarderías Comunitarias

Para la construcción de guarderías comunitarias se tendrán en cuenta los siguientes criterios:

a) en distritos donde haya terreno disponible para esta inversión;
b) en distritos donde la organización comunitaria se comprometa en garantizar condiciones para firmar un concierto para la futura guardería, según los criterios de la resolución 020/98 del CMDCA.

***

GUARDERÍAS COMUNITARIAS

Resolución 020/98 del Consejo Municipal de los Derechos del Niño y del Adolescente

1. SOBRE LOS PRINCIPIOS

1.1. SOBRE EL ESTATUTO DEL NIÑO Y DEL ADOLESCENTE:

Todo niño es:

— sujeto de derechos civiles, humanos y sociales que deben ser garantizados, con total prioridad, por la familia, por la comunidad y por el poder público;

— persona en una situación especial de desarrollo.

1.2. PARTICIPACIÓN COMUNITARIA:

Es un propósito fundamental en todo el proceso, como forma de profundización de la participación popular a través de Consejos, Órganos de los Distritos, Asociaciones, Foros y otros órganos/grupos, país y comunidad, buscando de forma efectiva los derechos de ciudadanía de los niños.

1.3. TRANSPARENCIA Y RESPONSABILIDAD:

Deben estar presentes en todas las etapas, con amplia divulgación, acceso a las informaciones y un compromiso colectivo de uso correcto de los recursos públicos en beneficio de la población infantil.

1.4. EQUIDAD:
Debe asegurarse la igualdad de condiciones de acceso a la guardería respetando la realidad, las diferencias y las necesidades de cada distrito, estableciendo las prioridades municipales y la jerarquía de las exigencias locales.

2. SOBRE EL RESPETO A LOS CRITERIOS

2.1. SOBRE EL RÉGIMEN Y EL PROGRAMA DE RESPETO A LOS CRITERIOS:

— estar registrada en el CMDCA, con inscripción del Programa para Niños de 0 a 6 años, en conformidad con los artículos 90 y 91 del ECA, e inscrita en el Foro Municipal de los Derechos del Niño y del Adolescente con documentación correcta y actualizada, respetando los criterios en Régimen de Apoyo Socio-Educativo en Medio Abierto, de acuerdo con el Plan de Reordenamiento Institucional;

— disponer de personalidad jurídica, con un estatuto registrado, dirección y acta de la gestión actual.

2.2. CARACTERIZACIÓN DE LA ENTIDAD:

2.2.1. *La entidad que mantiene la guardería, persona jurídica de derecho privado, debe estar encuadrada en una de las siguientes categorías*:

Guardería Comunitaria

— mantenida por asociaciones de vecinos, de mujeres, de barrio, clubes de madres o alguna otra modalidad similar;

— la dirección es elegida por la comunidad, por un período determinado, y ejerce actividades sin remuneración;

— no tiene fines lucrativos.

Guardería de beneficencia

— mantenida por una asociación de carácter religioso, asistencial, cultural o benemérita;

— integrada y vinculada a la comunidad en que está ubicada;

— el responsable local (director, coordinador) es el representante legal de la dirección, de la congregación u orden religiosa;

— no tiene fines lucrativos.

Guardería de beneficencia con carácter comunitario

— mantenida por una asociación de carácter religioso, asistencial, cultural o benemérita;

— integrada en la comunidad en que está ubicada;

— la dirección es elegida por la comunidad, con la participación de la misma en los cargos de dirección;

— no tiene fines lucrativos.

2.2.2. *Sobre la Actuación Comunitaria de la Entidad*:

La entidad, a través de la Dirección y los asociados, debe:

— participar en el Movimiento Popular del distrito (Foros, Red, OP) y en el ámbito municipal;

— viabilizar y estimular la participación de los padres en las deliberaciones y actividades de la guardería, incluso en las normas de funcionamiento;

— rendir cuentas a la comunidad de los recursos recibidos y de su utilización;

— apoyar las medidas de protección de los CT.

2.2.3. *Actuación y Compromiso de la Dirección*

— la Dirección debe responsabilizarse de la ejecución del Concierto, con supervisión del Consejo Fiscal, y no puede recibir ningún tipo de remuneración;

— rendir cuentas obligatoriamente, según la forma establecida por la ley;

— Aceptar y comprometerse con los principios, criterios y procedimientos establecidos, en el ámbito municipal, por esta resolución.

2.3. Sobre las condiciones de atención:

2.3.1. *Sobre el funcionamiento y el número de niños*

La guardería debe estar en funcionamiento:

— incluso con dificultades o de forma precaria;

— con un espacio físico de uso exclusivo para niños, de ahí que se prohíba su uso como domicilio particular o como establecimiento comercial.

Sobre el número de niños:

Respeto del patrón: se establecen los siguientes patrones:

— Patrón 1:40 niños

— Patrón 2:60 niños

— Patrón 3:80 niños

En cualquiera de los patrones deben priorizarse las vacantes para el cuidado en la sala nido.

Atención especial:

— un mínimo de 30 niños cuando haya: espacio físico reducido, dificultad de transporte a otra guardería próxima, necesidad absoluta de atención a los niños;

— más de 100 niños cuando haya: espacio físico adecuado, salas, área de ocio, comedor, recursos humanos suficientes, dificultad de acceso a otra guardería próxima, inexistencia de atención a los niños, grado de necesidad de la comunidad.

2.3.2. Recursos humanos:

Formación y cualificación:

— los educadores contratados por la guardería para trabajar directamente con los niños deberán tener los conocimientos necesarios sobre educación infantil;

— la formación de los educadores, coordinada por la SMED, quedará garantizada a través de un proceso permanente de estudios y planeamiento, caracterizando la atención a los niños donde el cuidado y la educación se complementan en la forma de acciones educativas.

Adecuación a la modalidad de atención y al número de niños atendidos		
Modalidad de atención	N. de niños	N. de educadores
Nido de 0 a 2 años	08	01
Materna de 2 a 4 años	15	01
Jardín A y B a partir de 4 años hasta los 6	25	01

2.3.3. SOBRE LA ATENCIÓN Y LA SALUD

Sobre la atención integral:

— la guardería, con el apoyo de la Unidad de Salud más próxima, asume la responsabilidad de viabilizar acciones significativas, eficaces y de bajo coste encaradas hacia la promoción de la salud, la prevención y el diagnóstico precoz de enfermedades;

— los niños deben recibir una alimentación adecuada en cantidad y calidad de acuerdo con la edad y las condiciones físicas.

Sobre la capacidad instalada:

— las instalaciones físicas y los equipamientos deben presentar condiciones de viabilidad, higiene, salubridad y de seguridad que satisfagan los requisitos básicos (cf. documento anexo).

2.3.4. SOBRE LA EDUCACIÓN:

2.3.4.1. *Sobre la propuesta Político-Pedagógica y el Plan de Reordenamiento, de cada actividad*:

- deben elaborarse de forma conjunta con todos los implicados (dirigentes, coordinadores, educadores, funcionarios, familias y comunidad) a partir de:
  — principios y directrices del ECA y LDB;
  — orientaciones del CMDCA/SMED;
- deben considerar la guardería como un espacio de educación infantil subrayando:
  — necesidades, desarrollo, diversidad sociocultural, posibilitando descubrir, conocer, transformar y recrear el mundo;
  — la organización de los espacios y tiempos, calificando, en el día a día, las interacciones de los niños entre sí y de los niños con los adultos;
  — el planeamiento, la ejecución y la evaluación de las acciones educativas valorando la cultura popular, las raíces, las creencias, los deseos y las expectativas de la comunidad, en un proceso permanente de acción/reflexión/acción de todos los implicados;
  — el espacio físico hace viable la concretización de la propuesta político-pedagógica, mediante equipamientos, juegos, materiales, áreas internas y externas, adecuados para los niños de 0 a 6 años.

2.4. Sobre el derecho a la atención y sobre la equidad-Criterios:

2.4.1. *Necesidad del Servicio de Guardería*

Guarderías existentes:

— comunitarias: benéficas, benéficas comunitarias, concertadas;

— lista de espera en las guarderías más próximas;

— localización de las guarderías más próximas y condiciones de acceso.

Fuente: Foro del distrito

2.4.2. *Situación de la población infantil*:

— elevado grado de desnutrición;

— índices elevados de mortalidad infantil;

— número elevado de madres solteras;

— situación acentuada de vulnerabilidad social.

Fuente: FASC-CEDIS(SMS)-Consejo Tutelar

2.4.3. *Renta familiar baja y bajo índice de escolaridad*:

— niveles más bajos de renta de cabezas de familia;

— índices más elevados de analfabetismo, en especial mujeres.

Fuente: FASC

2.4.4. *Cuando se analice la situación, deben tenerse en cuenta asimismo las condiciones infraestructurales de la barriada*:

— viviendas con condiciones inferiores a las normales;

— suministro de agua inadecuado;

— no disponer de un sistema de cloacas;

— barriada de ocupación y/o transferida por el DEMHAB.

Fuente: DMAE-SMOV-DEMHAB

* * *

Secretaría Municipal de Salud de Porto Alegre
Coordinadora General de Vigilancia en (materia de) Salud
Equipo de Vigilancia en (materia de) Servicios de Salud

Requisito básico para guarderías comunitarias

Según lo dispuesto en el artículo 91 del ECA, las instalaciones físicas de las guarderías deben tener condiciones físicas de habitabilidad, higiene, salubridad y seguridad, las cuales quedan traducidas con los siguientes puntos:

1— Las guarderías deben disponer de buenas condiciones de higiene y de conservación (no tener escombros en el patio, mantener la estructura del edificio con un mantenimiento permanente...).

2— Los diferentes ambientes deben estar iluminados, soleados y bien ventilados. Las ventanas deben estar encaradas hacia el exterior.

3— Deben estar abastecidas por la red pública de suministros de aguas (DMAE).

4— Deben disponer de depósito de agua con una autonomía de 48 horas, que debe limpiarse una vez al año (como mínimo).

El punto educación infantil fue debatido en la comisión formada por el Gobierno, por el Consejo Municipal del Niño y del Adolescente (CMDCA) y por el Consejo del Presupuesto Participativo (COP), y fue aprobado por este último.

* * *

Resolución n.º 003/2001 del Consejo Municipal de Educación-CME

Establece normas para la oferta de la Educación Infantil en el Sistema Municipal de Enseñanza de Porto Alegre.

El Consejo Municipal de Educación de Porto Alegre, fundamentándose en el Artículo 11, inciso III, de la Ley Federal n.º 9394, del 20 de diciembre de 1996, y en el párrafo a del inciso I del Artículo 10 de la Ley n.º 8198, del 26 de agosto de 1998

RESUELVE:

Art. 1º — La Educación Infantil es la primera etapa de la educación básica y tiene como finalidad el desarrollo integral del niño de cero a seis años de edad, en todos sus aspectos, complementando la acción de la familia y de la comunidad; su oferta, en el ámbito del Sistema de Enseñanza del Ayuntamiento de Porto Alegre, está sujeta a las normas establecidas en la presente resolución.

Art. 2º — La Educación Infantil se constituye como acción pedagógica intencional, caracterizada por la indisociabilidad entre cuidar y educar, teniendo en cuenta las vivencias socioculturales de los niños.

Art. 3º — Se consideran instituciones de Educación Infantil todas aquellas que desarrollan una tarea de cuidado y educación de modo sistemático, como mínimo cuatro horas diarias, con diez niños o más, en la franja de edad de cero a seis años, independientemente de la denominación de las mismas y, por tanto, sometida a la normativa del Sistema Municipal de Enseñanza.

Art. 4º — Según los términos del artículo 18 de la Ley de Directrices y Bases de la Educación Nacional, el Sistema Municipal de Enseñanza está integrado por las instituciones que ofrecen Educación Infantil, mantenidas y administradas por:

a) el Poder Público Municipal;
b) la iniciativa privada, no integrantes de escuelas de enseñanza básica y/o media.

Art. 5º — La oferta regular de Educación Infantil en instituciones pertenecientes al Sistema Municipal de Enseñanza depende de una autorización de funcionamiento que debe conceder el Consejo Municipal de Educación—CME.

Parágrafo único: Las instituciones privadas de Educación Infantil pertenecientes al Sistema Municipal de Enseñanza deben, antes de la habilitación y el consiguiente acto de autorización, registrarse en la Secretaría Municipal de Educación—SMED.

Art. 6º — La habilitación y el acto de autorización de funcionamiento de las instituciones de Educación Infantil está regulado en una Resolución aparte.

Art. 7º — La atención a los niños con necesidades especiales en las instituciones de Educación Infantil públicas y privadas contempla lo dispuesto en la LDBEN, en el Artículo 58 y parágrafos, y en la Ley Federal n.º 7853/89 que trata sobre la Política Nacional para la Integración de la Persona con algún tipo de discapacidad.

§ 1º — Los responsables de instituciones de Educación Infantil deben ofrecer asesoría especializada y sistemática, según cada caso específico, a los educadores responsables de grupos de niños en los que hay algunos con necesidades especiales;

§ 2º — Los responsables de instituciones de Educación Infantil se harán cargo de la viabilización del acceso y de la adecuación del espacio físico, del mobiliario y de los equipamientos necesarios para la integración de niños con necesidades especiales.

Art. 8º — Es competencia de la Secretaría Municipal de Educación—SMED organizar , ejecutar, mantener, administrar, orientar, coordinar y controlar las actividades relacionadas con la educación en las instituciones de Educación Infantil que forman la Red Pública Municipal, así como orientar y supervisar las actividades de las instituciones educacionales privadas que forman el Sistema Municipal de Enseñanza.

Parágrafo único: Los responsables responderán ante el incumplimiento de las exigencias de esta norma, según se prevé en una Resolución aparte.

Art. 9º —La propuesta pedagógica adoptada en las instituciones de Educación Infantil debe respetar los siguientes fundamentos orientadores señalados en la Resolución CNE n.º 1 del 7 de abril de 1999:

a) Principios Éticos de Autonomía, de Responsabilidad, de Solidaridad y de Respeto del Bien Común;
b) principios políticos de los Derechos y Deberes de Ciudadanía, del Ejercicio de la Crítica y del Respeto al Orden Democrático;
c) Principios estéticos de Sensibilidad, de Creatividad y de la Diversidad de Manifestaciones Artísticas y Culturales y relativos al juego.

Art. 10º — La propuesta pedagógica, cuando especifique la identidad de las instituciones de Educación Infantil, debe expresar la concepción de infancia, de desarrollo infantil y de aprendizaje, abarcando:

a) la organización de acción educativa en el tiempo y el espacio de cada institución, a partir de actividades intencionales, estimulando la imaginación, la fantasía, la creatividad y la autonomía, así como las formas de expresión de los diferentes lenguajes;
b) el papel de los educadores, integrando acciones de educación y de cuidado de forma indisociable;
c) la participación de las familias y de la comunidad en su elaboración e implementación;
d) la integración entre las diferentes áreas de conocimiento y aspectos de la vida ciudadana, siguiendo un enfoque interdisciplinar;
e) la integración y el trabajo con los niños con necesidades especiales, en conformidad con los parágrafos del Artículo 7º;
f) la interacción entre los grupos de niños, los adultos y el medio;
g) la consideración y el trabajo con las diferencias de género, raza, etnia y religión en la construcción de la identidad de todos los sujetos implicados en la acción educativa;
h) la consideración y el trabajo con las diferentes situaciones socioeconómicas y con las diferentes fases de desarrollo físico y psicológico de los niños;
i) el acceso a las diferentes manifestaciones culturales, respetando sus diversas lenguas y expresiones;
j) el proceso de evaluación que supervisa y registra el desarrollo, sin el objetivo de promoción, justamente para el acceso a la enseñanza elemental.

Art. 11º — El Estatuto de la institución, documento que define la organización y el funcionamiento de la misma, debe expresar la propuesta pedagógica; ambos son dos piezas integrantes del proceso de habilitación y del acto de autorización.

Art. 12º — Para trabajar en la Educación Infantil, el profesor debe disponer de una licenciatura, de graduación plena; se admite como formación mínima la ofrecida en el nivel medio en la modalidad Normal.

Art. 13º — Asimismo, se admitirá la actuación de un educador asistente si está en posesión, como formación mínima, del título de enseñanza elemental, además de la capacitación específica para el cuidado del niño en esta franja de edad, que se reglamenta en una norma propia.

Art. 14º — En la dirección de las instituciones de Educación Infantil debe participar, obligatoriamente, un profesor que acredite como mínimo la enseñanza media, modalidad normal.

Parágrafo único: Por lo que se refiere a la composición y elección de la dirección de las instituciones de Educación Infantil de la Red Pública Municipal, queda preservado lo establecido en la Ley de Elección Directa para Directores.

Art. 15º — Teniendo en consideración la especificidad del trabajo con los niños y la propuesta pedagógica, los protectores de las instituciones de Educación Infantil pueden recibir asesoramiento de equipos multiprofesionales, de institución o grupo de instituciones, para el apoyo específico a los educadores.

Art. 16º — La organización de los grupos de niños tiene en consideración la propuesta pedagógica y el espacio físico, con lo que se permite la siguiente relación niño/adulto y niño/profesor:

a) de 0 a 2 años hasta 6 niños por adulto y como máximo 18 años por profesor.
b) de 2 a 4 años hasta 10 niños por adulto y como máximo 20 niños por profesor.
c) de 4 a 6 años hasta 25 niños por adulto y como máximo 25 niños por profesor.

§ 1º — Cada grupo de niños debe tener un profesor responsable que trabaje diariamente con el mismo durante un turno de, como mínimo, cuatro horas.

§ 2º— Cuando la relación niño/adulto exceda la expresada en los párrafos a y b de este artículo, el profesor debe compartir sus tareas con el educador asistente, respetando la relación niño/adulto.

§ 3º— Cuando la permanencia de un grupo de niños en las institución fuese superior a cuatro horas diarias, éste queda bajo el control del educador asistente, respetando la relación niño/adulto expresada en los párrafos de este artículo.

§ 4º— El profesor proyecta las actividades que deben ser desarrolladas con los niños junto con el educador asistente.

§ 5º — La movilidad de los niños de un grupo a otro podrá verificarse en cualquier época del año mediante la supervisión y el registro de su desarrollo, respetando su singularidad y su convivencia en el grupo.

§ 6º —Durante todo el tiempo/espacio en que los niños permanecen bajo la responsabilidad de la institución no pueden quedarse, en ningún momento, sin la vigilancia de un adulto.

Art. 17º — En el caso de las instituciones de Educación Infantil comunitarias y benéficas de asistencia social de carácter comunitario, ambas sin fines lucrativos, y filantrópicas, el responsable de la orientación y del seguimiento de las acciones de los educadores que deben desarrollarse con los niños será, como mínimo, un profesor, por un período no inferior a cuatro horas diarias, durante cinco días a la semana.

Parágrafo único: La posibilidad prevista al principio de este Artículo está vinculada al período de transición necesario para la adecuación de las instituciones de Educación Infantil del Sistema Municipal de Enseñanza a las exigencias que se reflejan en la LDBEN.

Art. 18º— Los protectores de instituciones de Educación Infantil que cuentan en sus equipos con educadores sin la formación mínima exigida por la ley y por esta Resolución, deben, independientemente del nivel de escolaridad de éstos, hacer viable la complementación de la formación de sus profesionales.

Art. 19º— Los espacios físicos de las instituciones de Educación Infantil, donde se desarrollan las actividades de cuidado y educación, deben:

I– priorizar la convivencia de los niños y de los educadores en un ambiente amplio, tranquilo y acogedor;

II– posibilitar la flexibilización, la construcción colectiva y la organización de los ambientes, permitiendo nuevas experiencias, actividades individuales o en grupos, libertad de movimiento, desarrollo de la autonomía y acceso a situaciones de aprendizajes mediante el juego y el entretenimiento;

III– contener mobiliario adecuado para las actividades pedagógicas, en tamaño y cantidad proporcional a la franja de edad de los niños; dicho mobiliario no debe obstaculizar la libertad de acción ni ser inseguro;

IV– garantizar el acceso a los niños con discapacidades;

V– permitir modificaciones en la construcción del ambiente por la disposición y uso del mobiliario, estimulando la creatividad y la reconstrucción permanente de este espacio;

VI– disponer de juguetes, juegos y objetos adecuados a la fase de desarrollo de los niños, en número suficiente y el lugares de fácil alcance, que puedan ser manipulados sin peligro;

VII– ofrecer un espacio externo propio o de la comunidad que contenga equipamientos adecuados al desarrollo de las habilidades motoras de los niños, donde sea posible la exploración de elementos naturales en espacios libres, soleados, con sombra, con árboles, con césped, de tierra batida o con una superficie adecuada;

VII– ofrecer ambientes con condiciones permanentes de higiene, salud y seguridad.

Art. 20º — Todo el inmueble destinado a la Educación Infantil, pública o privada, depende de la aprobación concedida por los órganos oficiales competentes.

§ 1º – El edificio debe ser adecuado al fin al que se destina y respetar las normas y especificaciones técnicas de la legislación pertinente.

§ 2º – El inmueble debe presentar condiciones adecuadas de ubicación, acceso, seguridad, salubridad, saneamiento e higiene, en completa conformidad con la legislación que rige en la materia.

§ 3º – Las dependencias destinadas a la Educación Infantil no pueden utilizarse como domicilio particular o como establecimiento comercial.

Art. 21º — Las instituciones de Educación Infantil deben contar con espacios construidos o adaptados, según sus especificidades de atención, que contemplen:

I– salas para actividades pedagógicas, administrativas y de apoyo;
II– salas de actividades para los grupos de niños, con iluminación y ventilación adecuadas, vistas al exterior, mobiliario y materiales pedagógicos apropiados a las franjas de edad;
III– equipamientos y utensilios adecuados a la conservación de alimentos y dependencias destinadas al almacenamiento y preparación de los mismos, que obedezcan las exigencias de nutrición, en los casos que se contemple la comida;
IV– instalaciones sanitarias completas, de tamaño apropiado y suficientes para el número de niños, preferentemente situadas cerca de las salas de actividades, con ventilación directa y sin la presencia, en las puertas, de llaves ni cerrojos;
V– número de aseos suficientes y adecuados para adultos, preferentemente con ducha;
VI– sala-nido para la atención de niños de cero a dos años provista de cunas y/o colchones revestidos de material impermeable, con un espacio para el aseo, con pica, agua corriente fría y caliente y una superficie para el cambio de ropa;
VII– espacio adecuado para el amamantamiento, cuando sea necesario;
VIII– lavandería o área de servicio con depósito;
IX– espacio externo compatible con el número de niños que lo utilizan simultáneamente, con caja de arena protegida y grifo de fácil acceso a los niños.

§ 1º – Las dependencias citadas en los incisos III, IV, V y VI deben respetar las normas de salud pública;
§ 2º – Las dependencias citadas en los incisos II, VI y IX deben respetar las exigencias del Código de Edificaciones del Municipio.

Art. 22º — La institución debe prever una sala para actividades múltiples, con equipamientos y accesorios adecuados, que posibilite un trabajo pedagógico diversificado y la libertad de movimientos y de expresión de los niños, además de un espacio más para contactar con la literatura, con las artes y con las nuevas tecnologías, que proporcione el uso simultáneo del mismo para más de un grupo.

Art. 23º — Las escuelas de la Red Pública Municipal que ofrecen Educación Infantil y otros niveles de enseñanza deben disponer de espacios de uso exclusivo destinados a los grupos de niños, respetando las exigencias de esta Resolución, y pueden compartir otras dependencias de la escuela.

Art. 24º — Las instituciones de Educación Infantil existentes o que vayan a crearse en el ámbito del Sistema Municipal de Enseñanza que no respeten todas las exigencias establecidas en esta Resolución, se clasificarán provisionalmente teniendo en cuenta su adecuación a las mismas.

§ 1º – La clasificación prevista al principio de este Artículo aparecerá en un informe resultante de la verificación de las instituciones, elaborado por la Secretaría Municipal de Educación de Porto Alegre.

§ 2º – El informe resultante de esta verificación será el instrumento usado por el Consejo Municipal de Educación de Porto Alegre, que indicará la clasificación provisional en la que se encuentran las instituciones, así como las providencias y los plazos para que lleven a cabo las adecuaciones necesarias.

Art. 25º — Las instituciones de Educación Infantil pertenecientes al Sistema Municipal de Enseñanza, ya en funcionamiento, cuenta con dieciocho (18) meses, que se contarán desde la vigencia de esta Resolución, para solicitar su habilitación y su consiguiente acto de autorización.

Art. 26º — Esta Resolución, que debe interpretarse a la luz del documento justificativo adjunto, entra en vigor en la fecha de su publicación en el Diario Oficial.

Relación niño/adulto

Edad	Número de niños por adulto
De 0 a 2 años	Hasta 6 niños
De 2 a 4 años	Hasta 10 niños
De 4 a 6 años	Hasta 25 niños

Nota: Se consideran adultos a los profesores y educadores asistentes que trabajan con los niños.

Relación niño/profesor

Edad	Número de niños por profesor
De 0 a 2 años	Como máximo 18 niños
De 2 a 4 años	Como máximo 20 niños
De 4 a 6 años	Como máximo 25 niños

Nota: Las Resoluciones 001 de 1999 y 004 de 2001 del Consejo Municipal de Educación/CME y el documento justificativo de la Resolución 003/2001 del CME estarán disponibles en el GAPLAN/CRC/CAR.

ASISTENCIA SOCIAL

Fundación de Asistencia Social y Ciudadanía (FASC)

1- *Para indicar las peticiones por subtemas en el OP*:

1. Atención al Niño y al Adolescente: Implantación o Ampliación de Servicios de Apoyo Socio-educativo (SASE) y Trabajo Educativo con concierto y prestación de servicio directo de la FASC y la *Abrigagem* (Asilo).

2. Atención a la Familia: Implantación o Ampliación del Núcleo de Apoyo Socio-familiar (NASF) con concierto y prestación de servicio de la FASC.

3. Atención a la Población Adulta: Servicio Social, Construcción o Reforma de Centros de Acogidas, Casas de Convivencia y Asilos Nocturnos.

4. Grupos de Convivencia de la Tercera Edad: Implantación o Ampliación de metas en servicios propios y concertados.

5. Atención a los individuos con discapacidades físicas o psíquicas-PPD.

6. Reforma, Ampliación y/o implantación de unidades de asistencia social (centros módulos, centros de acogidas, asilos nocturnos, etc.).

Los servicios podrán prestarse directamente a través del Ayuntamiento o a través de un concierto con una entidad no gubernamental.

2- *Criterios Técnicos para todas las peticiones de Asistencia Social mediante concierto*:

a) la entidad de Asistencia Social deberá llevar, por lo menos, un año funcionando y estar registrada en el CMAS y CMDCA (cuando se trate de programas para niños, adolescentes y familias);
b) la entidad deberá contar con infraestructuras adecuadas para la atención propuesta;
c) la entidad que lleva a cabo el concierto deberá garantizar un porcentaje mínimo de asistencia del 90% en las reuniones de la CRAS;
d) las entidades deberán haber rendido cuentas en relación con los conciertos anteriores, ante el FMAS y el FMDCA.

3- *Criterios Técnicos para los subtemas*:

Las peticiones de equipamientos y de programas de la Red Básica (medio abierto), sólo podrán realizarlas los distritos del OP.

Las peticiones de equipamientos y programas de la Red Especializada (centro de acogida y atención a la población de la calle), sólo podrá realizarlas la Temática del OP.

Todos los servicios de asistencia social deberán llevarse a cabo en espacios con facilidad de acceso a los discapacitados, según la legislación vigente.

A. SASE (*Servicio de apoyo socio-educativo en un medio abierto*):

1) los responsables técnicos deberán poseer una experiencia comprobada de seis en el trabajo con el niño y el adolescente;

2) los conciertos pueden firmarse para atender exclusivamente 40, 60 u 80 metas;
3) atender a niños y adolescentes en situación de vulnerabilidad (de acuerdo con el Estatuto del Niño y del Adolescente–ECA y con la Ley Orgánica de la Asistencia Social–LOAS, renta familiar *per capita* de 1/4 del salario mínimo articulada con situaciones de amenaza o violación de derechos);
4) poseer una sala específica, adecuada para atender, por lo menos, a 25 niños y/o adolescentes;
5) poseer cocina e instalaciones sanitarias adecuadas, además de presentar buenas condiciones de higiene, ventilación e iluminación;
6) disponer de instalaciones eléctrica e hidráulica en buen estado de seguridad para los usuarios;
7) disponer de espacio para el ocio en la entidad o en un lugar cercano en la comunidad;
8) contar con un educador de primer grado para cada 25 niños, con experiencia y/o participación en cursos y actividades en el área del niño y/o adolescente;
9) disponer de un coordinador de segundo grado, con experiencia y/o participación en cursos y actividades en el participación en el área del niño y/o adolescente.

B. NASF (*Núcleo de apoyo socio-familiar*):

1) los responsables técnicos deberán poseer experiencia comprobada de seis meses en el trabajo con familias, niños y adolescentes, y en el trabajo comunitario;
2) los conciertos se firmarán para atender 40 metas;
3) contar con un espacio físico adecuado para la atención individual;
4) contar con un espacio físico adecuado para la atención en grupo de, por lo menos, quince personas;
5) ofrecer sostén administrativo (material de oficina y de archivo y recursos humanos para la administración).

Nota: Como criterio de desempate entre entidades en un mismo distrito, se utilizará la facilidad de acceso de los usuarios a la entidad.

C. *Centro de Acogida para niños y adolescentes*:

1) la implantación de un equipamiento en régimen de centro de acogida debe estar en concordancia con el ECA y, en especial, con los artículos desde el 90 al 102;
2) la petición sólo se aprobará si el régimen de centro de acogida propuesto se destina a la atención de niños y adolescentes en situación de riesgo, con un vínculo familiar roto o frágil, una vez agotadas el resto de medidas de protección;
3) la petición de un centro de acogida debe prever la atención a la población de toda la ciudad, y es imposible una petición para usuarios de un solo distrito;
4) el equipamiento deberá localizarse en un área de fácil acceso para los usuarios de toda la ciudad.

D. *Centro de acogida para población adulta*:

La petición debe destinarse a la atención provisional a la población que se encuentra en situación de riesgo, en la calle o como centro de acogida de ancianos.

La petición de un centro de acogida o asilo nocturno debe prever la atención a la población de toda la ciudad, y es imposible una petición para usuarios de un único distrito.

Nota: la petición de construcción de nuevos centros de acogidas o asilos nocturnos sólo se justifica cuando se han agotado las posibilidades de ampliación de metas en las propias unidades o concertadas existentes o la realización de nuevos conciertos.

E. *Grupos de Convivencia de la Tercera Edad (servicio de atención al anciano)*:

1) los conciertos sólo podrán firmarse para atender como mínimo 30 metas por grupo de convivencia (el número de metas concertadas será la base de cálculo para el repaso de la suma *per capita*);
2) las entidades deberán contar con un espacio físico adecuado a la atención individual y en grupo de, al menos, 30 personas;
3) las entidades deberán ofrecer apoyo administrativo (material de despacho y de archivo y recursos humanos para la administración;

4) las entidades deberán tener experiencia comprobada de seis meses en el trabajo con ancianos y en el trabajo comunitario;

Nota: como criterio de desempate entre entidades de un mismo distrito, se utilizará el de la facilidad de acceso de los usuarios a la entidad.

F. *Atención a Personas con discapacidades* (PPD):

1) las entidades deberán poseer espacio e infraestructura administrativa adecuados, en conformidad con la legislación vigente;
2) los responsables técnicos de las entidades deberán tener experiencia comprobada de, como mínimo, seis meses (6) en la atención a los PPD;
3) las entidades deberán contar con personal técnico especializado, de acuerdo con las modalidades para las que se propone: habilitación, rehabilitación, grupos de convivencia, talleres de trabajo, centro de acogida (ya agotadas el resto de medidas) y atención socio-educativa en el exterior.

Las entidades deberán contemplar que los criterios generales para las peticiones de Asistencia Social (puntos 2 y 3) se adecuen a la Ley Orgánica de Asistencia Social —LOAS— y al Estatuto del Niño y del Adolescente —ECA—, y sus proyectos sometidos al parecer técnico de la FASC.

Reforma. Ampliación y/o implantación de unidades de asistencia social (centros, módulos, centros de acogida, etc.)

Se atenderá la petición de ampliación o implantación de unidades de asistencia social, únicamente si:

1) no existiese otra Unidad de Asistencia Social que absorba a la población usuaria próxima o si se verificase la necesidad de vacantes para atención a la población en el conjunto de la ciudad, en los casos de centro de acogida, asilo nocturno o asilo;
2) no fuese posible prestar servicio de asistencia social en otro tipo de equipamiento disponible y cercano, o realizar la ampliación de metas en equipamientos propios o concertados,

en el caso de centros de acogida o asilos;

3) hubiese espacio físico disponible, posibilitando la cobertura de atención para todo su radio de actuación.

Nota: la ampliación o implantación de Unidades de Asistencia Social queda subordinada a la disponibilidad de área pública (adecuada a la finalidad propuesta) o área ofrecida por la comunidad, siempre y cuando posea una situación agraria legal.

SALUD

Secretaría Municipal de Salud (SMS)

A. *Ampliación de la Oferta de Servicios en la red Básica de Salud*:
(Ampliar la oferta de servicio significa aumentar la capacidad de atención, lo que implica un aumento de personal)

Criterios eliminatorios básicos

1. El servicio de salud se ampliará sólo cuando haya una oferta inadecuada en el distrito (menos de 1 médico de atención básica, de servicio público bajo la gerencia del ayuntamiento, para cada 2.000 habitantes).
2. La ampliación de oferta de servicios se producirá cuando haya disponibilidad de personal y espacio físico adecuado.

B. *Construcción y ampliación de la Red Especializada de Salud*:

Criterios eliminatorios básicos

1. Los recursos destinados a inversiones en Servicios o Unidades de Salud especializados, deberán discutirse y aprobarse en el Consejo Municipal de Salud, en la Temática de Salud y en el Consejo del Presupuesto Participativo.
2. Las peticiones por servicios de urgencia o atención 24 horas se discutirán y aprobarán en la Temática de Salud/Consejo Municipal de Salud (una vez consultados los Consejos Locales de Salud).

TRANSPORTE Y CIRCULACIÓN

Empresa Pública de Transporte y Circulación (EPTC)

Rotondas: es necesario un espacio suficiente que permita a los vehículos realizar todas las maniobras posibles, para forzar a los vehículos a reducir la velocidad, cuando no hay un índice suficiente para la implantación de un semáforo, número de calles que desembocan en el cruce, topografía no accidentada.

Isletas: alternativa, en el caso en que no haya espacio físico para rodear el paseo central.

Semáforos: depende del volumen de vehículos mínimos en todas las aproximaciones; interrupción del tráfico continuo; volumen mínimo de peatones que cruzan la vía principal; índice de accidentes.

Paseo central: necesidad de ofrecer seguridad a los peatones en el cruce de vías públicas cuando son de doble sentido, y para regular el flujo de vehículos en sentido contrario, a través de la obstrucción física en la calzada.

Vías controladas por radar: velocidad excesiva de vehículos, cruce peatonal significativo.

ÁREAS DE OCIO

Secretaría Municipal del Medio Ambiente (SMAM)

- Podrán solicitarse: urbanización total o reformas de plazas; recuperación de rincones en parques; implantación de equipamientos de ocio; deportes (canchas de petanca, etc.) y diversiones en parques y plazas administrados por la SMAM.
- La implantación de equipamientos deportivos y recreativos en áreas de la SMAM queda condicionada al análisis de las dimensiones del área, a su topografía y a la presencia de equipamientos u a otro obstáculo físico.
- No se atenderán peticiones en áreas particulares, estatales ni federales.

Programa de área de riesgo

Podrán solicitarse:

- Obras que permitan la permanencia en condiciones seguras de vivienda que, según los criterios técnicos presentados por la SMAM, estén localizadas en áreas sujetas a riesgos físicos ocasionados por la inestabilidad del terreno.
- En el supuesto de inviabilidad técnico-económica para la realización de esas obras, deberá preverse el reasentamiento de los vecinos y la recuperación del área para otros usos.
- Acciones de educación ambiental para las comunidades directamente beneficiadas por el programa.

DEPORTE

Secretaría Municipal de Deporte (SME)

- No se atenderán peticiones en áreas particulares, estatales ni federales.
- Se atenderán peticiones de construcción de equipamientos deportivos (campos de fútbol, estadios, canchas de petanca, etc.) y equipamientos de ocio (playground, espacios infantiles, etc.), así como su conservación, en las áreas bajo su administración.
- Para la implantación de equipamientos deportivos y recreativos en los espacios públicos de la ciudad (plazas, parques, centros comunitarios...), será necesario consultar a la SME para que emita su parecer técnico relativo al uso específico de los mismos, garantizando su activación.

ALUMBRADO PÚBLICO

Secretaría Municipal de Obras y de Red Viaria/División de Alumbrado Público (SMOV/DIP)

La división de alumbrado público forma parte de la SMOV y es responsable de la iluminación de los terrenos baldíos públicos del municipio de Porto Alegre respecto a proyectos, implantación y mantenimiento.

Se consideran peticiones de alumbrado público aquellas peticiones de implantación de nuevos puntos de luz en los terrenos públicos del Ayuntamiento, es decir, en las calles, en las avenidas, en las plazas, en los parques, en los pasos de peatones, en las escalinatas, etc.

a) Para recibir alumbrado público, los terrenos deben estar regularizados o, al menos, en proceso de regularización.
b) En el caso específico de plazas, las peticiones de urbanización deben contemplar el alumbrado público, y estas peticiones son de la SMAM.
c) En las calles en donde hay postes y red de baja tensión con 220 V, las peticiones de instalación de farolas se podrán realizar directamente en el DIP y, de esta forma, entrarán en programación.
   a. En las vías públicas, barriadas en donde no hay postes y red para alimentar las casas (esto es, las casas no tienen "luz"), no se atenderá la petición, pues la electrificación de la vivienda es responsabilidad de la Compañía Estatal de Energía Eléctrica (CEEE).
d) Mientras tanto, cuando la vivienda ya disponga de luz, la petición podrá dirigirse al DIP para entrar en la programación de instalación de farolas.
e) La iluminación específica de campos de fútbol y de canchas deportivas se consideran peticiones de la Secretaría Municipal de Deportes (SME).

CULTURA

Secretaría Municipal de la Cultura (SMC)

Criterios para la política de descentralización de la Cultura:

— Organización

Es fundamental y es una exigencia de la actividad cultural que haya ciudadanos organizados e interesados en la promoción de un trabajo cultural. La cultura debe respetar la realidad del distrito y, para ello, necesita la implicación de la comunidad.

Se aconseja la constitución de colectivos (o consejos, o núcleos) culturales que apoyen, divulguen y den continuidad a las actividades culturales. La culminación del proceso ser la autonomía del distrito.

— Condiciones técnicas del espacio

El espacio deberá presentar condiciones mínimas para la realización de eventos culturales. Acústica, visibilidad, ventilación, etc., son aspectos importantes para ser considerados para la localización de eventos en lugares cerrados, en el sentido de dotar a los artistas de las mejores condiciones para la presentación de sus espectáculos. En el caso de talleres de arte, deberán tenerse en cuenta criterios semejantes y adecuados a cada área del taller. El proyecto de Descentralización cuenta con un equipo de técnicos que valorará cada local indicado por la comunidad. La valoración se realizará junto con la comunidad

SANEAMIENTO BÁSICO

Departamento de desagües pluviales (DEP)

—Órgano responsable de la implantación, recuperación y mantenimiento del sistema de macro y microdrenaje y de recogida de las cloacas sanitarias en redes unitarias (agua de lluvia y desagüe sanitario, tras el paso por la fosa aséptica, en la misma red) donde no existe un sistema separador absoluto.

—Órgano responsable del mantenimiento y perfeccionamiento del sistema de drenaje natural tales como: zanjas, pequeños lagos y arroyos.

—No hay red pluvial en calles no pavimentadas; teniendo en cuenta que la red pluvial posee una abertura que permite atraer el agua de lluvia, se verificaría una obstrucción a causa de la arena y del sablón de la calzada de la calle.

—En las calles de conservación permanente no habrá implantación de desagüe pluvial debido a que no poseen la parte final de la acera y su anchura es inferior a las medidas prefijadas de la calle, de ahí que, en primer lugar, deban concluir los cinco años previstos para la petición de pavimentación comunitaria.

—Cuando se vayan a canalizar las áreas particulares, es necesaria la autorización por escrito del propietario y/o del responsable legal.

—Las obras de drenaje o las redes unitarias deberán equilibrar los problemas de filtraciones de las aguas pluviales en su conjunto, es decir, al solventar los problemas locales no deben generar o agravar las situaciones del desagüe (punto más bajo de filtración de las aguas). Esto significa que las nuevas redes deben extenderse hasta las redes, canales o cuerpos receptores integrantes del sistema, ya existentes; estas condiciones han de recibir las nuevas contribuciones.

—En vías de drenaje se realiza en zanjas y/o canales laterales.

Departamento Municipal de Aguas y canalizaciones (DMAE)

Descripción de los Criterios para la Implantación de Redes de Abastecimiento de Agua

I. Criterios Eliminatorios Básicos

1.1. *Situación agraria indefinida*

Son áreas susceptibles de acciones de desahucio cuando se trata de ocupaciones de viviendas sin garantías de propiedad, sujetas a traslado por un propietario particular o por el poder público. Ejemplo: son áreas sujetas a una acción de reintegración de propiedad, ocupaciones en calzadas de calles, plazas, áreas destinadas a colegios u otros usos públicos. En las áreas de situación agraria indefinida, es tarea del DMAE proporcionar una fuente provisional de suministro de agua hasta que se defina la situación de aquella población.

1.2. *Áreas de riesgo o proclives a inundaciones*

En las áreas con estas características la puesta en marcha de infraestructuras podrá agravar la situación de riesgo del lugar (erosión o inundaciones), además de consolidar una ocupación en un área inadecuada para vivir.

1.3. *Condiciones técnicas desfavorables (desagüe y presión) y necesidad de obras institucionales para abastecer el lugar*

1.4. *Parcelaciones clandestinas o irregulares*

Las peticiones de red para parcelaciones clandestinas o irregulares deberán analizarse según criterios utilizados por el DMAE para estos casos.

2. *Criterios de Clasificación*

Las peticiones se clasificarán y contemplarán de acuerdo con la priorización y jerarquización de las comunidades de los distritos del Presupuesto Participativo.

II. Descripción de los Criterios para la Implantación de Redes de Desagües de cloacas

1. *Criterios Eliminatorios Básicos*

1.1. *Situación agraria indefinida*

Son áreas susceptibles de acciones de desahucio cuando se trata de ocupaciones de viviendas sin garantías de propiedad, sujetas a traslado por un propietario particular o por el poder público. Ejemplo: son áreas sujetas a una acción de reintegración de propiedad, ocupaciones en calzadas de calles, plazas, áreas destinadas a colegios u otros usos públicos.

1.2. *Situarse en un perímetro suburbano*

La puesta en marcha de infraestructuras en una área entre rural y urbana afecta al planeamiento de la ciudad, además de elevar los costes de mantenimiento. Las áreas localizadas en un área entre rural y urbana tienen una producción de afluentes menor y podrá aprovecharse del suelo para la infiltración de sus afluentes.

1.3. *Áreas de riesgo o proclives a inundaciones*

En las áreas con estas características la puesta en marcha de infraestructuras podrá agravar la situación de riesgo del lugar (erosión o inundaciones), además de consolidar una ocupación en un área inadecuada para vivir.

También se considera impropia aquella áreas en la que el predominio de roca sea igual o superior al 60% del área de análisis.

1.4. *No disponer de suministro regular a través de la red pública*

Por lo que se refiere al saneamiento, el suministro de agua debe ser anterior a la red de desagües.

1.5. *Relación coste-beneficio inviable*

Los parámetros utilizados para la evaluación de este fin son:

a) distancia del sistema de desagües que debe implantarse en el punto de partida. Cuanto mayor sea la distancia, mayor será el coste de la obra:
b) grado de densificación del área, cantidad de personas que residen en el área objeto de la petición (n.º de habitantes por hectárea).

1.6. *Parcelaciones clandestinas*

En este caso, para que la petición sea atendida, el parcelaciones deberá estar aprobado como Área Especial de Interés Social (AEIS) y encontrarse en proceso de regularización agraria. Las parcelaciones que se han formados hace más de 1 (un) año, y que continúan en situación irregular, podrán presentar la petición en el Presupuesto Participativo (OP), siempre y cuando se hayan dirigido a los órganos competentes, mediante la presentación de documentos.

1.7. *Calles aisladas de cualquier sistema sin punto de partida adecuado*

Se consideran puntos de partida adecuados:

a) red colectora del DMAE en operación;
b) red pluvial no aluvionada y compatible en profundidad con las exigencias del proyecto.

1.8. *Si la petición presentada supusiese la puesta en marcha de una red colectora del fondo de parcela, la aprobación de la obra quedaría condicionada a la autorización de los propietarios afectados por la red colectora*

2. *Criterios de Clasificación*

2.1. *Orden de priorización en el Presupuesto Participativo*

A partir de la jerarquía de cada distrito se comprueba la puntuación de acuerdo con la siguiente tabla:

Prioridad en el OP	Puntos
De la 1.ª a la 3.ª	30
De la 4.ª a la 6.ª	25
De la 7.ª a la 10.ª	10
De la 11.ª a la 25.ª	5

2.2. *Coste y beneficio — de 5 a 22 puntos*

En la puntuación se tendrán en cuenta los parámetros citados en el punto 5 de los criterios eliminatorios.

2.3. *Conexión al sistema de desagües:*

2.3.1. Áreas donde el DMAE dispone de red de desagües de cloacas implantada y en ejecución, con tratamiento — *30 puntos.*

2.3.2. Áreas donde el DMAE dispone de red de desagües de cloacas implantada y en ejecución, sin tratamiento — *20 puntos.*

2.3.3. Conexión a la red pluvial (DEP) — 10 *puntos.*

2.4. *Desagüe a cielo abierto — 20 puntos*

Este punto sirve como evaluación del grado de salubridad a que está sometida la población.

2.5. *Proyecto para la protección de manantiales — 30 puntos*

Proyecto en áreas que contribuyen a la descontaminación de arroyos, nacientes o pantanos.

2.6. *Condiciones urbanísticas favorables — 10 puntos*

Áreas que posean un trazado viario definido (calles y accesos) sin posibilidad de cambio, a través de la reorganización del espacio del lugar (vías y parcelas).

SANEAMIENTO AMBIENTAL

DEPARTAMENTO MUNICIPAL DE LIMPIEZA URBANA (DMLU)

a) *Servicio en barriadas. Proyecto "bota-fora"*:

El Proyecto "bota-fora" consiste en programar, junto con la comunidad organizada, un calendario de recogida de aquellos residuos no sujetos a la retirada del domicilio: restos de obras, muebles y utensilios inútiles, restos de podas y otros escombros.

— El servicio estará disponible en lugares en donde la población de renta baja (hasta 12 salarios mínimos) no dispone de recursos para contratar una recogida, respetando la periodicidad mínima de un mes.

— La implantación del Proyecto sólo se producirá en las comunidades donde la entidad representativa (asociación, consejo popular, iglesias...) se responsabilice del trabajo de concienciación, en colaboración con el Gobierno.

b) *Recogida selectiva*:

El servicio de Retirada Selectiva lo realiza el DMLU con una flota propia, compuesta por camiones con carrocería de madera, y recoge en toda la ciudad una media de 60 toneladas de papeles, plásticos, vidrios y metales, que después son enviados a unidades de selección.

- La implantación y extensión de la recogida selectiva deberá sujetarse a los criterios de periodicidad y a los horarios establecidos por el órgano, y prever las necesidades estructurales (ejemplo: equipamientos, recursos humanos, instalaciones) para poder realizar el servicio.

- La implantación y extensión de la recogida puerta por puerta no será posible en aquellos lugares de difícil acceso o que presenten dificultades operacionales relevantes.
- En terrenos baldíos públicos, no se colocarán contenedores para el material reciclable.

Observación:

Con la expresión "difícil acceso" se entiende aquellos lugares donde el sistema viario no permite el tráfico de los vehículos colectores disponibles en la flota de la sección de Recogida selectiva del DMLU con seguridad: ancho de la vía inferior a 4,50 metros y pendientes superiores al 20%. De todas maneras, toda petición de implantación o extensión de recogida se someterá a la valoración técnica de la dirección de operaciones del DMLU, en donde se comprobarán cuestiones relativas al tráfico, a la maniobrabilidad y a la pavimentación adecuada; se entiende como "dificultades operativas relevantes" aquellos problemas relativos al sistema viario, vinculados a las cuestiones del tráfico, como calles del municipio en donde no está permitido el tráfico de vehículos, o donde el tráfico en horario comercial acarrearía grandes trastornos al tráfico local.

DESARROLLO ECONÓMICO

Secretaría Municipal de la Producción, de la Industria y del Comercio (SMIC)

1.1. *Suministro Alimentario y Área Rural*

1.1.1. Los Mercados Modelo son equipos de suministro que comercializan productos de la huerta y de la granja, carnes, derivados de la leche, fríos y embutidos, en donde los participantes son divididos en ramos, comercializando codo a codo, con tenderetes estandarizados y con un análisis ejemplificativo de la calidad y del precio de los productos hecha efectiva a una continua supervisión. La periodicidad es semanal y se llevan a cabo en lugares fijos de miércoles a domingo. Los criterios técnicos que determinan la viabilidad de estos mercados son los siguientes:

— población en un radio de 1.000 metros desde el punto de colocación del mercado superior a 6.000 habitantes;

— lugar con visibilidad, preferentemente cercano a plazas, en condiciones que impliquen el mínimo trastorno a los vecinos en relación con garajes, líneas de autobús, flujos de vehículos y peatones;

— se aconseja una calle con pavimentación adecuada;

— en el proyecto pueden participar, por ejemplo, productores rurales, asociaciones de productores y comerciantes, debidamente aprobados en un proceso de selección pública.

1.1.2. Los Puntos de Oferta se caracterizan por ser pequeños mercados de productos de la huerta y de productos coloniales controlados por inspectores de sanidad y comercializados directamente por los productores. Principalmente, se dirigen a la población con renta baja, sobre todo a aquella cuyos lugares de vivienda dificultan el acceso a otros puntos de la red de abastecimiento local. Los Puntos de Oferta deberán identificarse visualmente como tradicionales o ecológicos, puesto que estos se diferencian por respetar los mismos parámetros agro-ecológicos de producción, manipulación y transformación. Para poder instalar un Punto de Oferta son necesarias las siguientes condiciones:

— Petición de la comunidad a través del Presupuesto Participativo, para instalar un Punto en su distrito;

— Análisis, realizado por la SMIC sobre la viabilidad del Punto, siguiendo los criterios mencionados anteriormente con respecto al Mercado Modelo, considerados respecto a la población, lugares de gran aglomeración de viviendas, que determinan el tamaño del Punto de Oferta y considerando la existencia de productores que recurren al uso de agro-tóxicos;

— Reunión con la comunidad para debatir su viabilidad;

— Contacto con las Asociaciones de Productores, impulsado por la SMIC o por la comunidad;

— Reunión entre la SMIC, la comunidad y los productores con el objetivo de hacer viable la instalación de un Punto de Oferta e iniciar la relación entre las partes.

1.2. *Apoyo a iniciativas económicas populares*

1.2.1. Las Becas de Educación para el trabajo y la ciudadanía tienen como objetivo atender a personas individuales y a grupos ya organizados que tienen dificultades por lo que se refiere a la capitación profesional para la actividad económica. La selección del público se llevará a cabo a partir de los distritos que tengan prioridad en el Presupuesto Participativo, según unos criterios elaborados por los Delegados de la Temática Desarrollo Económico y Tributación y representación de Consejeros, y posteriormente aprobados por el Consejo del Presupuesto Participativo.

1.2.2. El proyecto de Apoyo a las Iniciativas Económicas Populares intenta estimular el desarrollo de actividades económicas organizadas de forma colectiva o individual, cuya producción de bienes o servicios sea capaz de generar una renta suficiente para sustentar a los grupos atendidos por el proyecto.

Este apoyo está estructurado en cuatro ejes básicos: a) apoyo a la capacitación profesional y de gestión; b) apoyo a la comercialización; c) apoyo para buscar líneas de financiación; d) cesión de equipamientos y/o de espacio físico; e) desarrollo de proyectos para generar rentas en asentamientos y reasentamientos.

Criterios de participación: a) comprobar las necesidades económicas; b) grupos organizados de 5 personas o productores individuales como mínimo con 10 iniciativas empresariales por distrito como mínimo; c) desarrollar una actividad económica en el distrito.

1.2.3. Los Mercados Comunitarios del Proyecto Convivencia intentan hacer hincapié en las políticas relacionadas con el sector de la artesanía, de las artes plásticas, de las antigüedades y de la producción propia (textil, confección), incentivando la producción y la comercialización y administrando mercados en espacios públicos. Es también el caso de los mercados comunitarios.

Por tanto, sus objetivos son: el apoyo a pequeñas iniciativas empresariales, el desarrollo de la auto-organización de los expositores de los mercados, el desarrollo económico y cultural de los sectores, la potenciación de la capacidad de los mercados como puntos de creación cultural alternativos, propiciando la convivencia social.

Criterios de instalación y participación:

1. Ha de existir un interés por parte de la comunidad a través del

Presupuesto Participativo;

2. Tiene que haber como mínimo un grupo de treinta (30) personas.
3. Los que solicitan un espacio deben vivir cerca del lugar del mercado.

1.3. *Apoyo a las iniciativas empresariales*

1.3.1. Incentivar las Áreas Económicas Descentralizadas: proporcionar infraestructuras y ayudas en lugares de la ciudad con vocación o cualidades para desarrollar actividades económicas, que dinamicen la región de forma armónica con el conjunto de la ciudad (Centros de Barrio, Centros Culturales).

Unidades de Selección – Programa de Ocupación y Renta

La petición de construcción de unidades de selección debe adecuarse a los siguientes criterios:

— orientación socio-económica de la comunidad local dirigida a actividades relacionadas residuos sólidos;

— mantenimiento del equilibrio de la distribución geográfica de las unidades existentes;

— vinculación a inversiones proporcionales en la estructura operativa de recogida de basura seca.

ANEXO III

Criterios para la distribución de recursos

Criterios generales para la distribución de los recursos entre los distritos y temáticas (OP 2002)

Las tres Primeras Prioridades Temáticas de los 16 Distritos

Los tres criterios generales (carencia del servicio o de la infraestructura, población global del distrito, prioridad temática del distrito) se aplicarán para la distribución de recursos en las tres primeras prioridades temáticas escogidas globalmente por las 16 distritos, salvo el DMAE, que dispone de sus propios criterios. El cálculo para alcanzar las tres primeras prioridades globales deberá ejecutarse de la siguiente forma:

a) cada distrito elige 4 prioridades entre las 13 prioridades temáticas (Saneamiento Básico, Política de Vivienda, Pavimentación, Transporte y Circulación, Sanidad, Asistencia Social, Educación, Áreas de Ocio, Deporte y Ocio, Iluminación Pública, Desarrollo Económico, Cultura y Medioambiente);

b) a las prioridades de cada distrito se les atribuyen notas:

Primera Prioridad	Nota 4
Segunda prioridad	Nota 3
Tercera prioridad	Nota 2
Cuarta prioridad	Nota 1

c) si se suman las notas de todas las prioridades elegidas por las 16 distritos se alcanzan las tres prioridades, que serán aquellas que sumen la mayor puntuación.

DMAE

A causa de la complejidad técnica para obras, instalación o ampliación de la red de agua y de desagües, se utilizarán unos criterios específicos previstos en los criterios técnicos aprobados por el COP.

SMED

La distribución de los recursos para la prioridad temática Educación, en el supuesto de que se escoja entre las 3 primeras prioridades, se realizará conforme a los criterios generales y estará condicionada a la conclusión de las obras en marcha y a la repercusión financiera resultante de los aumentos de personal.

SMS

Cuando la prioridad temática Salud sea elegida entre las tres primeras prioridades, tendrá una distribución de los recursos según los criterios generales, condicionada a la conclusión de las obras en marcha, las necesidades creadas a partir de la municipalización de la salud y a la repercusión financiera resultante de aumentos de personal.

De la Cuarta a la Decimotercera Prioridad Temática de los 16 Distritos

Las prioridades globales de los 16 distritos, de la cuarta a la decimotercera, son el resultado del mismo cálculo efectuado para hallar las tres primeras. En primer lugar, se atenderá con carácter prioritario las peticiones de distritos que las hayan elegido entre sus cuatro prioridades temáticas. En el caso en que haya un saldo disponible de recursos tras haber atendido a los distritos con prioridad, podrán atenderse el resto de distritos considerando la viabilidad técnica de las peticiones y la necesidad de infraestructuras o de servicios de cada distrito.

Inversiones con Recursos de Financiaciones

En el caso de recursos procedentes de financiaciones, su utilización para atender las peticiones de los distritos, temáticas y de toda la ciudad estará condicionada a las exigencias del órgano financiero, a la naturaleza de las obras, a la existencia de proyectos y de una situación agraria regular.

PRIORIDADES TEMÁTICAS

Las obras, acciones o los servicios de la Alcaldía Municipal abarcan 13 grandes temas. Éstas son las prioridades temáticas del Presupuesto Participativo. La población establece un orden de prioridad para las inversiones anuales según estos temas y clasifica asimismo sus peticiones en estas prioridades.

Saneamiento básico/ Vivienda / Pavimentación / Educación / Asistencia Social / Salud / Transporte y Circulación / Áreas de Ocio / Deportes y ocio / Iluminación Pública / Desarrollo económico / Cultura / Saneamiento Ambiental

SANEAMIENTO BÁSICO

a) Red de Agua–(DMAE)
b) Desagües de cloacas–(DMAE)
c) Desagües Pluviales (micro y macro drenaje)–DEP
d) Arroyos y cursos de agua (drenaje y dragado)
e) Programa de educación ambiental ("Arroio não e valão")

VIVIENDA (DEMHAB)

1. Regularización Agraria y Urbanística
1.1. Levantamiento Topográfico y Catastral
1.2. Urbanización de barriadas
1.3. Construcción de Unidades de Viviendas

2. Reasentamiento
2.1. Compra de área
2.2. Producción de Lotes Urbanizados con módulos sanitarios
2.3. Construcción de Unidades de Viviendas

3. Ayuda Mutua–*Mutirão*
4. Cooperativas de Viviendas

PAVIMENTACIÓN (SMOV)

Pavimentación de Barriadas (incluyendo la abertura de calles y paseo, escalinatas, pasarelas, pequeños puentes derivados de peticiones de pavimentación, pavimentación de calles).

EDUCACIÓN (SMED)

a) Educación Infantil –de 0 a 6 años

Concierto de Guarderías Comunitarias:

— Concierto PMPA

— Colaboración con la iniciativa privada

— Lotes de Material

Recuperación / Reforma de Escuelas Infantiles

Construcción de guarderías comunitarias

b) Enseñanza Elemental – Ampliación, Reforma y Construcción de Escuelas

c) Educación de Jóvenes y Adultos (Programa SEJA y Proyecto MOVA)

d) Educación Especial – Adaptación del Espacio Físico para atender a las personas con necesidades educativas especiales.

ASISTENCIA SOCIAL (FASC)

a) Atención al niño y al adolescente – Programa Extraescolar, Señal Verde, Construcción de Casa de Colonias, etc.

b) Atención a la Familia – Núcleo de Apoyo Familiar (Apoyo al Derecho de la familia).

c) Atención a la población adulta – Servicio de Guardia Social, Construcción y Reforma de Residencias, Asilos y Asilo nocturnos.

d) Grupos de Convivencia de la Tercera Edad.

e) Reforma y Ampliación de Centros Comunitarios.

SALUD (SMS)

a) Reforma, Ampliación y Construcción de Ambulatorios de Salud.

b) Ampliación de los Servicios en la Red Básica.

c) Equipamientos y Material Permanente para los Ambulatorios.

TRANSPORTE Y CIRCULACIÓN (SMT)

1. Rotondas

ÁREAS DE OCIO (SMAM)

a) Urbanización o reforma de plazas y parques en las áreas administradas por la SMAM.
b) Espacios infantiles en las áreas administradas por la SMAM.

DEPORTE Y OCIO (SME)

a) Campos de fútbol en las áreas administradas por la SME.
b) Equipamientos deportivos en las áreas administradas por la SME.
c) Equipamientos de ocio en las áreas administradas por la SME.
d) Reforma y Ampliación de los Centros Comunitarios.

ALUMBRADO PÚBLICO (DIP)

DESARROLLO ECONÓMICO (SMIC)

CULTURA (SMC)

a) Equipamientos culturales;
b) Actividades de Descentralización de la Cultura;
c) Acciones y eventos de la Cultura.

SANEAMIENTO AMBIENTAL (DMLU)

a) Puesta en marcha en barriadas–proyecto "bota-fora"
b) Recogida selectiva–recogida.

PRESENTACIÓN DE LAS PETICIONES

Las peticiones de los distritos de obras y servicios deberán entregarse con el formulario proporcionado por el GAPLAN, el día de la Asamblea Municipal, y en ella aparecerá:

— descripción clara de la petición;
— localización; por lo que se refiere a las obras de pavimentación y saneamiento básico, es imprescindible compilar el mapa en el reverso del formulario;
— metros estimados;
— indicación de la barriada y del barrio en donde se localiza la petición.

Las peticiones y las propuestas de prioridades para el distrito o temática se enviarán, personalmente (por cualquier medio) o a través de Internet (mediante el GAPLAN y/o CRC con un análisis previo), y será obligatoria su evaluación y deliberación en los foros de delegados del Presupuesto Participativo.

LOS TRES CRITERIOS GENERALES

Población Total del distrito: Valor 2	
Hasta 25.000 habitantes	Nota 1
De 25.000 a 45.000 habitantes	Nota 2
De 45.001 a 90.000 habitantes	Nota 3
Por encima de 90.001 habitantes	Nota 4
Carencia del Servicio o de la Infraestructura: Valor 4	
De 0,01% a 14,99%	Nota 1
De 15% a 50,99%	Nota 2
De 51% a 75,99%	Nota 3
De 76% en adelante	Nota 4

Nota: Fuente de datos del IBGE

Prioridad Temática del distrito: Valor 5	
Cuarta prioridad	Nota 1
Tercera prioridad	Nota 2
Segunda prioridad	Nota 3
Primera prioridad	Nota 4

ANEXO IV
LENGUAJE DEL OP

En estas páginas, el lector podrá encontrar, de forma organizada, todos los términos que forman el "Lenguaje del Presupuesto Participativo".

Asamblea Municipal — Gran encuentro de la población, celebrado en julio, para que los nuevos consejeros del OP tomen posesión de su cargo y para entregar al Gobierno la jerarquización de las obras y servicios solicitadas para toda la ciudad. En esta asamblea municipal se reserva un espacio para la discusión de temas de carácter general; un ejemplo es el 4º Congreso de la Ciudad.

Centro Administrativo Regional (CAR) — Órgano de descentralización política y administrativa de la Alcaldía. Además de organizar por distritos el proceso del OP, atiende las peticiones de servicio de los distritos. En la actualidad, son ocho distribuidos por la ciudad.

Consejeros — Son los representantes de los distritos o de las temáticas y forman en Consejo del Presupuesto Participativo. Sus comunidades de distritos eligen dos consejeros titulares y dos suplente para cada una de los 16 distritos y de las seis temáticas. La elección se realiza durante la Ronda Única y se celebra entre la segunda quincena de abril y a lo largo del mes de mayo.

Consejo del Presupuesto Participativo (COP) — Órgano máximo de deliberación del Presupuesto Participativo (OP), compuesto por los consejeros elegidos en los distritos y temáticas, por un representante de la Unión de Asociaciones de Vecinos de Porto Alegre (Uampa) y por uno de los Sindicatos de los Funcionarios (Simpa); cuenta además con dos representantes de la Alcaldía, que no tienen derecho a voto en las deliberaciones. El COP plantea, propone, supervisa y delibera sobre el conjunto de ingresos y gastos del presupuesto. También revisa anualmente el Estatuto Interno del OP.

Coordinador de Distrito del OP (CROP) — Es el representante de la Alcaldía en los distritos. Su función es supervisar los debates y las definiciones de las prioridades y obras para los distritos de la ciudad. Asimismo, es una ayuda en el proceso de ampliación del Presupuesto Participativo, en colaboración con el Gabinete de Planeamiento (GAPLAN).

Coordinador Temático del OP (CT) — Desempeña las mismas funciones de los CROPS, pero en las temáticas.

Coordinación de Relaciones con la Comunidad (CRC) — Es el órgano municipal responsable de la política de relación con la comunidad. También es el órgano responsable del proceso del OP, en colaboración con el GAPLAN.

Criterios — Se trata de las reglas aprobadas por el Consejo del Presupuesto Participativo, que se subdividen en criterios generales (que determinan el procedimiento de la distribución de recursos para el conjunto de la ciudad) y técnicos (utilizados por los órganos de la Alcaldía para analizar y verificar la viabilidad de las mismas).

Delegados — Los delegados son elegidos por la población en reuniones que se celebran en un periodo que va de mayo a julio en los distritos y temáticas; la elección es proporcional, es decir, se elige un delegado por cada diez participantes. Los delegados son los participantes directos de la población en el proceso de participación popular.

Petición — Es la obra o el servicio definidos por la población, que es competencia de la Alcaldía.

Foro de Delegados — Se trata de reuniones en donde ser reúnen todos los delegados elegidos por la población. Estas reuniones pueden ser de distrito o temáticas. Eventualmente, es posible la convocatoria de una plenaria general, con todos los delegados, para debatir un asunto de interés general.

Gabinete de Planeamiento (GAPLAN) — El GAPLAN es responsable de la elaboración de la propuesta presupuestaria, Ley de Directrices Presupuestarias (LDO), del Plan Plurianual y del Plan de Inversiones y Servicios. El trabajo es el resultado de las peticiones de la comunidad y de las propuestas presentadas por el Gobierno. Asimismo, es responsable de la coordinación, de la elaboración y de la ejecución del presupuesto del municipio; en colaboración con la Coordinadora de Relaciones con la Comunidad, coordina el proceso del OP.

Plan de Inversiones y Servicios (PI) — Se trata de la publicación anual que contiene todas las peticiones de obras y servicios definidos por la población en el OP y aprobadas por el Consejo del Presupuesto Participativo.

Plan Plurianual — Establece las metas y las directrices generales que orientan las acciones del gobierno, cada cuatro años.

Plenaria de distrito — Reunión de vecinos interesados en el debate y en la definición de las prioridades de un distrito determinada.

Plenaria temática — Reunión de los interesados en el debate y en la definición de acciones, políticas y obras de un determinado tema y de las directrices globales para la ciudad. Como ejemplo de definición de prioridad temática puede citarse la reforma del Mercado Público (petición de la Temática de Desarrollo Económico y Tributación), la principal obra en marcha en Porto Alegre (pedida por la Temática de Transporte y Circulación).

Propuesta Presupuestaria — Previsión de ingresos y gastos, intentando realizar las obras y los servicios de responsabilidad del Ayuntamiento.

Estatuto Interno — Conjunto de reglas que determinan el funcionamiento del OP.

Ronda Única — Se trata del conjunto de plenarias de distrito y temáticas que se celebran a partir de la primera quincena de abril y se extiende hasta el mes de mayo. En estos encuentros, el Gobierno rinde cuentas de las inversiones del año anterior, por escrito y con audiovisuales. Durante la Ronda Única, la población elige las prioridades para toda la ciudad, además de a sus consejeros, y define el número de delegados, según la proporción de uno cada diez participantes de cada una de las 16 Plenarias del OP y seis de las Plenarias Temáticas.

Qué significa Inversión — Es la creación de nuevas estructuras en la ciudad a través de la ejecución de obras públicas como la construcción, la ampliación o la reforma de escuelas, ambulatorios, plazas, unidades de viviendas, pavimentación de calles que carecen de ella, etc.

Qué significa Servicio — Es el desarrollo continuo de una acción de la Alcaldía en la ciudad, como tala de árboles, cambio de las líneas de autobús, limpieza de las vías públicas, atención en los ambulatorios, cambio de farolas, limpieza de alcantarillas, etc.

ANEXO 5

CALENDARIO PRINCIPAL DEL OP PARA 2002

Reuniones preparatorias — Distrito norte — Plenarias Temáticas — Plenarias de Distrito Reuniones preparatorias — Distrito norte

ACTIVIDAD	COMUNIDAD	FECHA	HORA	LUGAR	OBSERVACIONES
FROP					
Rendición de cuentas	distrito	03/04	19 h	CTG Valentes da Tradição	Rua Francisco Pinto da Fontoura, 634
Plenaria	Pôr do Sol	05/04	19 h	Guardería	
Plenaria	Sto. Agostinho	08/04	19 h	Escuela Mun. Décio Martins Costa	
Plenaria	Vila Leão	09/04	19 h	SAVIL	
OP estatal	Distrito	10/04	19 h	Escuela Municipal Liberato	
Plenaria	Lot. Bosque	12/04	19 h		
Plenaria	ACOPAM	15/04	19 h	ACOPAM	
Plenaria	Parque Minuano	16/04	19 h	Guardería Barquinho de Papel	Rua Baden Powell, 606
FROP preparatoria	Distrito	17/04	19 h	CTG Valentes da Tradição	Rua Francisco Pinto da Fontoura, 634
Plenaria	Trav. Particular	18/04	19 h	Casa del Sr. Clésio	
Plenaria	Nova Brasília	19/04	19 h	Guardería Santa Catarina	
Plenaria	Dos Irmãos	20/04	19 h	Sin lugar	
FROP preparatoria	Distrito	24/04	19 h	CGT Valentes da Tradição	Rua Francisco Pinto da Fontoura, 634
Plenaria	São Borja	25/04	19 h	Sin lugar	
Plenaria	Sarandi e Rocco	26/04	19 h	Asociación Amigos do Bairro Sarandi Aloise	Rua Francisco P. Da Fontoura - esq. C/ Moreira da Silva
Plenaria	Aparecida e Chimarrão				
Plenaria	Santa Rosa	29/04	19 h	Asoc. Moradores Sta. Rosa	Abelino Nicolau de Almeida, 96

Actividad	Comunidad	Fecha	Hora	Lugar	Observaciones
Plenaria	Páscoa	06/05	19 h	Jefatura (*Capatazia*), DMLU-CAR	Bern. Silv. Amorim, 1358
Plenaria	Frat. Dutra	07/05	19 h	Sin lugar	
FROP preparatoria	Distrito	08/05	19 h	CTG Valentes da Tracição	Rua Francisco Pinto da Fontoura, 634
Plenaria	Vila União	10/05	19 h	Sin lugar	
Plenaria	Ipê/São Borja	13/05	19 h	Sin lugar	
Plenaria	Dique	14/05	19 h	Sin lugar	
Plenaria	AMOPAM	15/05	19 h	Asoc. Morad. Do Parque dos Maias	
Plenaria	Leão/SEMEAR	16/05	19 h	Sin lugar	
Plenaria	Guapuruvu	20/05	19 h	Sin lugar	
Plenaria	Jenor Jarros	21/05	19 h	Sin lugar	
Ronda Única	Distrito	22/05	19 h	Club Comercial Sarandi	
Plenaria	Colina	25/05	19 h	Sin lugar	
FROP preparatoria	Distrito	05/06	19 h	Sin lugar	
Revisar las peticiones	Distrito	08/06	19 h	Diferentes	
FROP jerarquía	Distrito	12/06	19 h	Sin lugar	
FROP jerarquía	Distrito	19/06	19 h	Sin lugar	
FROP jerarquía	Distrito	26/06	19 h	Sin lugar	
FROP jerarquía	Distrito	03/07	19 h	Sin lugar	

Plenarias Temáticas (siempre a las 19 h)

Av. Loureiro da Silva, s/n — Câmara de Vereadores de Porto Alegre — Plenario Otávio Rocha

LUGAR: Ayuntamiento de Porto Alegre			
Fecha	Día de la semana	Plenaria	Lugar
15/04	Lunes	Educación, Deporte y Ocio	Câmara de Vereadores de Porto Alegre
16/04	Martes	Desarrollo Económico y Tributación	Câmara de Vereadores de Porto Alegre
17/04	Miércoles	Organización de la Ciudad, Desarrollo Urbano y Ambiental	Câmara de Vereadores de Porto Alegre
18/04	Jueves	Circulación y Transporte	Câmara de Vereadores de Porto Alegre
22/04	Lunes	Salud y Asistencia Social	Câmara de Vereadores de Porto Alegre

Plenarias Regionales (siempre a las 19 h)

Fecha	Día de la semana	Región	Lugar
24/04/2002	Miércoles	Humaitá-Navegantes-Ilhas	Praça Navegantes frente a la iglesia NS dos Navegantes
25/04/2002	Jueves	Centro-Sul	CECOPAM - Rua Arroio Grande, 50
29/04/2002	Lunes	Partenon	Iglesia São Judas Tadeu - Rua Juarez Tavorá, 171 — cerca de la PUC
30/04/2002	Martes	Leste	Plaza localizada en la Rua São Domingos esquina con la Rua Dr. Murtinho al lado de CTG Raízes do Sul
06/05/2002	Lunes	Nordeste	Escuela Municipal Victor Issler - Rua 19 de Fevereiro Bairro Mário Quintana
07/05/2002	Martes	Lomba do Pinheiro	Centro Cultural Lomba do Pinheiro - Rua João de Oliveira Remião, 450 Parada 13
08/05/2002	Miércoles	Cristal	Escuela Municipal Prof. Eliseu Paglioli - Calle Butui, 221
09/05/2002	Jueves	Cruzeiro	Escuela Loureiro da Silva - Rua Capivari, 1999
13/05/2002	Lunes	Noroeste	Gimnasio Sindicato dos Metalúrgicos - Av. Francisco Trein, 116 - Vila Ipiranga
14/05/2002	Martes	Extremo-Sul	Gimnasio de la Parroquia NS de Belém, Rua Heitor Vieira, 494 - Belém Novo
15/05/2002	Miércoles	Glória	Escuela Estatal de 1º grado D. Pedro I - Rua Pedro Boticário Boticário, 654
16/05/2002	Jueves	Central	Ayuntamiento de Porto Alegre
20/05/2002	Lunes	Eixo-Baltazar	Centro Humanístico Vida - Av. Baltazar de Oliveira Gracia, 2132
21/05/2002	Martes	Restinga	Gimnasio del CECORES, Av. Nilo Wulff, s/n
22/05/2002	Miércoles	Norte	Club Comercial Sarandi, Av. Salvador Leão, 277 — Vila Leão
23/05/2002	Jueves	Sul	CTG Descendência Farrapa, Av. Cavalhada, 6735, Parque Ipanema

Obs.: El espacio de las temáticas y del distrito Central podrá sufrir cambios, de ahí que no pueda ser divulgado en los materiales impresos, ni tampoco el montaje de la estructura. En este lugar, necesitaremos equipos de sonido. Ahora, el distrito Centro se denomina distrito Central.

ANEXO 6
Plan de invresiones para el año 2002

Incluye las inversiones en cada distrito y para toda la ciudad

Humaitá-Navegantes-Ilhas / Noroeste / Leste / Lomba do Pinheiro / Norte / Nordeste / Partenon / Restinga / Glória / Cruzeiro / Cristal / Centro Sul / Extremo Sul / Eixo Baltazar / Sul / Centro / Toda la ciudad

1. Humaitá-Navegantes-Ilhas

VIVIENDA

Órgano	Petición	Descripción	Recurso Presupuestario
DEMHA	20020387	Compra de un área para el reasentamiento de familias del distrito	236.089,79

PAVIMENTACIÓN

Órgano	Petición	Descripción	Recurso Presupuestario
SMOV	20020371	Calle PM Pedro Gilherme Senha, entre la calle Tarso Galvão Bueno Silva y la calle Luiz Felippe Berbigier — 80 metros	52.000,00
SMOV	20020372	Calle Dr. Vespasiano Faustino Corrêa, entre calle Armando Amado Potrich y calle Dep. João Caruso — 136 metros	88.400,00
SMOV	20020373	Calle Marcos Spritzer, entre calle Adelino Machado de Souza y calle André Rossi — 80 metros	52.000,00

Total de metros de la pavimentación en el distrito: 296 m

EDUCACIÓN

Órgano	Petición	Descripción	Recurso Presupuestario
SMED	20020390	Construcción de una guardería comunitaria en la Vila (barriada) Dona Teodora para 80 niños	150.000,00

SALUD

Órgano	Petición	Descripción	Recurso Presupuestario
SMS	20020405	Implantación de la base del SAMU	143.000,00

SMS	20020406	Implantación de PSF en la Vila Mário Quintana	150.000,00

ALUMBRADO PÚBLICO

Órgano	Petición	Descripción	Recurso Presupuestario
SMOV	20020423	Iluminación en la calle Adelino Machado de Souza, entre Jaime Topolar y Voluntários da Pátria	5.687,00
SMOV	20020424	Iluminación de la calle Dr. Augusto Pestana - Ejecución	562,45

2. Noroeste

SANEAMIENTO BÁSICO

Órgano	Petición	Descripción	Recurso Presupuestario
DEP	20020213	Sustitución y redimensionamiento de la red de desagüe pluvial de las calles Elisio A. Crivella y Walter Kaufmann	70.000,00
DEP	20020216	Sustitución y redimensionamiento de la red de desagüe pluvial de la calle Alberto Silva entre la avenida Assis Brasil y la travesía Américo Silveira	70.000,00

VIVIENDA

Órgano	Petición	Descripción	Recurso Presupuestario
DEMHA	20020173	Compra de un área para el reasentamiento de familias del distrito (vecinos del Jardín Floresta)	170.961,58

PAVIMENTACIÓN

Órgano	Petición	Descripción	Recurso Presupuestario
SMOV	20020169	Recuperación de la escalinata, desde la calle João Moreira Alberto hasta la calle Pistoia — 20 metros	13.000,00
SMOV	20020170	Callejón sin salida de la Vila Ipiranga, entre las calles Caravelas y Bispo Sanrdinha — 70 metros	45.500,00

Total de metros de la pavimentación en el distrito: 90 m

EDUCACIÓN

Órgano	Petición	Descripción	Recurso Presupuestario
SMED	20020178	Adaptación en la escuela infantil Vila Floresta	45.698,92
SMED	20020179	Reforma del ant. edificio de la escuela estatal de enseñanza elemental Bahia (Condicionada al Concierto de la Secretaría elemental Estatal de Educación)	150.000,00

ÁREAS DE OCIO

Órgano	Petición	Descripción	Recurso Presupuestario
SMAM	20020236	Urbanización de la plaza Vitoria Régia	54.000,00
SMAM	20020237	Conclusión de la plaza Irani Bertelli	40.000,00
SMAM	20020238	Plaza Paulo Hohlfeldst Filho — Calzada	6.000,00

ALUMBRADO PÚBLICO

Órgano	Petición	Descripción	Recurso Presupuestario
SMOV	20020230	Iluminación de las calles que circundan el parque Alim Pedro Ejecución parcial	6.250,00

3. Zona Leste

SANEAMIENTO BÁSICO

Órgano	Petición	Descripción	Recurso Presupuestario
DEP	20020913	Programa "arroio não e valão" para el distrito Leste, con prioridad para la Vila Nossa Senhora	50.000,00
DMAE	20020937	Sustitución de redes de desagüe de cloacas en la Vila Chácara das Pedras - 600 metros	72.000,00
DMAE	20020939	Extensión de la red de desagüe de cloacas en el Beco da Paz en Vila Jardim - 100 metros	15.000,00
DMAE	2002940	Colector de cloacas del fondo de parcela en la calle Trinta e Quatro Vila Fátima - 120 metros (Condicionada a la autorización del paso	

Órgano	Petición	Descripción	Recurso Presupuestario
		Vila Fátima - 120 metros (Condicionada a la autorización del paso del colector de fondo de parcela y de la regularización agraria del DEMHAB)	15.000,00
DMAE	20020941	Extensión de la red de desagüe de cloacas en la Viela (callejuela) da Alegria - Vila Jardim - 250 metros	30.000,00

VIVIENDA

Órgano	Petición	Descripción	Recurso Presupuestario
DEMHA	20020943	Compra de un área para la Vila Jardim - Familias de la calzada de la calle Ernesto Pellanda, hasta el límite del valor propuesto	293.076,99

PAVIMENTACIÓN

Órgano	Petición	Descripción	Recurso Presupuestario
SMOV	20020960	Calle Baltazar de Bem, a partir de la calle Seival hasta la calle Seival, Vila Jardim - 460 metros	299.000,00

Total de metros de la pavimentación en el distrito: 460 m

EDUCACIÓN

Órgano	Petición	Descripción	Recurso Presupuestario
SMED	20020985	Construcción de una guardería comunitaria para el grupo de mujeres en acción del Jardim Carvalho Ipê, para 80 niños	150.000,00

ASISTENCIA SOCIAL

Órgano	Petición	Descripción	Recurso Presupuestario
FASC	20021064	Implantación de SASE con convenio de 40 metas	23.785,30
FASC	20021078	NASF con convenio de 40 metas	102.000,00

ALUMBRADO PÚBLICO

Órgano	Petición	Descripción	Recurso Presupuestario
SMOV	20020979	Alumbrado público en la calle Fernando Corona - Barriada	3.791,70
SMOV	20020980	Nuevos puntos aún por indicar — Vila Santa Helena	2.458,30
		Ejecución total	

4. Lomba do Pinheiro

SANEAMIENTO BÁSICO

Órgano	Petición	Descripción	Recurso Presupuestario
DMAE	20021697	Extensión de la red de desagüe de cloacas en Vila Altos da Colina - 400 metros	60.000,00
DMAE	20021699	Extensión de la red de desagüe de cloacas en la calle Airton Sena - Vila Elo Dourado - 1000 metros	150.000,00
DMAE	20021701	Proyecto para una fosa colectora en Vila Chácara das Peras	55.000,00
DMAE	20021706	Proyecto y topografía para el interceptor en Vila Viçosa	30.000,00

VIVIENDA

Órgano	Petición	Descripción	Recurso Presupuestario
DEMHA	20021669	Continuación del proceso de urbanización de Vila Esmeralda, hasta el límite del valor propuesto	187.243,63

PAVIMENTACIÓN

Órgano	Petición	Descripción	Recurso Presupuestario
SMOV	20021731	Calle 22 de Abril - Toda la extensión - 350 metros	299.000,00
SMOV	20021732	Calle Arvoredo, a partir de la Av. João Oliveira Remiao - 238 (Condicionada a la eliminación de cercas y de muros)	154.700,00
SMOV	20021735	Calle G, a partir de la calle Gavioveira hasta el final - 170 metros (Condicionada a la eliminación de cercas, muros y casas, así como a la aprobación del proyecto urbanístico)	110.500,00
SMOV	20021736	Calle B Chácara das Pêras - 125 m - con ejecución de 60 m de muro de protección- 185 metros (Condicionada a la eliminación de cercas, así como a la aprobación del proyecto urbanístico	120.250,00
SMOV	20021739	Paseo Acesso 6, a partir de la calle Guaiba - Vila São Carlos - 70 metros (condicionada a la eliminación de cercas, muros, casas y una escalera)	45.500,00

Total de metros de la pavimentación en el distrito: 1.013 m

EDUCACIÓN

Órgano	Petición	Descripción	Recurso Presupuestario
SMED	20021754	Construcción de una guardería comunitaria en Vila Chácara das Pêras para 80 niños	150.000,00

ASISTENCIA SOCIAL

Órgano	Petición	Descripción	Recurso Presupuestario
FASC	20021716	Implantación de SASE con convenio de 40 metas	
		Coste	23.785,30
FASC	20021722	NASF con convenio de 40 metas	
		Coste	102.000,00

ALUMBRADO PÚBLICO

Órgano	Petición	Descripción	Recurso Presupuestario
SMOV	20021744	Red baja con iluminación pública a la altura del número 44/164 de la calle Vicinal, 1, en la Vila São Francisco	3.791,70
SMOV	20021746	Iluminación pública para la calle Roca Salles en la barriada	2.458,30

5. Zona Norte

SANEAMIENTO BÁSICO

Órgano	Petición	Descripción	Recurso Presupuestario
DEP	20020510	Programa "Arroio não e valão " para el distrito Norte, con prioridad de los arroyos y de las zanjas según lo establecido por el distrito	50.000,00
DMAE	20020522	Extensión de la red de desagüe de cloacas a partir del número 215 de la calle Domingo Santoro en la Vila União Leste - 200 metros	24.000,00
DMAE	20020523	Extensión de la red de desagüe de cloacas en la calle Rocco Aloise, Vila Minuano - 100 metros	12.000,00

VIVIENDA

Órgano	Petición	Descripción	Recurso Presupuestario
DEMHA	20020532	Suministro de materiales de construcción para familias de las parcelas del Bosque hasta el límite del valor propuesto	154.679,52

PAVIMENTACIÓN

Órgano	Petición	Descripción	Recurso Presupuestario
SMOV	20020443	Calle Celso Frankini, a partir de la calle Bernadino Silveira Amorim hasta 30 metros pasada la calle Sta. Bárbara - 180 metros (Condicionada a la eliminación de cercas, muros y casas)	117.000,00
SMOV	20020444	Calle Mário Arnold Sampaio, a partir de la calle Santa Bárbara hasta 129 más allá (pavimentación existente) - 120 metros (Condicionada a la eliminación de cercas, muros y casas)	78.000,00
SMOV	20020449	Calle 25 de Octubre, a partir del EVU del DEMHAB - 250 metros (Condicionada a la eliminación de cercas y muros, así como al EVU del DEMHAB)	162.500,00
SMOV	20020450	Calle Palmeiras, a partir de la calle Santa Bárbara hasta la calle "J 2" 100 metros (Condicionada a la eliminación de cercas, muros y casas)	65.000,00
SMOV	20020453	Calle Diamante (antigua calle 12), a partir de la calle Afonso Paulo Feijo hasta la calle Lidio Padilha - 150 metros	97.500,00
SMOV	20020455	Rua da Cultura (antigua calle B), a partir de la Rua do Povo (Calle "A") hasta el muro de la empresa Kruger - 120 metros	78.000,00

Total de metros de la pavimentación en el distrito: 920 m

EDUCACIÓN

Órgano	Petición	Descripción	Recurso Presupuestario
SMED	20020478	Reforma del comedor y de la cocina de la Escola Liberato	75.376,34
SMED	20020480	Actualización del aula de informática II en la escuela	30.000,00

SALUD

Órgano	Petición	Descripción	Recurso Presupuestario
SMS	20020552	Construcción de PSF en Vila Santo Agostinho	150.000,00

ALUMBRADO PÚBLICO

Órgano	Petición	Descripción	Recurso Presupuestario
SMOV	20020528	Iluminación de la Rua da Cultura en Vila Nossa Senhora	1.900,00
SMOV	20020529	Iluminación de la Rua do Povo en Vila Nossa Senhora	2.700,00
SMOV	20020530	Iluminación de la Rua da Cidadania en Vila Nossa Senhora	1.650,00

6. Nordeste

SANEAMIENTO BÁSICO

Órgano	Petición	Descripción	Recurso Presupuestario
DMAE	20021856	Extensión de la red de desagüe de cloacas en la travesía José Bonifácio - 800 metros	80.000,00
DMAE	20021857	Extensión de la red de desagüe de cloacas en todo el territorio Timauva III - Jardim das Colina - 1800 metros	198.000,00

VIVIENDA

Órgano	Petición	Descripción	Recurso Presupuestario
DEMHA	20021863	Compra de un área para el reasentamiento de familias del distrito	244.230,82

PAVIMENTACIÓN

Órgano	Petición	Descripción	Recurso Presupuestario
SMOV	20021909	Calle Deodoro - Vila Chácara da Fumaça, a partir de la calle Manoel Marques hasta la vía Martins Felix Berta - 440 metros (Condicionada a la eliminación de cercas y muros)	286.000,00

Total de metros de la pavimentación en el distrito: 440 m

EDUCACIÓN

Órgano	Petición	Descripción	Recurso Presupuestario
SMED	20021864	Construcción de una guardería comunitaria en el Jardim Protásio Alves para 80 niños	150.000,00
SMED	20021870	Reforma de la guardería comunitaria en el jardín de la FAPA	38.172,04

ASISTENCIA SOCIAL

Órgano	Petición	Descripción	Recurso Presupuestario
FASC	20021872	Ampliación SASE para 80 metas Coste	16.649,58

ALUMBRADO PÚBLICO

Órgano	Petición	Descripción	Recurso Presupuestario
SMOV	20021903	Iluminación de la calle José Marcelino con extensión de red de luz, a partir de Rua das Tulipas hasta 6 de Novembro, Vila Mimo de Vênus - 350 metros. Ejecución parcial.	6.250,00

DESARROLLO ECONÓMICO

Órgano	Petición	Descripción	Recurso Presupuestario
SMIC	20021893	Construcción de un *galpão* (en el Centro y en el Sur de Brasil, construcción rural para el depósito de utensilios de campo y vivienda de los peones)	95.000,00

7. Partenon-Grande S. José

SANEAMIENTO BÁSICO

Órgano	Petición	Descripción	Recurso Presupuestario
DMAE	20020069	Extensión de la red de desagüe de cloacas en la travesía São Guilherme - Morro da Cruz - 100 metros	12.000,00

VIVIENDA

Órgano	Petición	Descripción	Recurso Presupuestario
DEMHA	20020041	Continuación del proceso de urbanización de Vila Maria da Conceição, hasta el límite del valor propuesto	280.000,00
DEMHA	2002	Levantamiento topográfico y catastral de Vila Ideal	4.935,96

PAVIMENTACIÓN

Órgano	Petición	Descripción	Recurso Presupuestario
SMOV	20020086	Calle Clemente Pereira, a partir de la calle Martins de Lima hasta la calle Dona Firmina - 137 metros - Con ejecución de 80 metros de muro de protección - 217 metros (Condicionada a la eliminación de cercas, muros y casas)	141.050,00
SMOV	20020087	Travesía Matos, a partir de la calle Ten.Ari Tarrago hasta la travesía São Jorge - 150 metros (Condicionada a la eliminación de cercas, muros y casas, así como a la cesión del área por parte del Gobierno de Estado de RS)	97.500,00
SMOV	20020088	Calle Encantadora, a partir del PI 2001 hasta el arroyo Borboleta - 250 metros (Condicionada a la eliminación de cercas y muros, así como a la cesión del área por parte de la PGM)	162.500,00
SMOV	20020090	Calle Sta. Tereza, a partir de la calle Nove de Julho hasta la calle São Guilherme - 130 metros - Con ejecución de 100 metros de muro de protección - 230 metros (En conformidad con el proyecto y condicionada a la eliminación de cercas, muros y casas)	149.500,00
SMOV	20020091	Calle Taiguara Chalar da Silva, a partir de la calle Menina Almira II - 180 metros (Condicionada al proceso de regularización agraria realizado por la SEHAB, así como a la eliminación de cercas, muros y casas)	117.000,00
SMOV	20020092	Calle Sílvio Romero, a partir de la calle Pedro Velho hasta la calle Batista Xavier - 70 metros (Condicionada a la eliminación de cercas, muros y casas)	45.500,00

Total de metros de la pavimentación en el distrito: 1097 m

EDUCACIÓN

Órgano	Petición	Descripción	Recurso Presupuestario
SMED	20020053	Construcción de una guardería comunitaria en la Rua das Baias - Vila Alameda para 80 niños	150.000,00

ASISTENCIA SOCIAL

Órgano	Petición	Descripción	Recurso Presupuestario
FASC	20020072	Instalación de SASE con convenio de 40 metas Coste	23.785,30

ALUMBRADO PÚBLICO

Órgano	Petición	Descripción	Recurso Presupuestario
SMOV	20020103	Puntos de Luz en el callejón de la calle Aurélio Porto -Ejecución	6.250,00

8. Restinga

SANEAMIENTO BÁSICO

Órgano	Petición	Descripción	Recurso Presupuestario
DMAE	20021124	Extensión de la red de desagüe de cloacas en la Avenida 7108 - Vila Barro Vermelho — 180 metros	21.600,00
DMAE	20021125	Extensión de la red de desagüe de cloacas y colector de fondo de parcela en la manzana "J" y "K" - Vila Cabriuva - 755 metros (Condicionada a la autorización del paso del colector del fondo de parcela)	98.150,00
DMAE	20021126	Extensión de la red de desagüe de cloacas en la calle Onofre António da Silveira, de la João António da Silveira hasta la calle Arno Horn - Barro Vermelho - 1400 metros	168.000,00
DMAE	20021127	Extensión de la red de desagüe de cloacas en la calle Belize - Vila Barro Vermelho - 1680 metros	201.600,00
DMAE	20021129	Extensión de la red de desagüe de cloacas en los accesos de Vila Figueira - 100 metros	12.000,00
DMAE	20021130	Extensión de la red de desagüe de cloacas en el callejón "A" - Vila Figueira, 140 metros	16.800,00

VIVIENDA

Órgano	Petición	Descripción	Recurso Presupuestario
DEMHA	20021131	Mejora de la calidad de las condiciones de reasentamiento de las familias del barrio	154.649,52

PAVIMENTACIÓN

Órgano	Petición	Descripción	Recurso Presupuestario
SMOV	20021090	Av. Capitão Pedroso (antigua Av. "A"), a partir de la pavimentación existente hasta la Chácara do Banco - Vila Flor da Restinga - 340 metros (Condicionada a la eliminación de cercas y muros)	221.000,00
SMOV	20021091	Calle Pedro Armando Rosa (Antigua calle "I"), a partir del PI 2001 - 200 metros (Condicionada a la eliminación de cercas, muros y casas, así como a la regularización del territorio)	130.000,00

Total de metros de la pavimentación en el distrito: 540 metros

EDUCACIÓN

Órgano	Petición	Descripción	Recurso Presupuestario
SMED	20021139	Construcción de una guardería comunitaria junto a la escuela municipal infantil Paulo Freire, para 80 niños	150.000,00
SMED	20021140	Construcción de una guardería comunitaria en la manzana "G" del Núcleo Esperança I, para 40 niños	90.000,00
SMED	20021149	Ampliación de la escuela Mário Quintana	100.000,00

SALUD

Órgano	Petición	Descripción	Recurso Presupuestario
SMS	20021153	Construcción de PSF en el Núcleo Esperança I/II y Figueira	150.000,00

ALUMBRADO PÚBLICO

Órgano	Petición	Descripción	Recurso Presupuestario
SMOV	20021086	Iluminación pública con red de baja tensión en la Avenida "A", a	

		partir del número 661 hasta el 755 - Flor da Restinga	5.371,58
SMOV	20021087	Iluminación pública con red de baja tensión en la calle António Onofre da Silveira, entre Tobago y João António da Silveira - Vila Santa Rita - Ejecución parcial	878,42

9. Grande Glória

SANEAMIENTO BÁSICO

Órgano	Petición	Descripción	Recurso Presupuestario
DMAE	20020257	Extensión de la red de desagüe de cloacas en Vila Glorinha -500 metros	60.000,00
DMAE	20020262	Extensión de la red de desagüe de cloacas entre las calles Interlagos y Ulisses Guimarães - 250 metros	25.000,00
DMAE	20020263	Mantenimiento y limpieza de los depósitos 1 y 2 — Barriada	135.000,00
DMAE	20020308	Levantamiento topográfico y catastral de Vila Batilanas (Condicionada a la decisión judicial - Ministerio Público)	15.000,00
DMAE	20020309	Urbanización de Vila Santa Clara; compra de un área y construcción de unidades de viviendas, hasta el límite del valor propuesto (PGM/SEHAB)	245.512,88

PAVIMENTACIÓN

Órgano	Petición	Descripción	Recurso Presupuestario
SMOV	20020276	Abertura y pavimentación de la calle "B" - Vila Nossa Senhora de Lourdes - 1.ª etapa	113.750,00
SMOV	20020277	Travesía "A" de Vila Glorinha, a partir del pavimento existente - 150 metros - Con ejecución de 250 metros de muro de protección (Condicionada a la eliminación de cercas, muros y casas o paseo)	260.000,00
SMOV	20020281	Paso de peatones en la calle Laranjeiras, entre las calles Paulinho Azurenha y Pedro Velho, 1121 - 80 metros (Condicionada a la eliminación de cercas, muros y casas)	52.000,00

Total de metros de la pavimentación en el distrito: 655 m

EDUCACIÓN

Órgano	Petición	Descripción	Recurso Presupuestario
SMED	20020327	Construcción de una escuela de enseñanza elemental en la zona del Rincão	127.956,99

SALUD

Órgano	Petición	Descripción	Recurso Presupuestario
SMS	20020330	Ampliación de la US en la Estrada dos Alpes	150.000,00

ALUMBRADO PÚBLICO

Órgano	Petición	Descripción	Recurso Presupuestario
SMOV	20020296	Iluminación de la Rua da Pedreira - Vila Aparicio Borges - Ejecución parcial	9.375,00

10. Grande Cruzeiro

SANEAMIENTO BÁSICO

Órgano	Petición	Descripción	Recurso Presupuestario
DMAE	20020882	Extensión de la red de desagüe de cloacas en la Calle Prisma - Vila Figueira - 140 metros	19.600,00
DMAE	20020883	Extensión de la red de desagüe de cloacas en el callejón "5", Vila Tronco Postao - 50 metros	6.500,00

VIVIENDA

Órgano	Petición	Descripción	Recurso Presupuestario
DEMHA	20020826	Urbanización del jardín Europa II, hasta el límite del valor	92.265,00
DEMHA	20020827	Regularización agraria y urbanización de Vila Mariano de Matos, hasta el límite del valor Propuesto	92.265,00
DEMHA	20020837	Continuación de la urbanización de Vila Figueira, hasta el límite del valor propuesto	92.264,93

PAVIMENTACIÓN

Órgano	Petición	Descripción	Recurso Presupuestario
SMOV	20020840	Paseo en el acceso "100" EN Vila Tronco Neves, a partir de la calle Caixa Econômica - 110 metros (Condicionada a la eliminación de cercas, muros y casas)	71.500,00
SMOV	20020841	Paseo en el acceso de la calle Otávio Souza, 615, entre Mata Coelho y Cunha Neto - 115 metros (Condicionada a la eliminación de cercas, muros y casas, así como a la regularización por parte de la SPM)	74..750,00
SMOV	20020842	Paseo en la calle Antônio João Brugnera - Vila Jardim Europa II, desde la calle Jorge Simon a la calle Arnaldo Borba - 160 (Condicionada a la eliminación de cercas, muros y casas, así como a la regularización por parte de la SPM)	104.000,00
SMOV	20020843	Calle Beco do Sorriso, a partir de la calle Otávio de Souza a la calle Otávio de Souza - 300 metros- con ejecución de 100 metros de muro de protección - 400 metros (Condicionada a la eliminación de cercas, muros y casas, así como a la regularización por parte de la SPM)	260.000,00

TOTAL DE METROS DE LA PAVIMENTACIÓN EN EL DISTRITO: 785 m

EDUCACIÓN

Órgano	Petición	Descripción	Recurso Presupuestario
SMED	20020858	Construcción de una guardería en Vila Santa Rita, para 40 niños	90.000,00

ASISTENCIA SOCIAL

Órgano	Petición	Descripción	Recurso Presupuestario
FASC	20020863	NASF con convenio de 40 metas	102.000,00

11. Cristal

VIVIENDA

Órgano	Petición	Descripción	Recurso Presupuestario
DEMHA	20020122	Construcción de unidades de viviendas para familias de la región, hasta el límite de valor propuesto	138.397,47

PAVIMENTACIÓN

Órgano	Petición	Descripción	Recurso Presupuestario
SMOV	20020116	Paseo en la calle Chico Pedro, entre los números 361 y 373, hasta el final - 65 metros (Condicionada a la eliminación de cercas y muros)	42.250,00
SMOV	20020117	Calle Waldemar Gonçalves Pires, a partir de la Av. Campos Velho - 110 metros (Condicionada a la eliminación de cercas, muros y casas	71.500,00
SMOV	20020118	Paseo en el callejón 3 de la calle Curupaiti, entre los números 508 y 509 - desde la calle Curupaiti hasta el final - 50 metros (Condicionada a la eliminación de cercas, muros y casas)	32.500,00
SMOV	20020121	Paseo en el callejón n.º 261 de la calle Cel. Timóteo, a partir de la calle Cel. Timóteo hasta el límite final de 70 metros (Condicionada a la eliminación de cercas, muros y casas)	45.500,00

Total de metros de la pavimentación en el distrito: 295 m

EDUCACIÓN

Órgano	Petición	Descripción	Recurso Presupuestario
SMED	20020141	Construcción de un anfiteatro en la escuela Loureiro da Silva	120.000,00
SMED	20020145	Construcción de una guardería comunitaria en Vila Cristal para 40 niños	90.000,00
SMED	20020146	Construcción de una guardería comunitaria en Vila Icarai II para 40 niños	90.000,00

ASISTENCIA SOCIAL

Órgano	Petición	Descripción	Recurso Presupuestario
FASC	20020137	Implantación de SASE con convenio de 40 metas Coste	23.785,30
FASC	20020138	NASF con convenio de 40 metas Coste	102.000,00

ALUMBRADO PÚBLICO

Órgano	Petición	Descripción	Recurso Presupuestario
SMOV	20020155	Extensión de la red para la iluminación pública de la avenida Divisa continuación de la petición del PI 2001	5.827,50
SMOV	20020156	Instalar 4 puntos de luz en el pasillo lateral izquierdo de la plaza Alexandre Zacchia	2.100,00
SMOV	20020157	Instalar un punto de luz en la avenida Taquari frente al número 635 - Ejecución Parcial	1.447,50

DESARROLLO ECONÓMICO

Órgano	Petición	Descripción	Recurso Presupuestario
SMIC	20020133	Construcción de un *galpão* (construcción rural) de selección	95.000,00

12.Centro Sul

SANEAMIENTO BÁSICO

Órgano	Petición	Descripción	Recurso Presupuestario
DMAE	20021451	Extensión de la red de desagüe de cloacas del Acceso B - Vila do Bosque - 230 metros 28.200,00	
DMAE	20021452	Extensión de la red de desagüe de cloacas en la calle Maricas - Barrio Camaqua - 200 metros	20.000,00
DMAE	20021453	Extensión de la red de desagüe de cloacas en el callejón 1 - Vila Vicente Montegia - 290 metros	37.700,00

DMAE	20021457	Extensión de la red de desagüe de cloacas en el Acceso C - Vila do Bosque - 60 metros	8.400,00
DMAE	20021459	Extensión de la red de desagüe y colector de cloacas de fondo de parcela en el Acceso "A" de Vila do Bosque - 170 metros (Condicionada a la autorización de paso de un colector de fondo de parcela)	23.800,00
DMAE	20021460	Colector de cloacas de fondo de parcela entre la calle Basilio Pellin y la calle liberal - 50 metros (Condicionada a la autorización de paso de un colector de fondo de parcela)	6.500,00
DMAE	20021480	Extensión de la red de agua en Vila Aracaju - 450 metros	15.000,00

VIVIENDA

Órgano	Petición	Descripción	Recurso Presupuestario
DEMHA	20021440	Compra de un área para el reasentamiento de familias de Vila São Vicente Mártir	250.000,00
DEMHA	20023600	Lotes de materiales para la grupo de viviendas que se construirá en el distrito hasta el límite del valor propuesto	43.076,99

PAVIMENTACIÓN

Órgano	Petición	Descripción	Recurso Presupuestario
SMOV	20021486	Acceso "A", a partir del PI 2001 - Vila Boa Vista - 60 metros (Condicionada a la eliminación de cercas, muros y casas, así como a la regularización de la parcelación y la definición del Plan Urbanístico)	39.000,00
SMOV	20021487	Calle Deoclides Machado, a partir de la avenida Jose Correo da Silva hasta la calle Gregorio Perez — 90 metros	58.500,00
SMOV	20021488	Beco do Império, a partir del Acceso "D" (Edificio Cristal) hasta la vía Três Meninas, Vila Lot. Cristal - 170 metros (Condicionada a la eliminación de cercas, muros y casas)	110.500,00
SMOV	20021489	Acceso de la calle 4555 (calle Jardim das Hortências), a partir de la	

Órgano	Petición	Descripción	Recurso Presupuestario
		calle Prof. João Pitta Pinheiro Filho hasta la calle "4509" (calle Jardim Violeta) - 130 metros ((Condicionada a la eliminación de cercas, muros y casas o paseo)	84.500,00
SMOV	20021491	Calle Bernardo Gomes, a partir de la Av. Cavalhada - 90 metros - Con construcción de un muro de protección (Condicionada a la eliminación de cercas, muros y casas o paseo)	175.500,00
SMOV	20021492	Calle Santos a partir del PI 2001 - 200 metros (Condicionada a la eliminación de cercas, muros y casas o paseo)	130.000,00

Total de metros de la pavimentación en el distrito: 920 m

EDUCACIÓN

Órgano	Petición	Descripción	Recurso Presupuestario
SMED	20021540	Construcción de una guardería comunitaria en el distrito para 80 niños - Según la jerarquización del Foro de	150.000,00

ALUMBRADO PÚBLICO

Órgano	Petición	Descripción	Recurso Presupuestario
SMOV	20021526	Poste con red de baja tensión e iluminación pública de la calle "4509" (calle proyectada en el Jardim Violeta)- 130 metros	4.739,63
SMOV	20021527	Colocación de 81 farolas en los postes existentes, Vila Chácara Sperb - Ejecución parcial	1510.37

13. Extremo Sul

SANEAMIENTO BÁSICO

Órgano	Petición	Descripción	Recurso Presupuestario
DMAE	20020022	Extensión de la red de desagüe de cloacas en Vila Sapolandia - calle A, calle B, calle 5, callejón 2 y comunicación entre calles - 3.300 metros	376.000,00
DMAE	20020028	Extensión de la red de agua en la Estrada Chapéu do Sol en dirección a la Estrada do Lami - 400 metros	42.764,00

VIVIENDA

Órgano	Petición	Descripción	Recurso Presupuestario
DEMHA	20020020	Continuación del proceso de urbanización de Vila Julia, hasta el límite del valor propuesto	122.115,41

PAVIMENTACIÓN

Órgano	Petición	Descripción	Recurso Presupuestario
SMOV	20020001	Calle José Inácio, a partir del PI 2001 en dirección a calle Ely Vieira Goulart - 260 metros (Condicionada a la eliminación de cercas	169.000,00
SMOV	20020003	Vía São Caetano, continuación del PI 2001 en dirección a la vía Otaviano José Pinto - 230 metros (Condicionada a la eliminación de cercas, muros y casas o paseo, así como al convenio con la Alcaldía de Viamão)	149.500,00
SMOV	20020004	Calle Ruy Rodrigo Brasileiro de Azambuja, a partir de la calle Paulo Fontoura Gastal en dirección a V. Juca Batista - 160 metros	104.500,00
SMOV	20020005	Callejón Victoria, continuación del PI 2001 en dirección a la Estrada do Lami (Condicionada a la eliminación de cercas y muros)	104.000,00
SMOV	20020007	Calle Luiz Correa da Silva, a partir de la RS 118, dirección Sur/Norte/Lami/Lageado - 230 metros (Condicionada a la eliminación de cercas, muros y casas o paseo)	149.500,00

Total de metros de la pavimentación en el distrito: 1.040 m

EDUCACIÓN

Órgano	Petición	Descripción	Recurso Presupuestario
SMED	20020011	Reforma de la guardería Brincando de Roda en el Beco da Vitoria	82.150,55
SMED	20020014	Programa de educación de jóvenes y adultos - en la escuela elemental Chapéu do Sol	0,00

ALUMBRADO PÚBLICO

Órgano	Petición	Descripción	Recurso Presupuestario
SMOV	20020029	Iluminación de la vía Francisca de Oliveira Vieira da Estrada Chapéu do Sol, en dirección a Edgar Pires de Castro (cuatro farolas hasta el número 3746). Ejecución parcial	6.250,00

14. Eixo de Baltazar

SANEAMIENTO BÁSICO

Órgano	Petición	Descripción	Recurso Presupuestario
DMAE	20020717	Programa “arroyo não e valão” para el distrito Eixo de Baltazar, con prioridad para los arroyos	29.700,00
DMAE	20020726	Extensión de la red de desagüe de cloacas en la calle H - Vila Planalto - 135 metros	13.500,00
DMAE	20020729	Extensión de la red de desagüe de cloacas en la calle Ten. Ary Tarrago -Vila Planalto - 2000 metros	200.000,00
DMAE	20020730	Extensión de la red de desagüe de cloacas en el Beco do Feijo - Vila Planalto - 260 metros	26.00,00
DMAE	20020741	Sustitución de la en toda la Vila Max Geiss 3100 metros	308.000,00

VIVIENDA

Órgano	Petición	Descripción	Recurso Presupuestario
DEMHA	20020576	Compra de un área para familias de Vila Amazónia- 1.ª etapa	276.794,93

PAVIMENTACIÓN

Órgano	Petición	Descripción	Recurso Presupuestario
SMOV	20020746	Avenida Vitória, de la calle D hasta la avenida Ary Tarrago 400 metros (Condicionada a la eliminación de cercas, muros y casas, o paseo)	260.000,00

SMOV	20020748	Calle "A", a partir de la calle Adolfo Silva - 130 metros (Condicionada a la eliminación de cercas, muros y casas, o paseo, así como a la regularización por parte de la SPM)	84.500,00
SMOV	20020750	Cale Notável, a partir del número 400 de la calle Alberto Rangel, hasta la calle Antônio Francisco Lisboa — 100 metros (Condicionada a la eliminación de cercas y muros)	65.000,00
SMOV	20020751	Acceso al núcleo número 2 de Rubem Berta, a partir de la vía Martins Felix Berta núm. 420 - 80 metros (Condicionada a la eliminación de cercas, muros y casas)	52.000,00

TOTAL DE METROS DE LA PAVIMENTACIÓN EN EL DISTRITO: 710 M

EDUCACIÓN

ÓRGANO	PETICIÓN	DESCRIPCIÓN	RECURSO PRESUPUESTARIO
SMED	20020555	Adaptación del espacio físico para ciegos en la escuela municipal Presidente Vargas	10.000,00
SMED	20020569	Construcción de un espacio para una biblioteca en la escuela Presidente Vargas	100.645,16
SMED	20020575	Construcción de una cobertura sobre el techo de la escuela Presidente Vargas	70.000,00

ALUMBRADO PÚBLICO

ÓRGANO	PETICIÓN	DESCRIPCIÓN	Recurso Presupuestario
SMOV	20020687	Iluminación del callejón de la calle "C", entre los números 20 y 22 hasta la calle Onevio Lopes	3.667,50
SMOV	20020688	Aumento de la potencia de iluminación de todas las calles del Jardim Ingá - Ejecución parcial	2.582,50

15. Zona Sul

SANEAMIENTO BÁSICO

Órgano	Petición	Descripción	Recurso Presupuestario
DEP	20021278	Desvío del colector del fondo de la calle Hortêncio Rodrigues	130.300,00
DMAE	20021299	Colector de cloacas del fondo de parcela en el Beco dos Rossatos - 350 metros (Condicionada a la autorización de paso del colector del fondo de parcela)	49.000,00
DMAE	20021301	Colector de cloacas del fondo de parcela en la calle Conselheriro Xavier da Costa - 430 metros (Condicionada a la autorización de paso del colector del fondo de parcela)	60.200,00
DMAE	20021303	Extensión de la red de desagüe de cloacas de la calle Mário Doerte - 300 metros	42.000,00

VIVIENDA

Órgano	Petición	Descripción	Recurso Presupuestario
DEMHA	20021396	Urbanización del Beco dos Rossatos, hasta el límite del valor propuesto	109.896,71

PAVIMENTACIÓN

Órgano	Petición	Descripción	Recurso Presupuestario
SMOV	20021322	Calle lauro Barcelos Lino, a partir de la avenida Eduardo Prado - 87 metros	56.550,00
SMOV	20021323	Calle Prof. José Alberto Opitz, toda la extensión, a partir de la calle Eduardo Prado - 87 metros	56.550,00
SMOV	20021325	Calle Bazilio Pellin Filho, construcción del muro de protección en el trecho final (Condicionada a la eliminación de cercas, muros y casas)	172.900,00
SMOV	20021326	Continuación de la calle Dorival Castilho, a partir del PI 2001 - 200 metros	130.000,00

Total de metros de la pavimentación en el distrito: 640 m

EDUCACIÓN

Órgano	Petición	Descripción	Recurso Presupuestario
SMED	20021358	Construcción de una guardería comunitaria en el Jardim das Estrelas para 80 niños	150.000,00

ASISTENCIA SOCIAL

Órgano	Petición	Descripción	Recurso Presupuestario
FASC	20021423	Primera etapa de la constitución del Centro de Asistencia Coste	239.000,00

ALUMBRADO PÚBLICO

Órgano	Petición	Descripción	Recurso Presupuestario
SMOV	20021353	Conclusión de la iluminación pública en la travesía Nossa Senhora de Lourdes	4.856,25
SMOV	20021354	Extensión de la red de baja tensión con iluminación pública y pro ección del Beco das Flores - Ejecución parcial	1.393,75

16. Centro

VIVIENDA

Órgano	Petición	Descripción	Recurso Presupuestario
DEMHA	20021200	Levantamiento topográfico y mejoras urbanísticas en Vila do Sossego, hasta el límite del valor propuesto	240.000,00
DEMHA	20021201	Levantamiento topográfico y catastral y mejoras urbanísticas en Vila La Plata, hasta el límite del valor propuesto	17.512,88
DEMHA	20021202	Levantamiento topográfico y catastral en la barriada entre la calle Lajeado y la calle Alegrete	3.000,00

PAVIMENTACIÓN

Órgano	Petición	Descripción	Recurso Presupuestario
SMOV	20021218	Restauración de la escalinata de la calle João Manoel, entre la calle Cel. Fernando Machado y su final (en dirección a la calle Duque de Caxias) - 50 metros	32.500,00

Total de metros de la pavimentación en el distrito: 50 m

EDUCACIÓN

Órgano	Petición	Descripción	Recurso Presupuestario
SMED	20021224	Construcción de una guardería comunitaria en el Condomínio dos Anjos para 60 niños	120.000,00

ASISTENCIA SOCIAL

FASC	20021230	Ampliación del SASE para 80 metas Coste	16.649,58

ILUMINACIÓN PÚBLICA

Órgano	Petición	Descripción	Recurso Presupuestario
SMOV	20021222	Red de iluminación pública en la calle Livramento, a partir de la calle Luiz de Camões hasta la calle Veador Porto - 200 metros - Ejecución parcial (Solamente se ejecutará a partir de la regularización del trazado viario, según el proyecto existente en el EPO, de lo contrario será imposible la ejecución, pues el terreno por donde tendría que pasar la calle está ocupado)	6.250,00

Toda la ciudad

SANEAMIENTO BÁSICO

Órgano	Petición	Descripción	Recurso presupuestario
DEP	20021922	Continuidad de obras y de instalaciones PIS anteriores - PIMES	2.900.000,00
DEP	20021923	Fomento del saneamiento - CEF	100.000,00
DEP	20022065	Continuación del macrodrenaje de la Av. Teixeira Mendes y alrededores	200.000,00
DAMAE	20022005	Continuación de la ETA José Loureiro da Silva, nuevo tratamiento con fluor - (Distrito Centro)	50.000,00
DAMAE	20022006	Continuación del perímetro urbano de tuberías de hierro dúctil	500.000,00
DAMAE	20022007	Continuación del subsistema Bordini - Bela Vista (Distrito)	1.000.000,00
DAMAE	20022008	Continuación de la elaboración de proyectos de abastecimiento	265.000,00
DAMAE	20022009	Continuación de la consultoría, cálculo de proyectos concreto	235.000,00

DAMAE	20022010	Continuación del perímetro urbano - PEAD parcela 1	1.900.000,00
DAMAE	20022011	Continuación del perímetro urbano - PEAD parcela 2	1.599.236,00
DAMAE	20022012	Continuación de la división en sectores y sustitución de las redes - subsistema Jardim Isabel	584.000,00
DAMAE	20022013	Continuación del Jardim Itu-Sabara/Parque Santa Fe	665.000,00
DAMAE	20022014	Continuación de la fiscalización y del asesoramiento sobre las obras	90.000,00
DAMAE	20022015	Fiscalización y asesoramiento sobre las obras	300.000,00
DAMAE	20022016	Recuperación estructural	334.200,00
DAMAE	20022018	Inicio de la sustitución y extensión de la red de agua — perímetro	1.056.000,00
DAMAE	20022019	Depósitos - expurgos y extravasores	20.000,00
DAMAE	20022020	Ampliación de la estación de bombeo Manoel Elias II y III (Distrito Eixo Baltazar/Nordeste)	150.000,00
DAMAE	20022021	Ampliación del sistema de bombeo Glorinha (distrito Glória)	50.000,00
DAMAE	20022022	Depósito del subsistema Altos do Ipe (distrito Sul)	100.000,00
DAMAE	20022023	Inicio de la interconexión del depósito Boa Vista - Lami (Distrito Extremo Sul)	290.000,00
DAMAE	20022024	Inicio de la interconexión del depósito Boa Vista - Serraria (Distrito Extremo Sul)	315.000,00
DAMAE	20022025	Inicio del depósito Boa Vista 5000 m³ (Extremo Sul)	600.000,00
DAMAE	20022026	Cañería de contención Boa Vista (Distrito Extremo Sul)	550.000,00
DAMAE	20022027	Proyecto eléctrico - Alta y baja tensión, con o sin	40.000,00
DAMAE	20022028	Plan Director de Aguas	150.000,00
DAMAE	20022029	Bombas impelente de contención Ebat Padre Cacique/Mal. Hermes (distrito Extremo Sul)	400.000,00
DAMAE	20022030	Inicio de las redes para la interconexión Ebat Padre Cacique/Mal. Hermes (Distrito Centro y Sul)	180.000,00
DAMAE	20022031	Línea de captación Belém Novo (Distrito Extremo Sul) Promoción del Saneamiento	1.615.000,00
DAMAE	2002	Continuación de redes de desagüe sanitario - Parcela 5	100.000,00

ANEXO 7

Prioridades temáticas del OP para 2002

ALCALDÍA DE PORTO ALEGRE
GAPLAN — GABINETE DE PLANEAMIENTO
UPG — UNIDAD DEL PLAN DE GOBIERNO

PRIORIDADES TEMÁTICAS OP 2002

REGIONES	SANEAMIENTO BÁSICO					VIVIENDA			PAVIMENTACIÓN	EDUCACIÓN				AS. SOCIAL						SALUD				TRANSPORTE	ÁREAS DE OCIO	DEPORTE OCIO	ILUM.PÚB. DIP	DES. ECONÓMICO			CULTURA			SANEAMIENTO AMBIENTAL	
	1	2	3	4	5	6	7	8		9	10	11	12	13	14	15	16	17	18	19	20	21	22					23	24	25	26	27	28	29	30
HUM/NAVEG/ILHAS							3			1											4								2						
NOROESTE			4				1			2															3										
LESTE			2				4			1					3																				
LOMBA DO PINHE						1			4	2				3																					
NORTE			2				1		4											3															
NORDESTE							4			3				1															2						
PARTENON						3			4	1									2																
RESTINGA							1		2	4												3													
GLÓRIA						4			2		1									3															
CRUZEIRO						4			3						2														1						
CRISTAL							1			4				3															2						
CENTRO SUL							4		3	1										2															
EXTREMO SUL						1			4			3									2														
EIXO BALTAZAR			1				4		3		2																								
SUL			4						1	2									3																
CENTRO						4				3				2															1						
SUBTOTALES	0	0	13	0	0	17	23	0	30	24	3	3	0	9	5	0	0	0	5	8	6	3	0	0	3	0	0	0	8	0	0	0	0	0	0
TOTALES	13					40			30	30				19						17				0	3	0	0	8			0			0	

TOTAL DE LAS PRIORIDADES TEMÁTICAS

VIVIENDA	40 puntos
EDUCACIÓN	30 puntos
PAVIMENTACIÓN	30 puntos
ASISTENCIA SOCIAL	19 puntos
SALUD	17 puntos
SANEAMIENTO BÁSICO	13 puntos
DESARROLLO ECONÓMICO	8 puntos
ÁREAS DE OCIO	3 puntos
CULTURA	0 puntos
TRANSPORTE	0 puntos
ILUMINACIÓN PÚBLICA	0 puntos
SANEAMIENTO AMBIENTAL	0 puntos

LEYENDA:

1. Red de Agua – DMAE
2. Desagüe de cloacas – DMAE
3. Desagüe pluvial (micro y macrodrenaje) - DEP
4. Arroyos y cursos de agua (drenaje y dragado) - DEP
5. Programa de Educación Ambiental (Arroio nao e valao) DEP
6. Regularización Agraria y Urbanística
7. Reasentamiento
8. Ayuda Mutua – *Mutirão*
9. Educación Infantil – 0 a 6 años
10. Enseñanza elemental
11. Educación de Jóvenes y Adultos (Prog. Seja y Proy. MOVA)
12. Educación Especial
13. Atención al Niño y al Adolescente
14. Atención a la Familia
15. Atención a la Población Adulta
16. Grupos de Convivencia de la Tercera Edad
17. Atención a los PPD's
18. Construcción/Reforma/Ampliación de Unidades de Asistencia Social (Centros, Módulos, Centros de Acogida, etc.)
19. Reforma, ampliación y construcción de ambulatorios
20. Ampliación de servicios en la Red Básica
21. Equipamientos y material permanente para Centros de Salud
22. Construcción y ampliación de la Red Especializada de Salud
23. Abastecimiento y área rural
24. Programa de Ocupación y Renta
25. Apoyo a empresas
26. Equipamientos culturales
27. Actividades de descentralización de la cultura
28. Acciones y eventos de cultura
29. Atención en barriadas – Proyecto "Bota-Fora"
30. Recogida selectiva - Recogida

ÍNDICE GENERAL

TÍTULOS DE ESTA COLECCIÓN

AA.VV. *El valor de la ciencia*

AA.VV. *El libro de las 35 horas*. Prólogo de Julio Anguita

AA.VV. *Ubú en Kosovo.* Prólogo de Noam Chomski

Tusta Aguilar y Araceli Caballero (coords.). *Campos de juego de la ciudadanía*

Carlos A. Aguirre Rojas, B. Echevarría, C. Montemayor y I. Wallerstein. *Chiapas en perspectiva histórica*

J. de Andrés, P. Chaves, y F. Luengo (editores). *La ampliación de la Unión Europea. Economía, Política y Geoestrategia*

Samir Amin. *El hegemonismo de Estados Unidos y el desvanecimiento del proyecto europeo*

Samir Amin. *Más allá del capitalismo senil*

Teresa Arenillas Parra (coord). *Ecología y ciudad*

M. Asenjo y V. Ramos. *Malagón, autobiografía de un falsificador*

Mari Paz Balibrea. *En la tierra baldía. Manuel Vázquez Montalbán y la izquierda española en la postmodernidad*

Fausto Bertinotti. *Ideas que nunca mueren*

Atilio A. Boron. *Imperio & Imperialismo*

Francisco Díez del Corral. *Lenin*

Francisco Fernández Buey. *Marx (sin ismos)*

Francisco Fernández Buey. *La gran perturbación. Discurso del indio metropolitano*

Francisco Fernández Buey. *Leyendo a Gramsci*

Antonio Fernández Ortiz. *Chechenia* versus *Rusia*

A. Fernández Steinko. *Euskadi, callejón con salida*

A. Fernández Steinko y D. Lacalle *(editores). Sobre la democracia económica.* Vol. I. *La democracia económica en la sociedad.* Vol. II. *La democracia en la empresa*

G. Flores y F. Luengo (*coordinadores*). *Tras el muro: diez años después de 1989*

Ferran Gallego (ed.). *Compromiso de las Izquierdas y espacio alternativo.* Documentos del Partit Socialista Unificat de Catalunya-Viu

Jean-Louis Gombeaud y Maurice Décaillot. *El regreso de la gran depresión*

Pepe Gutiérrez. *Memorias de un bolchevique andaluz*

John Holloway. *Cambiar el mundo sin tomar el poder*

Pablo Huerga Melcón. *¡Que piensen ellos!*

Rafael Huertas. *Neoliberalismo y políticas de salud*

Daniel Lacalle (*editor). Sobre la democracia económica.* Vol. III. *Los modelos organizativos y el papel del trabajo*

Francisco Martín Seco. *La pinza*

J. M. Martín Medem. *La guerra contra los niños*

J. Martí, M. Montañés, y T .Villasante. *La investigación social participativa Construyendo ciudadanía/1*

P. Martín, M. Montañés y T. Villasante. *Prácticas locales de creatividad social.*
Construyendo ciudadanía/2

A. Miquel y J. L. Reina. *Gatos blancos, gatos negros. Un estudio sobre la cultura empresarial*

Joaquín Miras Albarrán. *Repensar la política. Refundar la izquierda. Historia y desarrollo posible de la tradición de la Democracia*

Manuel Monereo. *Con su propia cabeza. El socialismo en la obra y la vida del Che.* Prólogo de F. Fernández Buey

M. Monereo y P. Chaves. (*coordinadores*). *Para que el socialismo tenga futuro*

M. Monereo y P. Chaves. *(coordinadores). Diversidad y desigualdad: Las razones del socialismo*

M. Monereo, M. Riera y J. Valdés *(coordinadores). Cuba: Construyendo Futuro*

M. Monereo, M. Riera *(editores). Foro Social Mundial. Porto Alegre, Otro mundo es posible*

M. Monereo, M. Riera y P. Valenzuela *(editores). Foro Social Mundial/Porto Alegre, 2002. Hacia el partido de Oposición*

Toni Negri. *El exilio*

Marco Revelli. *Más allá del siglo XX. La política, las ideologías y las asechanzas del trabajo*

Miguel Riera (*editor*). *La Batalla de Génova*

B. Riutort Serra. *Razón política, globalización y modernidad compleja*

Fernanda Romeu Alfaro. *El silencio roto... Mujeres contra el franquismo*

Manuel Sacristán Luzón. *M.A.R.X., máximas aforismos y reflexiones con algunas variables libres*

Boaventura de Sousa Santos. *Democracia y participación. El caso del presupuesto participativo de Porto Alegre*

J. Trías y M. Monereo (*coordinadores*). *Rosa Luxemburg: actualidad y clasicismo*

Pedro Vaquero. *Mejorar las pensiones. Más allá del Pacto de Toledo*

Jorge Verstrynge. *Elogios*

Jorge Verstrynge. *Sobre el poder del pueblo*

Jorge Verstrynge. *R: Rebeldes, Revolucionarios y Refractarios*